国家治理丛书
GUOJIAZHILICONGSHU

国家学
GUOJIAOXUE
（上卷）

王海明 著

中国社会科学出版社

图书在版编目(CIP)数据

国家学/王海明著.—北京：中国社会科学出版社，2012.9
ISBN 978-7-5161-1687-6

Ⅰ.①国… Ⅱ.①王… Ⅲ.①国家理论 Ⅳ.①D03

中国版本图书馆 CIP 数据核字（2012）第 250467 号

出 版 人	赵剑英
责任编辑	王 茵
特约编辑	徐申 赵丽 孙萍 韩国茹
责任校对	吕宏
责任印制	王炳图

出 版		中国社会科学出版社
社 址		北京鼓楼西大街甲158号（邮编100720）
网 址		http://www.cspw.cn
		中文域名：中国社科网　010－64070619
发 行 部		010－84083685
门 市 部		010－84029450
经 销		新华书店及其他书店
印 刷		北京君升印刷有限公司
装 订		廊坊市广阳区广增装订厂
版 次		2012年9月第1版
印 次		2012年9月第1次印刷
开 本		710×1000　1/16
印 张		86.5
插 页		6
字 数		1420千字
定 价		198.00元（全三册）

凡购买中国社会科学出版社图书，如有质量问题请与本社联系调换
电话：010－64009791
版权所有　侵权必究

《国家治理丛书》编辑委员会

主　　编　何包刚（澳大利亚迪肯大学国际关系学院）
　　　　　　王海明（北京大学哲学系）
　　　　　　王绍光（香港中文大学政治学系）

学术委员会（按姓氏笔划排序）
　　　　　　王绍光（香港中文大学政治学系教授）
　　　　　　王春光（中国社会科学院社会学所教授）
　　　　　　王海明（北京大学哲学系教授）
　　　　　　许章润（清华大学法学院教授）
　　　　　　杨　龙（南开大学周恩来学院教授）
　　　　　　李良栋（中央党校政法部主任）
　　　　　　何包钢（澳大利亚迪肯大学国际关系学院教授）
　　　　　　张千帆（北京大学法学院教授）
　　　　　　周文彰（国家行政学院教授）
　　　　　　房　宁（中国社会科学院政治学所教授）
　　　　　　赵汀阳（中国社会科学院哲学所研究员）
　　　　　　赵树凯（国务院发展研究中心研究员）
　　　　　　赵剑英（中国社会科学出版社社长兼总编辑）
　　　　　　姚　洋（北京大学中国经济研究中心教授）
　　　　　　高全喜（北航法学院教授）

内容提要

国家学体系的轴心是国家制度价值推导公式：

前提1：各种国家制度事实如何（国家制度好坏之价值实体）
前提2：国家目的如何（国家制度好坏之价值标准）
────────────────────────────────
结论1：各种国家制度应该如何（国家制度好坏之价值）
结论2：好国家制度如何实现之条件

国家学就是关于国家制度好坏的价值科学，因而全部对象都是从这个国家制度价值推导公式推演出来的。上卷《本性论》就是对"前提1：国家制度事实如何"的研究。中卷《价值论》就是对"前提2：国家制度价值标准"和"结论1：各种国家制度应该如何"的研究。下卷《实现论》就是对"结论2：好国家制度如何实现之条件"的研究。国家制度价值推导公式及其所由以构成的四个命题，可以推导出国家学全部对象，因而可以称之为"国家学公理"。这样一来，国家学不仅因其包容政治学和经济学以及伦理学和共产主义等科学的核心理论而是一门对于人类价值最大的科学，而且是一门可以公理化的跨学科科学。

国家治理丛书总序

当代中国国际治理与其他国家治理的根本区别在于,她是大国治理,涉及十三亿人口的安全、生存需要,及其社会秩序和公正。大国治理面临着一个有限的社会资源与大规模需求之间的矛盾,一个在工业化进程中充满着冲突日益尖锐的巨型社会,其头等要务是治理失业、贫困和腐败。在国际舞台上,中国面临着空前的挑战,世界上缺少对中国深度的、同情的了解,造成了很多不必要的误解和压力。中国的生存和竞争力取决于其政府治理能力的高低。

国家治理需要重新想象和重新建构,努力建构中国和世界的新型关系,协调政府、市场与社会之间的关系,改变"城乡分治、一国两策"的治理体制,消除造成城乡、农工不平等的体制性障碍,实现人人平等的权力。国家治理要形成一种以普遍平等和全面公正为价值导向、以权利限制权力和责任规范权利为基础的民主型治理模式,加速户籍、就业、医疗、社会保障、农村土地等相关制度的改革,避免一种治理质量较低的"权贵勾结型国家"治理模式,实现民主施政。

本丛书立足全球,着眼于民族的伟大复兴,以创建当代宪政文明为目标,重构以人本为基石、谋求大国治理之逻辑。它旨在:

1. 总结中外国家治理之经验、艺术和规律;
2. 发展和提升中国政治科学,特别是建立以治理为基础、富有中国特色的政治科学;
3. 在实证基础上验证和发展大国治理理论;
4. 让世界了解中国学者的声音,了解大国治理的丰富经验。

何包钢
2011年5月5日
澳大利亚迪肯大学国际和政治学院

序

海明的新著《国家学》即将出版。他把书稿发给我,让我为它写一个序。我欣然从命。看到海明关于国家问题的研究已经大功告成,我特别高兴。在酝酿这个序的时候,不禁浮想联翩。我们第一次见面是在中国人民大学东门,那是 1984 年,他刚刚考上我们系的研究生,我正好被安排做他们的班主任。那时他 34 岁,但看起来好像只有二十几岁,如今他已经满头白发。听说他曾经遭遇"枪林弹雨",但看起来似乎并没有受到什么伤害,身体依然十分健康,精力还是那样充沛,眼睛还是那样明亮,性格还是那样洒脱,思想还是那样敏锐。

1968 年,海明应征入伍,非常兴奋。但是对于当时的"公字化""忠字化"的政治氛围甚感困惑,决心研究这些问题。当时部队没有研究这些问题的条件,他就请求退役。未被批准,他就绝食,一绝就是 24 天。到第 25 天,海明停止了绝食,因为那一天,团政治处干事高高兴兴跑来通知他,团里同意了他的退役申请,但须等到半年之后,并且交给他一张盖有团部大红公章的中途退役通知书。半年后海明才知道,那是团部为了挽救自己生命耍的一个小把戏。海明现在讲及此事,还是眼含泪水,深深感激当年部队首长对战士的爱护。

海明属于那种极为看重健康珍爱生命的人,从小学开始就有意识地进行锻炼。这样一个人居然绝食 24 天,真是不可思议!也真够荒谬的!但从这里也可以理解海明此后 40 余年置一切于不顾地全身心投入读书和写作的执著。从那时开始,海明便沉溺于伦理学和哲学的研究与写作。1969年前后,他写出两篇论文:《反对"公字化":论个人利益与公共利益的关系》和《反对"忠字化":论领袖与群众的关系》。到 1983 年,经过

14 年，七易其稿，终于完成了一部八十余万字的《新哲学》书稿。1984年，海明开始在这部书稿有关"公字化"等道德哲学部分的基础上，几乎谢绝一切社会交往，利用一切可以利用的时间撰写《新伦理学》，一直到 2006 年 11 月 26 日，才最终完成，历时 22 年。接着，海明开始运用其中关于国家制度价值标准——公正、平等、人道、自由和增减每个人利益总量——理论，在《新哲学》书稿有关"忠字化"等政治哲学部分的基础上，撰写他 40 年来一直关注、思考和研究的国家理论，于 2012 年完成这部《国家学》。哲学是时代精神的体现。海明的《新伦理学》和《国家学》两部巨著，原本是极具中国那个时代特色的对"公字化"和"忠字化"运动的反思。

从《新伦理学》来看，海明的观点应该说是属于"马克思主义左派"一边的。他在该书中不但坚持马克思主义的共产主义理论、剩余价值理论，论述了共产主义的应然性和必然性，论证了共产主义是社会治理的最高理想，而且还坚持无产阶级专政理论。在《国家学》中，海明虽然也对马克思恩格斯关于资本主义生产关系已经不再适合生产力发展以及阶级结构和阶级矛盾等观点提出了自己的不同意见，但他仍然坚持马克思主义五种社会形态理论，驳斥了今日众多学者对这一理论的否定和批评。他坚持马克思的唯物史观，称之为人类思想史上的最伟大的发现。他坚持马克思的剩余价值理论，以 15 万字的篇幅，详尽论证了资本主义剥削的本质。他坚持社会主义和共产主义，同样以 15 万字的篇幅，探讨共产主义社会特征以及实现共产主义的条件和途径。他虽然对暴力革命和无产阶级专政等科学社会主义理论也有自己的不同意见，但他坚持认为民主社会主义否定社会主义和共产主义的历史必然性是根本错误的。

可见，尽管海明对马克思恩格斯的许多观点都提出了自己的不同意见，但这并不影响他是一个资本主义剥削制度的坚决的否定者和批判者，是一个社会主义和共产主义的坚定的信仰者和辩护士。我想，在世界共产主义运动遭受重创处于低潮的今天，特别需要像海明的《国家学》这样充满原创性和批判精神的社会主义和共产主义理论著作。听说，海明在北京大学讲授《国家学》课程时，一开始学生们大都否定共产主义；但到期末，这些学生却大都变成了共产主义的信徒。海明的《国家学》以帮助人们重新皈依共产主义为自己的使命，可以相信，它的这个使命也一定能够很好地完成。

杨焕章

2012 年 7 月 15 日

中国人民大学静园

自 序

我1950年2月初二生于吉林镇赉铁路公寓，4岁搬到农田环绕的小乡镇坦途火车站，一家八口住在铁道西附带半亩菜园子的一间半土房，一直住到18岁。我至今依然记得，还没到入学年龄，我就经常跑到绿树合抱的坦途三完小，趴在教室窗户外听课。1957年，距上学年龄还差一年，我就自作主张到学校报名上学。结果，有一天老师真到我家来了，我远远看到，就飞也似地跑回家洗脸，好给老师一个好印象。1963年我小学毕业，获优秀毕业证书，升入邻校镇赉三中。不论小学还是初中，我的学习成绩总是全班第一。但学得最好的并不是语文和政治，而是数学。当时校长吴国兴教数学，他对我很好奇，因为我小小年纪，竟然重编数学教科书，而且一贯不做习题，只靠领会原理，但每次考试几乎总是第一。一天吴校长来我们班讨论，他微闭双眼，静静听我们发言。会后，他找我谈话，让我写一下数学学习体会，给全校学生做个报告。我那时只有16岁，报告的题目居然是"我走过的路"。幸好还没有交给校长，那场史无前例的运动就开始了；否则，他看了一定会笑掉大牙。

这场运动不仅要了这位我心中最好中学校长的命，而且也改变了我的命运。没有它，我或许会成为数学家。然而，当其时也，举国上下，差不多每个人胸前都挂着一个形状犹如心脏的红牌子，牌子上写个"公"或"忠"字。不论挂着"忠"还是"公"的牌子，每个人都必须积极参加"公字化"和"忠字化"运动。

"公字化"运动最重要的内容，就是全国各级单位都必须大轰大嗡开展所谓大立"公"字、大破"私"字、狠斗"我"字、把自己从"我"字中解放出来的"公字化讲用会"。讲用会最流行的口号就是大庆人的豪言壮语："离我远一寸，干劲增一份；离我远一丈，干劲无限涨；我字若全忘，刀山火海也敢上。"就连书呆子数学家陈景润，也万分激动地真诚呼吁："革命加拼命，拼命干革命，有命不革命，要命有何用？"

"忠字化"主要是"三忠于"和"四无限"运动。每个人必须天天宣誓：永远忠于毛主席和无限热爱毛主席。登峰造极之时，全国人民都要跳忠字舞。当时我还在部队当侦察兵。我们的副团长是战斗英雄，脖子都被打歪了，胸前弹伤累累，也一边满脸庄严肃穆、笨手笨脚地跳着忠字舞，一边瓮声瓮气、信誓旦旦地唱着"敬爱的毛主席，我们心中的红太阳……"不但人人必须跳忠字舞，而且人人饭前必须祝福：祝愿毛主席万寿无疆。每个人每天还必须毕恭毕敬站在毛主席像前，向毛主席"早请示"和"晚汇报"，诉说自己的"活思想"。

我自然也必须积极参加这些活动，但内心异常苦闷和困惑，遂决心研究这些问题。但部队没有研究条件，要进行研究和写作必须离开部队。可是，当时部队很器重我，全师士兵只挑选两个人——我是其中之一——送往锦州机要学校学习两年，前途无量。究竟是在部队争取当将军，还是回家种地著书立说？我反复考虑了一个月，最后选择了后者。当我以红绿色弱为由申请中途退役而未被批准的时候，我做出了一个让我现在还后悔和痛心的可怕的错误决定：绝食。

我整天躺在床上，不吃饭，只喝水，除了撒尿，从不下床。这对于食欲旺盛天性好动的我来说，是极度痛苦的。但我当时想，只要坚持三两天，就可以回家了。然而，到第三天，我眼巴巴盼望着批准我回家的通知，一直到晚上也没有消息。三天没吃一点东西，难受极了，我觉得坚持不下去了。但我想第四天一定会来通知的，一定坚持到第四天。第四天果然来人了，但我抖抖精神，定睛一看，来的怎么全是白大褂：他们都是军医呀！

领头的长相凶狠，牙齿外露，手里拿着带有长长胶皮管的漏斗，一边比划一边严肃地问我："到底吃不吃饭？不吃就把这个管子插进你的鼻孔和食道，往里灌鸡蛋汤，那可难受极了！"他一听我的回答是不吃，就对另外几个人说：灌！他们一下子拥上前来，按住我的四肢和脑袋，一个管子就插进我的鼻孔和食道，我一阵痉挛作呕，接着就觉得一股热乎乎的东西流进来，我心里想，那就是鸡蛋汤吧。完事了，他们又劝慰一番，吓唬一阵,说铁打的部队绝不会对你一个人妥协,否则岂不都绝食了?

然而,我想无论如何也要退役著书,除了绝食还能有什么办法呢?于是我决定坚持绝食。每天我都在想,再坚持一两天就能胜利。靠着"再坚持一天就能胜利"的信念,竟然一直绝食24天——如果一开始就知道要绝食24天我决不会选择绝食——每5天左右他们就来三四个人将我结结实实按住灌一次鸡蛋汤。到第25天,团政治处干事田守宽跑来,笑眯眯地向我摇动着手里的一张纸喊道:同意啦!我一下子坐起来,抢来一看,真的是批准王海明半年后中途退役通知书,还盖着3150部队的大红公章呢。我高兴极了,立刻吃饭了。期限快到了,我找田守宽询问怎样办手续。这个好人一听,哈哈大笑,说哪里有什么中途退役的事!那是他为了挽救我偷偷地盖上的公章。我一听呆若木鸡,不可能也不愿意再绝食,只好再等一年半兵役期满复原了。

后来我常想,如果当初田守宽不弄虚作假,我会一直绝食下去吗?很有可能。忍受此等极端痛苦、付出此等极端代价,究竟是为哪般?只为一件事:撰写解析"公字化"和"忠字化"的著作。荒谬之极!偏执之极!固执之极!然而,此乃我的"长江"之源头也!从1968年4月绝食后第一天吃饭开始,一直到今天,45年来,我变成了地地道道的吝啬鬼:吝啬的是时间而不是金钱。这16425个日日夜夜,我几乎谢绝一切社会交际和亲朋往来而只做四件事:著书立说、锻炼身体、睡觉和应付工作。吾师杨焕章和魏英敏先生早有警告:如此独往独来岂不注定前途坎坷多难!诚哉斯言!但我惜时如金,无论如何也要将一切时间都尽可能用到写作上来。著书立说就是我人生的目的和意义,实在比性命还重要,坎坷和磨难又算得了什么?

就这样,到1970年2月复原前夕,我写出两篇论文:《反对"公字化":论个人利益与公共利益的关系》和《反对"忠字化":论领袖与群众的关系》。到1983年,经过14年的孤注一掷,七易其稿,终于完成了一部80余万字的《新哲学》书稿。1984年,我开始在这部书稿有关"公字化"等道德哲学部分的基础上,撰写《新伦理学》;虽然置一切于不顾,竟然也一直写到2006年11月26日,这部150余万字数的书稿才最终完成,历时22年。

接着,我运用《新伦理学》关于国家制度道德原则——亦即国家制度根本价值标准"公正与平等"和国家制度最高价值标准"人道与自由"以及国家制度终极价值标准"增减每个人利益总量"——理论,在《新哲学》书稿有关"忠字化"等政治哲学部分的基础上,撰写我40年来一直关注、思考和研究的国家理论。2012年6月29日,在海南琼海官塘"忘机轩"书房,完成了这部百余万字数的《国家学》,历时5个寒暑有余。是日也,雨过天晴,恰有彩虹高悬,瞬间消散。当此风云变幻之际,不禁思绪万千。遥想为研究"公字化"和"忠字化"而绝食之时,没有料到竟然要绝食24天,更未料到这一研究的完成,要我放弃功名利禄地位尊严而孤独寂寞潜心著述40余载:14载《新哲学》、22载《新伦理学》和5载《国家学》。

然而,真正算起来,《国家学》亦堪称十年磨一剑之作也!因为《国家学》与《新伦理学》研究对象虽然根本不同,却是具有内在联系的姊妹篇。这不但是因为,自古希腊和文艺复兴以来,伦理学的核心和基础就是国家制度价值标准——公正与平等以及人道和自由——因而政治学和经济学以及共产主义理论不过是伦理学之引申和运用;更是因为,一方面,《国家学》的核心就是好国家的问题,因而完全依赖于《新伦理学》关于国家制度价值标准的研究;另一方面,《国家学》公理化体系的构建,完全依赖于《新伦理学》对于《元伦理学:伦理学公理体系》的研究;如此等等。因此,这两部篇幅差不多的书稿的写作时间应该一起计算:一共写了27年。这样平均下来,《国家学》的撰写岂不十载有余?

不过,写作《国家学》之初,我并没有想写国家问题。因为我撰写的核心问题始终是"忠字化"和"公字化"所关涉的专制主义与共产主义。然而,2007年正式动笔写作时,我依然深信马克思国家理论:国家就是阶级压迫的工具,因而共产主义没有国家。这意味着:对共产主义的研究在《国家学》之外。可是,我很快就认识到,人类在任何情况下都因其必然结成社会而必然存在权力和最高权力,必然存在拥有最高权力的社会,因而必然存在国家:国家就是拥有最高权力的社会。因此,国家从来就有并将永远存在而不可能消亡,国家只能随着社会发展和阶级生灭而不断转型:已由原始社会无阶级的部落国家,转型为阶级社会的阶级国家;已由公元前一千年多达一百万个国家,转型为今日一百多个国家;势必将由这一百多个阶级国家,在全球化过程中,转型为只拥有一个主权和一个政府的世界大同的无阶级的共产主义的全球国家。

这样一来，共产主义就属于国家学的研究对象了。诚然，在科学领域，似乎并没有国家学，甚至还没有国家学这个名词。但是，国家学作为一门科学，早在古希腊时代就已经创立。它的奠基之作，就是柏拉图的《理想国》：国家学就是关于理想的、优良的、正义的、应该的、好的国家制度及其实现条件的科学。自苏格拉底、柏拉图和亚里士多德以降，两千五百年来，国家理论研究的核心问题，一直是国家制度好坏价值问题，一直是好的优良的理想的国家制度及其实现条件问题。这个问题，自柏拉图《理想国》以来，又一直具体表现为两方面。一方面是，以执掌最高权力的公民人数（或政体）为划分根据的诸种国家制度——民主共和与寡头共和以及有限君主制与专制君主制——究竟何者堪称优良？另一方面，以生产资料所有制（或经济形态）为划分根据的诸种国家制度——原始公有制、奴隶制、封建制、资本主义、社会主义和共产主义——究竟何者堪称优良？

我的研究的结论是：

首先，就各种国家制度的自身内在价值来说。只有普选制民主与共产主义制度是好国家制度；而其他任何国家制度都是坏国家制度。因为国家制度好坏，根本说来，取决于有无权力垄断：权力垄断是剥削和压迫的根源。哪里有权力垄断，哪里分为无权群体与有权群体，哪里就必定存在压迫与剥削：垄断权力的群体必定压迫和剥削无权群体。准此观之，一方面，唯有普选制民主是所有国民完全平等地共同执掌国家最高权力，从而不但消除了政治权力垄断及其必然导致的剥削和压迫，而且完全符合国家制度价值标准——国家制度根本价值标准"公正与平等"和国家制度最高价值标准"人道与自由"以及国家制度终极价值标准"增减每个人利益总量"——因而是唯一的好国家制度；而限选制民主和非民主制（寡头共和与有限君主制以及君主专制）都不但程度不同地存在着政治权力垄断，而且程度不同地违背国家制度价值标准，因而都程度不同地是坏国家制度。另一方面，唯有共产主义因实行生产资料全民所有制，每个人都完全平等地拥有生产资料，亦即完全平等地拥有经济权力，从而不但消除了经济权力垄断及其必然导致的剥削和压迫，而且完全符合国家制度价值标准，因而是唯一的好国家制度；而其他任何国家制度，特别是奴隶制与封建制以及资本主义都实行生产资料私有制，都程度不同地存在着经济权力垄断，都程度不同地违背国家制度价值标准，因而都程度不同地是坏国家制度。

其次，就各种国家制度的外在适用价值来说。以经济形态为划分根据的六种国家制度——原始共产主义、奴隶制、封建制、资本主义、社会主义和共产主义——都被生产力发展水平所必然决定，都具有不依人的意志而转移的历史必然性，都只应该实行于一定国家一定的时代，而不应该实行于一切国家一切时代，因而都不具有普世性和普世价值。试想，奴隶制岂不仅仅对于它所取代的原始社会来说才是应该的、好的和具有正价值的？岂不仅仅在原始社会生产力水平逐渐提高以致出现了剩余产品的时代才是应该的、好的和具有正价值的？而对于其他任何时代任何社会岂不都是最坏的制度？资本主义是不好的不应该的制度，岂不仅仅对于生产力高度发达的社会才能成立？对于生产力不够发达的社会，资本主义岂不是最好的制度？共产主义是最美好的制度，岂不也仅仅对于生产力高度发达的社会才能成立？而对于生产力不够发达的国家来说，实行共产主义岂不意味着莫大的灾难？

相反地，任何政体，不论民主制还是非民主制，都曾出现于生产力和经济发展的任何历史阶段，都曾出现于原始社会、奴隶社会、封建社会、资本主义社会和社会主义社会。这意味着，任何政体，不论是民主制还是非民主制，都不是被生产力和经济发展水平所必然决定的，都是偶然任意的而不具有历史必然性，都能够实行于任何国家任何时代任何生产力和经济发展水平，因而都具有普世性和普世价值。这样一来，民主制不但是唯一好的国家制度，而且对于任何时代任何历史条件下的任何社会都是唯一好的国家制度，任何时代任何历史条件下的任何社会都应该和适宜于实行民主制：民主制具有绝对的普世正价值。反之，专制等非民主制不但都是坏的国家制度，而且对于任何时代任何历史条件下的任何社会都绝对是坏的国家制度，任何时代任何历史条件下的任何社会都不应该和不适宜实行专制等非民主制：专制等非民主制具有绝对的普世负价值。

最后，就理想国家制度的实现条件来说。实现民主与实现共产主义或社会主义的客观条件的性质——是否必要条件——根本不同。生产力高度发达是实现社会主义的直接的客观条件，而资本主义与民主（只有资本主义与民主才能够创造实现社会主义所必须的高度发达的生产力)则是实现社会主义的根本的客观条件。民主实现的客观条件主要是财富加速度增长(经济条件)、发达的公民社会(社会条件)和盛行公民文化(文化条件)。民主实现的偶然任意性和普世性,决定了民主实现的客观条件,不论是经济条件还是社会条件抑或文化条件,与民主的实现都不具有必然联系,都不是民主的决定性因素,因而都既不是民主的充分条件,也不是民主的必要条件,而只是民主的有利条件与不利条件。民主能否实现的唯一决定因素,乃是民主的主观条件,亦即人们实行民主的欲求和行动。因此,不论民主的客观条件如何不利于民主的实现,只要欲求民主的人们的力量占据上风,民主就能实现;相反地,只要反对民主的人们的力量占据上风,不论客观条件如何有利于民主,民主都不能够实现。这就是为什么,尽管原始社会的经济条件极其有利于实现民主,却仍有非民主制产生;尽管封建社会的经济条件极其有利于实现专制,却仍出现过封建共和国;尽管资本主义社会的经济条件极其有利于实现民主,却仍有拿破仑和希特勒专制;尽管印度不但贫穷,而且其经济类型原本属于亚细亚生产方式,极其不利于实现民主,却仍然实现了民主。

相反地,社会主义或共产主义的历史必然性和非普世性,决定了社会主义的客观条件——生产力高度发达与民主以及资本主义——与社会主义的实现具有必然联系,是实现社会主义的决定性因素,是实现社会主义的必要条件。因为,一方面,生产力高度发展——从而使每个人的物质需要得到相对满足——乃是国民思想品德和政治觉悟普遍提高的根本条件。如果没有实现民主,如果资本主义没有充分发展,说到底,如果生产力不够发达从而产品还不能满足全体社会成员物质需要,那么,国民思想品德和政治觉悟决不可能普遍提高。这样一来,便唯有私有制才有效率;而公有制则注定无效率:生产力不发达的社会主义必定效率低下。另一方面,没有实现民主、资本主义没有充分发展因而生产力不发达的国家,要实现社会主义几乎不可能通过民主的议会的道路,而势必通过非民主的、为民做主的武力征服、暴力革命道路;暴力革命是生产力不发达的社会主义革命的普遍规律。暴力地、不民主地、为民做主地夺取的政权,势必成为一种暴力的、不民主的、为民做主的政权,势必继续为民做主执掌政权,从而导致专制等非民主制的苏联社会主义模式。问题的关键在于,只要实行非民主制，就意味着政治权力垄断，就意味着存在垄断政治权力的官吏阶级和没有政治权力的庶民阶级。实行非民主制的苏联社会主义模式，则意味着全权垄断，意味着官吏群体不但垄断了政治权力，而且通过垄断国有资源和公有制生产资料而垄断全国主要经济权力，进而垄断文化权力（如言论出版权力）和社会权力（如结社集会权力），成为全权垄断阶级；庶民群体不但没有政治权力，而且没有经济权力、文化权力和社会权力，是丧失全权阶级。这样一来，在苏联社会主义模式中，庶民阶级不但遭受人类历史上最可怕的压迫与剥削——全权垄断的压迫和剥削——而且不服从官吏阶级就意味着没有工作，就意味着饿死，以致几乎丧失全部自由而与奴隶实无二致。因此，不具备实现社会主义客观条件——生产力高度发达与资本主义充分发展以及民主——的苏联社会主义模式，必定是一种政府官员拥有控制国民全权的奴役制社会主义，无疑比资本主义坏得多。这就是为什么，宛如梦与神话，十月革命一下子使人类怀抱两千多年的社会主义理想变成了现实，然而半个多世纪社会主义建设的结果竟然是回归资本主义。这就是为什么，马克思恩格斯一再说：生产力高度发达与资本主义充分发展以及民主是实现社会主义的必要条件；如果在这些条件还不具备的时候就实行社会主义，即使胜利了，也必定是暂时的，是一种唐·吉珂德式的荒唐行为。

  本书的主要价值，与其说是对这些结论的证明，毋宁是对证明过程中所遭遇的大大小小数以百计的学术界一直争论不休而至今未决难题之解析。难题如此之多，显然是因为国家学包容政治学和经济学以及伦理学和共产主义四门科学核心理论，因而也就几乎囊括了四门科学的全部主要难题。当我遭遇每个难题而阅读了能够找到的有关全部书刊文献之后，差不多每次都觉得：这个难题我可能真的解决不了啦！但是，我从来没有越过一个难题，而一定是绞尽脑汁不间断地苦苦思索，几乎每天夜半醒来都要思考一两个小时再入睡，甚至梦中还在努力推理。恰像孕育胎儿一样，慢慢酝酿一定时间必有结果，总能隐约发现难题之谜底。这时我便坐在电脑前，一句话一句话地写出来，一句话一句话地推导下去，难题之庐山真面目也就越来越清楚，最终一定会完全显现出来，也就完成了该难题之解析。我想，真正研究这些难题的人都会看到，本书——当然是在前人研究的基础上——首次说清楚了所有这些难题；就像我的《新伦理学》首次说清楚了自苏格拉底和孔夫子以来几乎所有伦理学难题一样。只不过，《新伦理学》破解这些难题花费了 22 个寒暑；而《国家学》所破解的，几乎包括四门科学——伦理学和政治学以及经济学和共产主义理论——的全部主要难题，远远多于《新伦理学》，却为何只花费 5 年？恐怕是因为，一方面，《新伦理学》主要研究国家制度价值标准，因而政治学和经济学以及共产主义理论无非是其引申和应用，故《新伦理学》使《国家学》难题迎刃而解。另一方面，我的思维能力，经过 22 年《新伦理学》的锻炼，到撰写《国家学》时已臻于巅峰状态。如果 5 年内仍能如此，我想我还会写出原拟作为《国家学》下卷的《中国学》。

然而，我写作《中国学》的动力远不如《国家学》。因为当下中国最需要的，与其说是《中国学》，不如说是《国家学》。我曾与一些热衷实证的洋博士和洋教授辩论：今日中国最需要什么理论？是关于国家的普遍的科学理论，还是中国特色的国家理论？他们以为是后者。理由似乎不言而喻，一种国家理论越具体而非超越特定的时代，它对于解决该时代问题的价值便越大。因此，中国特色理论比普遍的科学理论，对于解决中国当代问题的价值更大。殊不知，解决任何特定国家的特色问题，最需要的都是普遍理论，都是科学；而不是特色理论，不是经验，不是"摸着石头过河"。因为不懂一般就不懂个别；在一定限度内，理论越是一般、普遍和超越特色，它所反映的属性便越是根本，它对于解决特定具体问题的价值便越大。试想，当年治理极具特色的 17 世纪意大利山洪爆发，最需要的究竟是意大利山洪暴发特色理论，还是一切流体的普遍的力学理论？显然是后者：流体力学。这就是为什么，治理 17 世纪意大利山洪爆发，所诞生的乃是流体力学，而不是什么意大利山洪爆发特色理论。这就是为什么，本书一以贯之者，既非国学，亦非西学，而是科学，说到底，依然是我终生追随的五四新文化运动的两位先生："赛先生"与"德先生"。

本书承蒙恩师杨焕章先生审阅、指教并赐序；部分章节初稿为中央民族大学马克思主义学院院长孙英博士撰写，她的研究生肖尧将目录译为英文，并有中国人民解放军外语学院英语系朱平博士校对修改，柳成超为索引编序；北京大学哲学系博士及硕士研究生李兴旺和覃旋等同学，几年来为我在各大图书馆和网络借来和收集大量书刊文献，覃旋还编辑了本书所引证的书刊文献；漳州师范学院院长李进金博士和马克思主义学院院长彭金发教授邀我为该院特聘教授,建立新伦理学和国家学研究团队;超星数字图书馆全程录制我在北京大学讲授《新伦理学》和《国家学》两门课程,整整四个学期;北京大学经济学院《中国经济》执行主编王曙光博士和政府管理学院平衡论研究中心主任李继兴研究员,多年来一直支持我的《新伦理学》和《国家学》研究;本书的写作还得到"北京大学创建世界一流大学计划"经费资助;在此一并深致谢忱感谢已故商务印书馆副总编辑李连科先生,我终生难忘,在我处于人生低谷的时候,他让郭红博士转告我:商务印书馆愿意出版我全部书稿,并提高稿酬。感谢商务印书馆总经理助理常绍民编审一直关心我的写作,一再表示愿意出版这部《国家学》。

我感谢中国社会科学出版社社长兼总编辑赵剑英,他忘我的敬业精神令我感动。那天他在单位开完会已是午后,还是到宾馆亲自和我们签订这套丛书出版合同,期间畅谈了两个多小时。每思及此,心中就充满钦佩之忱,衷心祝愿他健康快乐。衷心感谢中国社会科学出版社的编辑王茵博士等人,洋洋百万字,饱含着他们的辛勤劳动。中国社会科学出版社的校对等工作人员也为本书付出了辛勤劳动,在此一并致谢!

王海明
2012 年 7 月 10 日海南琼海官塘忘机轩

目 录

绪论 ·· (1)
    一　国家学界说 ·· (1)
    二　国家制度价值推导公式 ··· (4)
    三　国家学对象 ·· (6)
    四　国家学性质 ·· (8)

上　卷
本性论：各种国家事实如何之本性

第一章　国家界说 ··· (13)
    一　界说国家的两个前提 ··· (14)
    二　国家定义 ·· (26)
    三　国家界说理论 ·· (34)

第二章　国家起源 ··· (39)
    一　国家终极起源 ·· (40)
    二　国家直接根源：国家直接源于最高权力之契约 ·················· (54)
    三　国家起源理论：社会契约论 ··· (75)

第三章　国家类型：以政体为依据 ·· (85)
    一　国家分类的科学标准：国体、政体与经济形态 ·················· (85)
    二　以政体性质为依据的国家分类：传统或流行的分类 ············ (92)
    三　公民概念：国家精确分类的前提 ···································· (101)

四　国家精确分类 …………………………………… (107)
第四章　国家类型：以经济形态为依据 ………………… (145)
　　一　国家六类型：五种社会形态说的诘难与辩护 …… (145)
　　二　原始国家 ………………………………………… (152)
　　三　奴隶制与封建制国家：两种封建概念 ………… (159)
　　四　资本主义国家 …………………………………… (168)
第五章　国家类型：共产主义与社会主义 ……………… (177)
　　一　共产主义科学假设的两个前提：人性与国家制度价值
　　　　标准 ………………………………………………… (177)
　　二　爱有差等：共产主义制度基础 ………………… (184)
　　三　按劳分配：经济公正和经济平等原则的实现 … (194)
　　四　共产主义经济形态 ……………………………… (207)
　　五　共产主义国家 …………………………………… (217)
　　六　社会主义与社会主义国家 ……………………… (232)

中　卷
价值论：各种国家应该如何之价值

导论　国家制度价值评估的科学方法 ……………………… (243)

上篇　国家制度价值标准体系

第六章　增减每个人利益总量：国家制度终极价值标准 … (253)
　　一　价值标准：主体目的 …………………………… (254)
　　二　国家目的 ………………………………………… (267)
　　三　国家最终目的之量化：国家制度终极价值标准体系 … (275)
　　四　国家制度价值终极标准适用问题 ……………… (288)
第七章　公正：国家制度根本价值标准 ………………… (296)
　　一　等利害交换：公正的一般问题 ………………… (297)
　　二　权利与义务交换：公正根本问题 ……………… (318)
　　三　平等：社会公正的根本问题 …………………… (333)
　　四　社会公正理论 …………………………………… (358)

第八章　人道：国家制度最高价值标准 …………………………… (365)
　一　人道总原则：人道主义 ………………………………………… (365)
　二　自由：最根本的人道 …………………………………………… (376)
　三　异化：最根本的不人道 ………………………………………… (425)
　四　自由主义：关于自由社会的人道主义理论 …………………… (457)

上篇总结　国家制度价值标准体系 …………………………………… (479)
　一　二十六条价值标准：国家制度价值标准体系 ………………… (479)
　二　国家制度价值标准发生冲突的取舍原则 ……………………… (483)

中篇　民主与非民主制国家制度之价值：
基于政体不同的四种国家之价值

导论　评价民主制与非民主制国家制度的科学方法 ……………… (495)
　一　民主与专制：民主与非民主制价值评估之核心 ……………… (495)
　二　制度与治理：民主与非民主制价值科学评估之对象 ………… (496)
　三　公正与人道以及道德终极标准：民主与非民主制价值
　　　评估之标准 ………………………………………………………… (498)

**第九章　民主与非民主制的价值：根据国家制度最高价值
　　　　标准与根本价值标准** …………………………………………… (502)
　一　民主与非民主制的价值：根据国家制度最高价值标准 ……… (502)
　二　民主与非民主制的价值：根据国家制度根本价值标准 ……… (519)

第十章　民主与非民主制的价值：根据国家制度终极价值标准 … (540)
　导言　运用价值终极标准评估国家制度好坏的科学方法 ………… (540)
　一　民主与非民主制的价值：根据全部价值终极标准 …………… (543)
　二　民主与非民主制的价值：根据国民品德状况 ………………… (552)
　三　民主与非民主制的价值：根据国家繁荣进步 ………………… (577)
　四　民主与非民主制国家制度的普世价值 ………………………… (591)

第十一章　专制主义、精英主义与民主主义
　　　　——关于民主制与非民主制价值之理论 …………………… (612)
　一　专制主义、精英主义与民主主义：概念分析 ………………… (613)
　二　专制主义、精英主义与民主主义：真谬辨析 ………………… (626)
　三　专制主义、精英主义与民主主义：真谬辨析（续） ………… (642)

下篇　公有制与私有制国家之价值：基于经济形态不同的六种国家制度之价值

导言 …………………………………………………………… (669)
第十二章　商品价值 …………………………………………… (672)
　　一　商品价值界说：效用价值论定义与劳动价值论定义 ……… (673)
　　二　商品价值分类：使用价值与交换价值 ……………… (683)
　　三　价值规律 ……………………………………………… (691)
　　四　商品价值的源泉和实体 ……………………………… (702)
第十三章　商品价格 …………………………………………… (711)
　　一　价格概念 ……………………………………………… (711)
　　二　公平价格：与边际成本相等 ………………………… (723)
　　三　自由竞争：自由价格与公平价格之实现 …………… (731)
第十四章　劳动的价值与价格 ………………………………… (742)
　　一　劳动与劳动力之概念 ………………………………… (743)
　　二　劳动与劳动力之价值和价格 ………………………… (748)
　　三　资本主义剥削之秘密 ………………………………… (758)
第十五章　商品价值理论：劳动价值论与边际效用论 ……… (771)
　　一　劳动价值论 …………………………………………… (772)
　　二　边际效用论 …………………………………………… (805)
第十六章　阶级与剥削：基于经济形态不同的六种国家制度之
　　　　　价值 ………………………………………………… (825)
　　导言 ………………………………………………………… (826)
　　一　阶级与剥削概念 ……………………………………… (828)
　　二　阶级与剥削的起源及发展 …………………………… (849)
　　三　阶级与剥削的消灭 …………………………………… (864)
　　四　历史必然性与非普世性：基于经济形态不同的六种国家
　　　　制度之本性 …………………………………………… (878)

下　卷
实现论：理想国家如何实现之条件

导言 ··· （899）

上篇　社会主义和共产主义实现条件

第十七章　实现社会主义和共产主义的客观条件 ············· （903）
　一　实现社会主义的直接必要条件 ······························· （904）
　二　生产力不发达的社会主义：违背历史必然性的惩罚与
　　　结局 ··· （911）
　三　实现社会主义的根本必要条件 ······························· （921）

第十八章　实现社会主义和共产主义的主观条件 ············· （937）
　一　阶级与阶层的类型：实现社会主义力量的阶级分析 ···· （938）
　二　夺取政权和实现社会主义的途径 ··························· （959）
　三　实现社会主义和共产主义的历程 ··························· （974）

第十九章　社会主义和共产主义实现条件的理论 ············· （998）
　导言　社会主义理论流派分类：暴力社会主义与和平社会
　　　主义 ··· （998）
　一　科学社会主义 ·· （1002）
　二　民主社会主义 ·· （1013）
　三　科学社会主义与民主社会主义：真理与谬误 ············ （1033）

下篇　民主实现条件

第二十章　民主实现的客观条件 ································· （1069）
　一　民主的政治条件 ··· （1070）
　二　民主的社会条件：公民社会与社会资本 ················· （1091）
　三　民主的文化条件 ··· （1103）
　四　民主的经济条件 ··· （1132）

第二十一章　民主实现的主观条件 ······························ （1175）

一　民主化的主观条件：民主化动力 ………………………… (1176)
二　民主化的主观条件：民主化过程 ………………………… (1186)
三　民主的运作：选举 ………………………………………… (1201)
四　民主的运作：政党 ………………………………………… (1224)
五　民主的运作：政府 ………………………………………… (1255)

本书所引证的主要书刊文献 ………………………………… (1282)

索引 …………………………………………………………… (1308)

CONTENTS

Introduction ··· (1)
Intorduction 1   The Definition of Staatswissenschaft ···················· (1)
Introduction 2   The Formulas for the Value of State Institutions ········ (4)
Introduction 3   The Objects of Staatswissenschaft ······················· (6)
Introduction 4   The Nature of Staatswissenschaft ······················· (8)

Book 1
ONTOLOGY : THE NATURE OF THE FACTS OF STATES

Chapter 1   The Definition of the State ································ (13)
  1. 1   Two Premises of the Definition of the State ················ (14)
  1. 2   The Definition of the State ································ (26)
  1. 3   Theories of the Definition of the State ···················· (34)

Chapter 2   TheOrigin of the State ···································· (39)
  2. 1   The Ultimate Origin of the State ···························· (40)
  2. 2   The Immediate Origin of the State: the State Originates Immediately from the Contract of Supreme Power ················ (54)
  2. 3   Theories of the Origin of the State: the Social Contract Theory ·· (75)

Chapter 3 The Classification of the States: Based on the State System ……………………………………………………… (85)

3.1 The Scientific Criterions of the Classification of States: the State System, the Government System and the Economic System ……………………………………………………… (85)

3.2 The Classification of States Based on the Nature of the State System: Traditional or Prevalent Classification ……………… (92)

3.3 The Concept of Citizen: the Premise of the Specific Classification of States ……………………………………… (101)

3.4 The Specific Classification of States ……………………… (107)

Chapter 4 Types of States: Based on the Economic System ……… (145)

4.1 Six Types of States: the Criticism and Defense of the Theory of the Five Social Patterns ……………………………… (145)

4.2 Primitive States …………………………………………… (152)

4.3 Slave and Feudal States: Two Feudal Concepts …………… (159)

4.4 Capitalistic States ………………………………………… (168)

Chapter 5 Types of States: Communism and Socialism …………… (177)

5.1 Two Premises of the Scientific Hypothesis of Communism …… (177)

5.2 Levels and Differences of Love: the Basis of the Communist System ………………………………………… (184)

5.3 Distribution according to Labor: the Realization of the Principle of Economic Equity and Equality …………………… (194)

5.4 Communist Economic Systems …………………………… (207)

5.5 Communist States ………………………………………… (217)

5.6 Socialism and Socialist States …………………………… (232)

BOOK 2
THE AXIOLOGY : THE VALUE OF WHAT VARIOUS STATES OUGHT TO BE

Introduction The Scientific Method to Evaluate the Value of State Institutions ·· (243)

Part 1
The System of Criteria for Evaluating the Value of State Institutions

Chapter 6 The Increase or Decrease of Everyone's Total Interests: the Ultimate Standard of the Value of State Institutions ········· ·· (253)

6.1 The Criterion for Value: the Subject's Purpose ············· (254)
6.2 The Purpose of the State ·································· (267)
6.3 The Quantification of the Ultimate Purpose of the State: the Criteria System of the Ultimate Value of the State ·········· (275)
6.4 The Applicability of the Ultimate Criterion for the Value of State Institutions ··· (288)

Chapter 7 Justice: the Essential Criterion for the Value of State Institutions ·· (296)

7.1 Equivalent Exchanges between Interests and Harms: the General Issue of Justice ·· (297)
7.2 The Exchange between Rights and Duties: The Fundamental Issue of Justice ·· (318)
7.3 Equality: the Fundamental Issue of Social Justice ·············· (333)
7.4 The Social Justice Theories ·································· (358)

Chapter 8　Humanity: The Highest Criterion for the Value of State Institutions ……………………………………………… (365)

8. 1　The General Principle of Humanity: Humanitarianism ………… (365)

8. 2　Liberty: The Most Fundamental Humanity …………………… (376)

8. 3　Alienation: The Most Fundamental Inhumanity ……………… (425)

8. 4　Liberalism: the Humanitarian Theory about a Liberal Society … (457)

Summary of Part 1　the System of the Criteria for the Value of State Institutions ………………………………………………… (479)

Summary 1　Twenty-two Criteria for the Value of State Institutions: the System of the Criteria for the Value of State Institutions ………………………………………… (479)

Summary 2　The Principle of Choice in the Face of Conflicting Criteria for the Value of State Institutions …………… (483)

Part 2
The Value of Democratic and Non-Democratic: the Value of the Four Types of States Based on Different Government Systems

Introduction　The Scientific Methodology for the Evaluation of Democratic and Non-Democratic State Institutions ……………………………………………… (495)

Introduction 1　Democracy and Autocracy: the Core of the Evaluation of Democratic and Non-Democratic State Institutions ……………………………… (495)

Introduction 2　Institution and Administration: the Object of the Evaluation of Democratic and Non-Democratic State Institutions ……………………………… (496)

Introduction 3　Justice, Humanity, and Ultimate Moral Standards:

the Criterion for the Evaluation of Democratic and
Non – Democratic State Institutions ················ (498)

Chapter 9   The Value of Democracy and Non – Democracy: Based on the Highest and the Fundamental Criteria for the Value of State Institutions ························· (502)

9.1   The Value of Democracy and Non – Democracy: Based on the Highest Criterion for the Value of State Institutions ············ (502)

9.2   The Value of Democracy and Non – Democracy: Based on the Fundamental Criterion for the Value of State Institutions ······ (519)

Chapter 10   The Value of Democracy and Non – Democracy: Based on the Ultimate Criterion for the Value of State Institutions ·························· (540)

Introduction   the Scientific Methodology Employing the Ultimate Criterion for Value to Evaluate State Institutions ······ (540)

10.1   The Value of Democracy and Non – Democracy: Based on the Ultimate Criterion for All Values ······················ (543)

10.2   The Value of Democracy and Non – Democracy: Based on the Moral Status of Citizens ······················ (552)

10.3   The Value of Democracy and Non – Democracy: Based on National Prosperity and Progress ······················ (577)

10.4   The Universal Value of the Democratic and Non – Democratic State Institutions ························· (591)

Chapter 11   Despotism, Elitism, and Democratism: Theories of the Value of Democracy and Non – Democracy ······ (612)

11.1   Despotism, Elitism, and Democratism: an Analysis of Concepts ························· (613)

11.2   Despotism, Elitism, and Democratism: the Discrimination between Truth and Fallacy ························· (626)

11.3　Despotism, Elitism, and Democratism: the Discrimination between Truth and Fallacy (Continued) ⋯⋯⋯⋯⋯⋯⋯⋯ (642)

Part 3
The Value of Public Ownership and Private Ownership States: the Value of Six State Institutions Based on Different Economic Patterns

Introduction ⋯⋯⋯⋯⋯⋯⋯⋯⋯⋯⋯⋯⋯⋯⋯⋯⋯⋯⋯⋯⋯⋯⋯⋯⋯ (669)

Chapter 12　The Commodity Value ⋯⋯⋯⋯⋯⋯⋯⋯⋯⋯⋯⋯ (672)

12.1　The Definition of the Commodity Value: the Definition of the Utility Theory of Value and the Labor Theory of Value ⋯⋯⋯ (673)

12.2　Types of theCommodity Value: Use Value and Exchange Value ⋯⋯⋯⋯⋯⋯⋯⋯⋯⋯⋯⋯⋯⋯⋯⋯⋯⋯⋯⋯⋯⋯⋯⋯⋯⋯ (683)

12.3　The Law of Value ⋯⋯⋯⋯⋯⋯⋯⋯⋯⋯⋯⋯⋯⋯⋯⋯⋯⋯ (691)

12.4　The Source and Entity of theCommodity Value ⋯⋯⋯⋯⋯⋯ (702)

Chapter 13　The Commodity Price ⋯⋯⋯⋯⋯⋯⋯⋯⋯⋯⋯⋯⋯ (711)

13.1　TheConcept of Price ⋯⋯⋯⋯⋯⋯⋯⋯⋯⋯⋯⋯⋯⋯⋯⋯⋯ (711)

13.2　Fair Price: Equal to Marginal Cost ⋯⋯⋯⋯⋯⋯⋯⋯⋯⋯⋯ (723)

13.3　Free Competition: the Realization of Free Price and Fair Price ⋯⋯⋯⋯⋯⋯⋯⋯⋯⋯⋯⋯⋯⋯⋯⋯⋯⋯⋯⋯⋯⋯⋯⋯⋯⋯ (731)

Chapter 14　The Value and Price of Labor ⋯⋯⋯⋯⋯⋯⋯⋯⋯ (742)

14.1　The Concepts of Labor and Labor Force ⋯⋯⋯⋯⋯⋯⋯⋯⋯ (743)

14.2　The Value and Price of Labor and Labor Force ⋯⋯⋯⋯⋯⋯ (748)

14.3　The Secret of Capitalist Exploitation ⋯⋯⋯⋯⋯⋯⋯⋯⋯⋯ (758)

Chapter 15　The Commodity Value Theory: the Labor Value Theory and theMarginal Utility Theory ⋯⋯⋯⋯⋯⋯ (771)

15.1　The Labor Value Theory ⋯⋯⋯⋯⋯⋯⋯⋯⋯⋯⋯⋯⋯⋯⋯ (772)

15.2   The Marginal Utility Theory ·· (805)

Chapter 16   Class and Exploitation: the Value of Six State Institutions Based on Different Economic Patterns ·· (825)

Introduction ·· (826)
16.1   The Concepts of Class and Exploitation ·· (828)
16.2   The Origin and Development of Class and Exploitation ······ (849)
16.3   The Extinction of Class and Exploitation ·· (864)
16.4   Historical Necessity and Non – Universality: the Nature of Six State Institutions Based on Different Economic Patterns ·· (878)

BOOK 3
THE REALIZATION THEORY:
THE CONDITIONSFOR THE REALIZATION OF AN IDEAL STATE

Introduction ·· (899)

Part 1
The Conditions for the Realizations of Socialism and Communism

Chapter 17   The Objective Conditions for the Realizations of Socialism and Communism ·· (903)

17.1   The Direct and Necessary Conditions for the Realization of Socialism ·· (904)
17.2   Socialism with Underdeveloped Productive Forces: Punishments and Consequences for Violating

Historical Necessity ·· (911)

17.3 The Fundamental and Necessary Conditions for the Realization of Socialism ·· (921)

Chapter 18 The Subjective Conditions for the Realization of Socialism and Communism ·· (937)

18.1 The Types of Classes and Strata: an Analysis of the Classes among the Forces Realizing Socialism ············ (938)

18.2 The Approaches to Seizing Political Power and Realizing Socialism ·· (959)

18.3 The Process of the Realization of Socialism and Communism —the Programs of Socialist and Communist Parties in Different Historical Phases ·· (974)

Chapter 19 The Theory of the Conditions for the Realization of Socialism and Communism ·· (998)

Introduction The Classification of the Socialist Theories: Violent Socialism and Peaceful Socialism ············ (998)

19.1 Scientific Socialism ·· (1002)

19.2 Democratic Socialism ·· (1013)

19.3 Scientific Socialism and Democratic Socialism: Truth and Fallacy ·· (1033)

Part 2
The Conditions for the Realization of Democracy

Chapter 20 The Objective Conditions for the Realization of Democracy ·· (1069)

20.1 The Political Conditionsfor Democracy ············ (1070)

20.2 The SocialConditions for Democracy: Civil Society and

| | Social Capital | (1091) |

20.3 The CulturalConditions for Democracy (1103)

20.4 The EconomicConditions for Democracy (1132)

Chapter 21 The Subjective Conditions for the Realization of Democracy (1175)

21.1 The SubjectiveConditions for Democratization: the Motivation for Democratization (1176)

21.2 The SubjectiveConditions for Democratization: the Process of Democratization (1186)

21.3 The Operation of Democracy: Elections (1201)

21.4 The Operation of Democracy: Political Parties (1224)

21.5 The Operation of Democracy: Governments (1255)

Main Bibliographical Quoted by the Book (1282)

Index (1308)

绪　论

一　国家学界说

　　在科学的领域，似乎并没有国家学，甚至还没有国家学这个名词。但是，国家学作为一门科学，早在古希腊时代就已经创立。它的奠基之作，就是柏拉图的《理想国》。然而，国家学是一门包容政治学、伦理学、经济学和社会主义诸科学的跨学科科学，最早也要在这些科学都成为一门独立和成熟的科学之后，才可能成为一门独立和成熟的科学。这恐怕就是《国家学》至今还远未成为一门独立和成熟的科学的缘故。那么，《国家学》究竟是一门怎样的科学？

　　毫无疑义，国家学就是关于国家的科学。可是，国家问题极其复杂，绝非一门科学能够研究；而只能分成若干方面和部分，分别由不同科学进行研究。因此，国家是若干门不同科学的研究对象，任何一门关于国家的科学都只可能研究国家的一部分。那么，国家学究竟研究国家的哪一部分呢？无疑应该研究最根本最主要最能够代表国家整体的那一方面、部分或属性；否则，不配称之为《国家学》。那么，这样的国家的属性或方面究竟是什么？在亚里士多德看来，这样的国家属性就是决定各种国家同异、使一种国家之所以成为一种国家而区别于其他国家的属性，就是使一种国家保持其同一性的属性，说到底，就是国家制度：

> 专从（自然条件）例如土地（国境）和人民，考察城邦的异同，这是很肤浅的方式。……城邦本来是一种社会组织，若干公民集合在一个政治团体以内，就成为一个城邦。那么，倘使这里的政治制度发

生了变化,已经转变为另一品种的制度,这个城邦也就不再是同一城邦。……由此说来,决定城邦的同异的,主要地应该是政制的同异(种族的同异不足为准);无论这个城市还用原名或已另题新名,无论其人民仍然是旧族或已完全换了种姓,这些都没有关系。凡政制相承而没有变动的,我们就可以说这是同一城邦。凡政制业已更易,我们就说这是另一城邦。……城邦的同一性应该求之于政制。①

确实,国家制度就是使一种国家之所以成为一种国家而区别于其他国家的属性,就是最根本最主要最能够代表国家整体的属性;国家学就是关于国家制度的科学。全面言之,国家学乃是关于国家制度和国家治理活动的科学,国家制度与国家治理是根本一致的。因为国家制度是决定性的、根本性的和全局性的;国家治理是小体,是被决定的、非根本的和非全局性的。如果一个国家的国家治理活动出了问题、错误、恶劣和罪恶,就表明国家制度存在缺陷、恶劣和罪恶。真正堪称好的、优良的国家制度,一定是这样的制度,在这种制度下,就是坏的和恶的国家统治者也只能做好事,而无法为非作歹。因此,邓小平说:

> 制度好可以使坏人无法任意横行,制度不好可以使好人无法充分做好事,甚至会走向反面。即使像毛泽东同志这样伟大的人物,也受到一些不好的制度的严重影响,以至于对党对国家对他个人都造成了很大的不幸……不是说个人没有责任,而是说领导制度、组织制度问题更带有根本性、全局性、稳定性和长期性。②

然而,细究起来,界说国家学为国家制度的科学,仍然不够确切。因为那样一来,国家学就属于事实科学。可是,国家学的奠基作《理想国》意味着:国家学是一种研究国家制度好坏的价值科学。不但柏拉图的《理想国》,而且以国家制度为主要研究对象的亚里士多德的《政治学》,一以贯之者,也是关于优良的、正义的、应该的、理想的国家制度之研

---

① 亚里士多德:《政治学》,商务印书馆1996年版,第117—120页。
② 《邓小平文选》第二卷,人民出版社1994年版,第333页。

究。他在阐述政治学究竟应该研究国家——亦即他所谓的政治团体——哪些属性时,也曾这样明确写道:

> 这里,我们打算阐明,政治团体在具备了相当的物质条件以后,什么形式才是最好而又可能实现人们所设想的优良生活的体制。因此我们必须考察其他各家的政体的理想形式(不以我们的理想为限);我们应该全面研究大家所公认为治理良好的各城邦中业已实施有效的各种体制,以及那些声誉素著的思想家们的任何理想形式。①

特别是,亚里士多德确定以国家制度为核心的政治学术研究对象时,将其归结为四个方面,并使国家制度的好坏问题像一条中轴线一样,将这些方面连接起来:

> 政治(政体)研究(即为各种实用学术的一门)这一门显然也应该力求完备:第一应该考虑,何者为最优良政体,如果没有外因妨碍,则最切合于理想的政体要具备并发展哪些素质。第二,政治学术应考虑适合于不同公民团体的各种不同政体。最好的政体不是一般现存城邦所可实现的,优良的立法家和真实的政治家不应一心想望绝对至善的政体,他还需注意到本邦现实条件而寻求同它相适应的最良好政体。第三,政治学术还应该考虑,在某些假设的情况中,应以哪种政体为相宜;并研究这种政体怎样才能创制,在构成以后又怎样可以使它垂于久远。这里,我们所假想的情况就是那种只能实行较低政体的城邦,这种城邦现在的确没有理想上最良好的政体——那里即使是良好政体的起码条件也是缺乏的——也不可能实行其他现存城邦所能实行的最良好的政体,这就不得不给它设计较低的制度了。此外,第四,政治学术还应懂得最相宜于一般城邦政体的通用形式。政治学方面大多数的作家虽然在理论上各具某些卓见,但等到涉及有关应用(实践)的事项,却往往错误很多。我们不仅应该研究理想的最优良(模范)政体,也须研究可能实现的政体,而且由此更设想到最适合

---

① 亚里士多德:《政治学》,商务印书馆1996年版,第43页。

于一般城邦而又易于实行的政体。①

自苏格拉底、柏拉图和亚里士多德以降，两千年来，国家理论研究的核心问题，一直是国家制度好坏价值问题，一直是好的优良的理想的国家制度及其实现条件问题。这个问题，自柏拉图《理想国》以来，又一直具体表现为两方面。一方面，以执掌最高权力的公民人数或政体为划分根据的诸种国家制度——民主共和与贵族共和以及有限君主制与专制君主制——究竟何者堪称优良？另一方面，以生产资料所有制或经济形态为划分根据的诸种国家制度——原始公有制、奴隶制、封建制、资本主义、社会主义和共产主义——究竟何者堪称优良？

那么，究竟为什么国家制度好坏价值问题，一直是国家理论研究的核心问题？原因很简单：国家制度好坏是对于人类具有最大价值的问题。因为人是社会动物，是政治动物，说到底，是拥有国家的动物。每个人的一切，每个人的最根本最主要最重要的利益，都是社会和国家给予的。因此，国家制度好坏的价值问题，乃是每个国民最大利益之所在，是国家最主要最重要最根本最核心最具决定性的属性，也是国家的最具代表性的属性，因而唯有对于这种属性的研究才堪称国家学：国家学就是关于国家制度好坏的价值科学，就是优良国家制度及其实现条件的科学。

二 国家制度价值推导公式

国家学是关于国家制度好坏的价值科学，意味着，国家学就其根本特征来说，是一种规范科学和价值科学，而不是描述科学或事实科学。这样，在科学领域里，国家学便属于规范科学而与描述科学相对立。那么，这是否意味着：国家学只研究国家制度和国家治理之应该如何，而不研究其事实如何？是、事实、事实如何与应该、价值、应该如何究竟是什么关系？这就是所谓"休谟难题"或"休谟法则"，因为休谟首次提出了这个问题：能否从"是"推导出"应当"？

这是关于国家制度和国家治理好坏价值的来源、依据问题，是如何确

---

① 亚里士多德：《政治学》，商务印书馆1996年版，第176—177页。

定国家制度和国家治理好坏价值的问题，是如何科学地确定国家学的研究对象的问题，是国家学等一切价值科学的核心问题。元伦理学等价值科学对于这个问题的研究表明：①

"是、事实、事实如何"与"价值、好坏、应该如何"都是客体的属性。只不过，"是、事实、事实如何"是客体不依赖主体需要而具有的属性，是客体无论与主体的需要发不发生关系都具有的属性，是客体的事实属性。反之，"价值、好坏、应该如何"则是客体依赖主体需要而具有的属性，是客体的"是、事实、事实如何"与主体的需要、欲望、目的发生关系时所产生的属性，是客体的"是、事实、事实如何"对主体的需要、欲望、目的的效用，是客体的关系属性，是客体的价值关系属性：客体事实属性是价值、好坏、应该如何产生的源泉和存在的实体；主体需要、欲望、目的则是它们从客体事实属性中产生的条件和标准。

因此，"价值、好坏、应该如何"产生于"是、事实、事实如何"，是从"是、事实、事实如何"推导出来的。只不过，仅仅"是、事实、事实如何"自身决不能产生"价值、好坏、应该如何"；因而仅仅从"是、事实、事实如何"决不能推导出"价值、好坏、应该如何"。只有当"是、事实、事实如何"与主体需要欲望目的发生关系时，从"是、事实、事实如何"才能产生和推导出"价值、好坏、应该如何"："好、应该、正价值"等于"事实对主体需要欲望目的之符合"；"坏、不应该、负价值"等于"事实对主体需要欲望目的之不符合"。

这就是休谟难题之答案，这就是"价值、好坏、应该如何"的产生和推导的过程，这就是好坏、价值、应该如何的发现和证明方法。我们可以将它归结为一个公式而名之为"价值推导公式"：

前提1：客体事实如何（价值实体）
前提2：主体需要、欲望、目的如何（价值标准）
结论：客体应该如何（价值）

举例说，人类是主体，燕子是客体。于是，"燕子吃害虫"与"燕子是具有正价值的、善的鸟"都是客体燕子的属性。只不过，"燕子吃害

---

① 参阅王海明《新伦理学》（修订版），全三册，商务印书馆2008年版，第266—273页。

虫"是燕子独自具有的属性，是无论是否与人的需要、欲望、目的发生关系都具有的属性，是燕子的事实属性。反之，"燕子是具有正价值的善的鸟"则不是燕子独自具有的属性，而是"燕子吃害虫"的事实属性与人的需要、欲望、目的发生关系时所产生的属性，是燕子的关系属性。因此，"燕子是具有正价值的善的鸟"便产生于"燕子吃害虫"事实，是从该事实推导出来的。但是，仅仅"燕子吃害虫"事实还不能产生和推导出"燕子是具有正价值的善的鸟"；只有当"燕子吃害虫"事实与人类的需要、欲望、目的发生关系时，从"燕子吃害虫"事实才能产生和推导出"燕子是具有正价值的善的鸟"。这就是善或价值的推导方法，我们可以将它归结为一个公式：

燕子吃害虫（事实）
人类需要消除害虫（主体需要）
燕子吃害虫符合人类需要（事实与主体需要关系）
燕子是具有正价值的好鸟（善或价值）

这是一切价值的普遍的推导方法，如果将其推演于国家制度价值领域，显然可以得出结论说，国家制度之应该如何的好坏价值，是通过国家目的——亦即国家制度价值标准——从国家制度事实如何的价值实体中产生和推导出来的："国家制度之应该"等于"国家制度之事实与国家目的之相符"；"国家制度之不应该"等于"国家制度之事实与道德目的之相违"。这就是国家制度好坏的价值从国家制度事实之中产生和推导出来的过程，这就是国家制度好坏价值的发现和证明方法，这就是如何确定国家学研究对象的科学方法。我们可以将它归结为一个公式而名之为"国家制度价值推导公式"：

前提1：国家制度事实如何（国家制度价值实体）
前提2：国家目的如何（国家制度价值标准）
结论：国家制度应该如何（国家制度价值）

三 国家学对象

国家制度价值推导公式是确定国家学研究对象的科学方法，原本是国家学的定义——国家学就是关于国家制度价值的科学——应有之义。但是,国家学显然不仅应该研究各种国家制度好坏之价值,而且应该研究好的理想的国家制度如何实现之条件。因此,国家制度价值推导公式作为国家学对象的确定方法,便应该包括理想国家如何实现之条件,因而可以归结如下:

前提1:各种国家制度事实如何(国家制度价值实体)
前提2:国家目的如何(国家制度价值标准)
结论1:各种国家制度应该如何(国家制度价值)
结论2:理想国家如何实现之条件

这一国家制度价值推导公式,之所以是确定国家学对象的科学方法,就是因为从这四个命题所构成的国家制度价值推导公式,可以推导出国家学全部对象:国家学的全部内容就是对这个公式所由以构成的四个命题的研究。

首先,国家学上卷《本性论:各种国家事实如何之本性》就是对国家制度价值推导公式"前提1:国家制度事实如何(国家制度价值实体)"的研究。该卷详尽研究国家界说与国家起源,特别是国家类型:一方面是以执掌最高权力的公民人数为根据的四种国家制度,亦即民主共和与贵族共和以及有限君主制与专制君主制;另一方面是以生产资料所有制为根据的六种国家制度,亦即原始公有制、奴隶制、封建制、资本主义、社会主义和共产主义。该卷包括政治学和科学社会主义等科学的核心与基础理论。

其次,国家学第二卷《价值论:国家制度价值标准体系》就是对国家制度价值推导公式"前提2:国家目的如何(国家制度价值标准)"的研究。该卷研究国家制度价值标准体系,亦即从国家最终目的"增进每个人利益",推导出国家制度终极价值标准"增减每个人利益总量";进而推导出国家制度根本价值标准"公正与平等"以及国家制度最高价值标准"人道与自由"。该卷包括伦理学最主要理论:国家制度和国家治理道德原则体系。

再次,国家学第三卷《价值论:各种国家制度价值》就是对国家制度价值推导公式"结论1:各种国家制度应该如何(国家制度价值)"的研究。该卷一方面研究"民主与非民主制国家制度之价值：基于政体不同的四种国家制度之价值"，辨析专制主义与民主主义之争；另一方面研究"公有制与私有制国家之价值：基于经济形态不同的六种国家制度之价值"，主要研究资本主义与共产主义价值，因而必须从商品价值与商品价格以及劳动的价值与价格，辨析劳动价值论与边际效用论之争。该卷包括经济学核心理论和某些政治学理论。

最后，国家学下卷《实现论：理想国家如何实现之条件》就是对国家制度价值推导公式"结论2：理想国家如何实现之条件"的研究。该卷一方面研究民主实现的客观条件和主观条件；另一方面研究共产主义实现的客观条件和主观条件。该卷包括政治学和科学社会主义核心理论。国家学第二卷和第三卷都属于《价值论》，因而国家学也可以归结为上卷《本性论》和中卷《价值论》与下卷《实现论》：

国家学 ⎧ 上卷　本性论：各种国家事实如何之本性：国家界说、国家起源和国家类型
　　　 ⎨ 中卷　价值论：各种国家应该如何之价值 ⎧ 上篇　国家制度价值标准体系
　　　 ⎪   ⎨ 中篇　民主与非民主制国家制度之价值
　　　 ⎪   ⎩ 下篇　公有制与私有制国家制度之价值
　　　 ⎩ 下卷　实现论：理想国家如何实现之条件：民主与共产主义实现的主客观条件

那么，从国家制度价值推导公式所推导出来的这些研究对象，就是国家学的全部对象吗？是的。因为国家学就是关于国家制度价值的科学；而这些对象显然包括了国家制度价值的全部东西：国家制度价值实体、国家制度价值标准、各种国家制度价值和理想国家制度实现条件。

四　国家学性质

国家制度价值推导公式及其所由以构成的四个命题，可以推导出国家学全部对象、全部内容，因而可以称之为"国家学公理"。这样一来，国家学便不仅因其包容政治学和经济学以及伦理学和科学社会主义等科学部分内容而是一门跨学科科学，而且是一门可以公理化的跨学科科学。诚然，国家制度价值推导公式及其所由以构成的四个命题，并不是

自明的、直觉的、公认的,并不是不需要证明的;而按照亚里士多德和欧几里得的古典公理法的观点,公理和公设是不需要证明的,因为它们是自明的、直觉的、公认的、不言而喻的。然而,非欧几里得几何学的产生表明这种观点是片面的。因为非欧几里得几何学的第五公设——经过直线外的一点可作多条直线和原有的直线平行——显然不是自明的、直觉的;恰恰相反,它是完全违背人们的直觉的。因此,公理和公设不必是自明的、公认的。

公理之所以为公理,正如波普所说,只在于从它能够推演出该门科学的全部命题或全部内容:"公理是这样被选择的:属于该理论体系的全部其他陈述都能够从这些公理——通过纯逻辑的或数学的转换——推导出来。"① 因此,国家学公理之为公理,也只在于从它能够推演出国家学的全部命题或全部内容,而与是否自明无关。国家制度价值推导公式及其所由以构成的四个命题之为国家学公理,与非欧几里得几何学的第五公设相似,并不是因为它们是自明的——它们是人类思想的最大难题之一——而是因为由它们可以推导出国家学的全部内容、全部对象。

当然,国家学的公理化体系与几何学、数学、力学的公理化体系有所不同。几何学是从若干公理和公设直接推出该门科学的全部命题;国家学则是从若干公理直接推出构成国家学全部内容的各个部分,而间接推出国家学的全部命题。无疑,这是国家学公理化体系的缺憾。因为几何学的公理化体系是从若干公理和公设直接推出或通过定理间接推出该门科学的全部命题,因而它所具有的真值传递功能遍及该门科学的全部命题:它能够把公理的真值直接或间接地传递给该门科学的全部命题。所以,几何学的公理化体系是完全精密的:不仅体系是精密的,而且这个体系所包含的全部命题也因其公理化而都是精密的。反之,国家学是从若干公理和公设直接推出构成国家学全部内容的各个部分,而间接推出国家学的全部命题,因而它所具有的真值传递功能只能及于构成该门科学的各个部分和某些命题,而不能遍及该门科学的全部命题。所以,国家学的公理化体系是部分精密的:只有体系自身因其公理化而是精密的,而这个体系所包含的全部

———————
① Karl R. Popper: *The Logic of Scientific Discovery* Harper Torchbooks Harper & Row, Publishers New York 1959, p. 71.

命题却不能因其公理化而都是精密的。

但是，这恰恰也是国家学公理化体系优越于几何学等数学公理化体系之处。因为国家学是从若干公理通过直接推出构成国家学全部内容的各个部分而间接推出国家学的全部命题，因而国家学公理化体系具有绝对的完全性：任何国家学的命题都逃不出这个体系。反之，几何学等数学的公理化体系是从若干公理和公设直接推出或通过定理间接推出该门科学的全部命题，因而它所具有的完全性总是相对的、不完全的：总是存在着这样一些命题，这些命题是该门科学的公理所不能推出来的，因而游离于该公理化体系之外。这样，我们说数学比国家学精密便是相对的：只是就构成公理化体系的每个命题来说，数学才比国家学精密；然而，就公理化体系自身来说，国家学却比数学更为完全，因而也就更为精密。

国家学不但是一门精密的科学，而且堪称价值最大的科学。因为国家制度的好坏，乃是每个国民最大利益之所在，对于每个人具有最大价值。而问题的关键在于，国家制度无疑是人们在有关国家制度好坏理论的指导下创造的。这意味着，人们所创造的国家制度的好坏，直接说来，取决于人们所信奉的国家制度好坏的理论之真谬：如果人们所信奉的国家制度好坏的理论是真理，在其指导下所创造的国家制度就是好的、优良的，因而对每个国民具有最大正价值；如果人们所信奉的国家制度好坏的理论是谬误，在其指导下所创造的国家制度就是坏的、恶劣的，因而对每个国民具有最大负价值。这就是为什么，国家学——关于国家制度好坏的价值科学——是价值最大的科学的缘故。

上 卷
本性论:各种国家事实如何之本性

第一章

国家界说

本章提要

国家是拥有最高权力及其管理组织或政府的社会，因而也就是拥有主权的社会，也就是最大且最高的社会，也就是独立自主的社会。因此，最高权力及其管理组织或政府乃是国家区别于其他社会的最根本特征。这种特征是如此根本，以至于现代主流思想竟然将国家与最高权力及其管理组织或政治组织、政治实体等同起来，从而认为国家就是最高权力及其管理组织，就是政权、政治组织或政治实体。这样一来——阶级社会的政权和政治组织在某种意义上无疑是阶级压迫工具——就可以得出结论说：在阶级社会，国家就是阶级压迫的工具，就是阶级统治机器。所以，"国家亦即阶级压迫工具"的定义不过是"国家亦即政权或政治组织"的现代主流定义在阶级社会的推演而已。

何谓国家？在人类所创造的概念中，国家恐怕是最难定义的了，以至于列宁在界说国家时曾这样写道："国家问题是一个最复杂最混乱的问题。"① 而到了1931年，C. H. 泰特斯所列举的国家定义竟然有145种！所以，克烈逊和斯卡尔尼克说："几乎每位学者都会提出自己的国家定义，这些定义不可避免地会同已有定义有细微差别，虽然其中有些由于有相似的方法而可以被认为是组成了一些'学派'。因此，要达到一种综合

---

① 《列宁选集》第4卷，人民出版社1972年版，第41页。

事实上是不可能的。""根本不存在为整个学术界所公认的国家定义。"①然而，有一点几乎无人质疑，那就是，国家最邻近的上位概念乃是社会：国家是一种特殊的社会，属于社会范畴。因此，界说国家须先定义它的最邻近的上位概念：社会。这恐怕就是为什么"国家与社会"会成为研究国家问题的新兴分析范式的缘故。

一 界说国家的两个前提

1. 社会：国家最邻近的上位概念

何谓社会？就中文来说，"社"本为祭地神之所。《孝经·纬》说："社，土地之主也。土地阔不可尽敬，故封土为社，以报功也。""社会"则是指人们在"社"这种地方的会合，进而指人们在节日里的会合、集会。宋孟元老在《东京梦华录·秋社》中写道："八月秋社……市学先生预敛诸生钱作社会……春社、重午、重九亦如此。"逐渐地，"社会"便泛指人们的任何群居、会合了。西文"社会"，society（英）和 societe（法）都源于拉丁语 socius，意为"伙伴"，后经西塞罗而引申为"人类的共同体"。德语中的"社会"gesellschaft，原意也是"伙伴"，后来也引申为"人与人的结合"。

可见，"社会"的词源，中西相通，均为人与人的集合体、结合体、共同体。细察先哲论著，对于"社会"的概念，亦多如此界说："社会是个人的集合"（横山宁夫）。②"社会就是某一部分人为实现某些特定目的而合作的集合体"（罗素）。③"社会仅仅是一群有交往的人的名字"（席穆尔）。④"社会就是任何一群人，他们之间或多或少在意识上存在着关系"（艾尔活）。⑤"社会就是一群享有共同地域和共同文化的相互作用着的人"（罗伯逊）。⑥

---

① 谢维扬：《中国早期国家》，浙江人民出版社1995年版，第37页。
② 横山宁夫：《社会学概论》，上海译文出版社1983年版，第33页。
③ 谢康：《社会学研究》，商务印书馆民国63年版，第1页。
④ 张德胜：《社会原理》，巨流图书公司民国75年版，第12页。
⑤ 同上。
⑥ 伊恩·罗伯逊：《社会学》，上册商务印书馆1990年版，第103页。

确实，社会乃是因一定的人际关系而结合起来的人群，是两个以上的人因一定的人际关系而结合起来的共同体，是两人以上的集合体。因此，社会之为社会，在于两个特点。一个是，社会与个人对立，社会不是个人，而是个人的集合，是两人以上的共同体，是两个以上的人联合起来的人群。另一个是，仅仅有两个以上的人在一起、仅仅有人群，还不是社会；只有当这些人发生一定的人际关系从而结合起来，才是社会。设有一群毫无联系的人行走在深山老林，那么这一人群便仅仅是人群而非社会。然而，同是这一群人，如果行走于闹市，那就是社会了。因为前者是一种毫无人际关系的人群；而后者则因行走在闹市而具有了一定的人际关系，如是否遵守交通规则，是否互相妨碍或妨碍他人等。所以，孙本文先生说："凡是具有交互与共同关系、与表现交互与共同行为的一群人，都可称为社会。"①

进言之，因一定人际关系而结合起来的人群可以分为两类。一类是无组织的，如电影院里看电影的人群、候车室里候车的人群、街道上来来往往的人群；另一类则是有组织的，即所谓团体、集体、集团，如省、市、县、党、团、工会、阶级等。社会显然主要是指后者：社会，要言之，就是有组织的人群，就是团体、集体。所以费希特说："一个社会是有组织的人们的一个集体。"②

综上可知，所谓社会，主要地讲，亦即团体、集体，是有组织的人群；全面地说，则是因一定人际关系而结合起来的人群，是两个以上的人因一定人际关系而结合起来的共同体。

界定了社会，似乎就可以定义国家了。因为国家不过是社会的下位概念：国家是一种特殊的社会。那么，国家究竟是一种怎样的社会？国家区别于其他社会的种差或根本特征，乃在于最高权力：国家是拥有最高权力的社会。但是，权力概念，如所周知，乃是社会科学最复杂且最关键的概念，自古以来，一直众说纷纭。然而，不懂得何为权力，也就不可能懂得何为最高权力，也就不可能确定国家区别于其他社会的种差或根本特征，因而也就不可能界定国家。所以，界定国家的另一个前提，是界定权力概

---

① 孙本文：《社会学原理》上册，商务印书馆1934年版，第10页。
② 龙冠海：《社会学》，三民书局1986年版，第78页。

念：国家的种差就存在于权力概念的外延之中。

2. 权力：国家的种差

权力：影响 在西方语系中，"权力"的英文是 power，来自法语 pouvoir；而 pouvoir 则源自拉丁文 potestas 或 potentia，两者又都源自动词 potere，意为"能够"、"能力"，引申为一个人或物影响他人或他物的能力和力量。① 汉语"权力"的词源含义比较复杂。在汉语中，"权力"往往被简称为"权"："权力"与"权"是同一概念。就"权"的词源含义来说，原本指一种测定物体重量的器具，亦即秤锤和秤，引申为动词，表示衡量。所以，《广雅·释器》说："锤谓之权"。《汉书·律历志上》说："权者，铢、两、斤、钧、石也，所以称物平施，知轻重也。"这样，进一步引申于社会人际关系，"权"便因其能够称物平施、决断轻重而具有某种"控制力、影响力、能力和力量"之意蕴。"权"与"力"合起来构成"权力"一词，无疑使这种意蕴显示出来，表示一个人影响、控制他人的能力和力量。

可见，无论中西，权力的词源含义说到底都是指影响，表示一个人影响他人的能力和力量。权力的定义就是从其词义而来。因为从概念上看，正如特伦斯·鲍尔所言："权力基本上是指一个行为者或机构影响其他行为者或机构的态度和行为的能力。"② 马丁也这样界说道："从最一般的意义上讲，权力指由对象、个人或集团相互施加的任何形式的影响力。"③ 这就是为什么，达尔会将权力归属于"影响"范畴。④

因此，迪尔韦热认为界说权力概念，应该从分析"影响"概念入手：影响是权力的最邻近的属概念。然而，影响又是什么？迪尔韦热答曰："最好莫过于罗伯特·达尔的定义，他把影响称为'行动者之间的一种关系，通过这种关系，其中某个人带动别人采取行动，没有这种关系，他们

---

① 参阅米勒等编《布莱克维尔政治学百科全书》，中国政法大学出版社1992年版，第595页。

② 米勒等编：《布莱克维尔政治学百科全书》，中国政法大学出版社1992年版，第595页。

③ 罗德里克·马丁：《权力社会学》，河北人民出版社1992年版，第56页。

④ Robert A. Dahl, Bruce Stinebrickner, *Modern Political Analysis* (6th edition), New Jersey: Upper Saddle River, 2003, p. 12.

就不会这样做,"① 迪尔韦热完全同意达尔的这一定义,因而认为影响与影响力是同一概念:"影响力指的是一个人可以推动一个或几个人行动,而没有他的干预,他们就不会采取这样的行动。"②

确实,说什么东西影响了我们,就意味着什么东西具有某种力量,这种力量使我们采取了服从的行为。所以,影响与影响力是同一概念,都是一种使人们服从的力量。试想,为什么说教育、劝诫、诱导、控制、奖惩、许诺、榜样、交易和剥夺等都可以影响我们,都属于影响范畴?岂不就是因为这些东西都具有一种使我们服从的力量?为什么说暴力、武力、契约、威望、知识、巫术、算命、财产、金钱、地位、义务、权力、权威、人格魅力、传统习惯、理智筹划等都可以影响我们,都属于影响范畴?岂不就是因为这些东西都具有一种使我们服从的力量?

因此,正如迪尔韦热所指出,影响或影响力概念外延极其宽泛:"影响——或影响力——的形式多种多样,罗伯特·达尔竟举出了1400种!影响是建立在各种不同因素之上,如物质力量、进行奖惩的可能条件、财产、威望、拥戴、标准、价值等。"③ 这样一来,权力固然是一种使人服从的力量,因而属于影响范畴;但是,影响显然并不都是权力。我劝说我的朋友努力工作,认真讲课。他听从了我的劝说。使他努力工作,认真讲课,显然只是我的影响,而并不是我的权力。所以,达尔说:"权力是影响力的一种形式。"④ 那么,权力究竟是一种怎样的影响?或者说,权力这种影响区别于其他影响的根本特征是什么?

权力:具有强制性的影响 权力区别于其他影响的根本特征在于强制:权力是具有强制性的影响,是使人服从的强制力量。因为所谓强制,就是必须服从的力量,就是不得不服从的力量,就是使人不得不放弃自己意志而服从他人意志的力量:"当一个人被迫采取行动以服务于另一个人的意志,亦即实现他人的目的而不是自己目的时,便构成强制。"⑤ 进言

---

① 莫里斯·迪韦尔热:《政治社会学》,华夏出版社1987年版,第108页。
② 同上。
③ 同上。
④ Robert A. Dahl, Bruce Stinebrickner, *Modern Political Analysis* (6th edition), New Jersey: Upper Saddle River, 2003, p.13.
⑤ 哈耶克:《自由秩序原理》,生活·读书·新知三联书店1997年版,第164页。

之，所谓必须或不得不服从的力量，就是这样一种力量，对于这种力量，不服从便会受到惩罚、制裁，如肉体惩罚、行政惩罚和舆论惩罚等。于是，强制必定蕴涵惩罚或制裁：强制是一种不服从就会受到惩罚或制裁的力量。因此，迪韦尔热说："强制权指的是能够进行惩罚，以迫使受到威胁的人表示屈服。"①

不难看出，一种影响，不论如何能够使人服从，不论如何具有使人们服从的莫大力量，但是，如果不具有强制性，不具有惩罚制裁机制，便绝不是权力；权力必定具有强制性，必定具有惩罚制裁机制。试想，一个极具影响力的大演说家，他的天才演说完全征服了听众，因而具有使听众服从的莫大力量。但是，我们显然不能说这种影响力是一种权力，不能说这位大演说家的演说具有使人服从的权力。因为他的演说固然具有影响力，却不具有使人服从的强制性，不具有惩罚不服从者的制裁机制。所以，达尔一再说，权力这种影响区别于其他影响的根本特征在于有无制裁或强制："用严厉制裁的前景来应对不服从，从而造成屈服，这种影响力常被称作权力。"② 他还引证拉斯韦尔和卡德兰的话说："正是制裁的威胁把权力同一般意义上的影响力区别开来。权力是施加影响力的特例：这是借助制裁背离拟行政策的行为来影响他人的决策的过程。"③

确实，权力区别于其他影响的根本特征就是强制性：权力是具有强制性的影响，是一种使人服从的强制力量，是一种必须服从的力量，是一种不得不服从的力量，是一种不服从就会受到惩罚或制裁的力量，是一种使人不得不放弃自己意志而服从他人意志的力量。为什么使我的朋友努力工作认真讲课并非我的权力；但是，使我的助教努力工作认真讲课则是我的权力？岂不就是因为，我对我的助教拥有——而对朋友并不拥有——使他认真讲课的强制力量？我的助教不听从我的劝说，我可以动用我迫使他听从的惩罚力量：解聘并停发他的助教工资。但对于我的朋友，充其量，也只能是说说而已。

因此，韦伯说："我们想很一般地把'权力'理解为一个人或很多人

---

① 莫里斯·迪韦尔热：《政治社会学》，华夏出版社1987年版，第108页。
② Robert A. Dahl, Bruce Stinebrickner, *Modern Political Analysis* (6th edition), New Jersey: Upper Saddle River, 2003, p. 14.
③ Ibid., p. 20.

在某一种共同体行动中，哪怕遇到其他参加者的反抗也能贯彻自己实现自己意志的可能性。"① 克特·W. 巴克也这样写道："权力是在个人或集团的双方或各方之间发生利益冲突或价值冲突的形势下执行强制性的控制。"② 马丁则援引达尔和布劳的定义说："达尔在他那篇颇有影响的论文《论权力概念》中说道：'那么，对于权力，我的直觉看法是这样的：在 A 能使 B 做 B 本来不愿意做的事情这个范围内，A 对 B 拥有权力。'……布劳给权力下的定义是：'个人或集团通过威慑力量不顾反对而把其意志强加他人的能力，这种威慑或采取扣押应定期付给的报酬的形式，或采取惩罚的形式，因这两种形式实际上就是消极制裁。'"③

权力是一种不服从就会受到惩罚的使人服从的强制力量。但是，权力的目的——亦即使人服从——之实现，并不仅仅依靠实施强制；更重要的，是依靠强制的威胁和教育诱导等非强制手段，从而使人自觉自愿服从。诚然，权力的强制性并不因其实现的手段和服从的性质而改变：对于必须服从的强制力量，因为受到惩罚而被迫服从，它是必须服从的强制力量；因为受到教育诱导而自觉自愿服从，它也同样是必须服从的强制力量。但是，权力的有效性——亦即使人服从的效用性——却因其实现的手段和服从的性质而不同：强制实施越多，自愿服从越少，权力便越无效；强制实施越少，自愿服从越多，权力便越有效。对于这个道理，达尔曾有极为精辟的阐述：

> 权力或强制并不一定要求使用或以强力为威胁……暴君或许靠恐怖来进行统治，但决非只靠强力。即使一个暴君，也需要忠心和服从的卫士、狱吏和军人。暴君独自并不能直接用强力得到每一个士兵、狱吏或卫士对他的服从。使强制生效的并不是实际使用强力，生效的是以强力来伤害他人的威胁，如果他不服从的话……如果威胁总是必须付诸实施时，强力强制就会自拆台脚。盗贼可以把一个活生生的受害者置于死地，但尸体是不会打开保险柜的。④

---

① 韦伯：《经济与社会》下卷，商务印书馆 1997 年版，第 246 页。
② 克特·W. 巴克：《社会心理学》，南开大学出版社 1984 年版，第 420 页。
③ 罗德里克·马丁：《权力社会学》，河北人民出版社 1992 年版，第 82—83 页。
④ 达尔：《现代政治分析》，上海译文出版社 1986 年版，第 63 页。

权力：具有合法性和强制性的影响　权力是使人服从的强制力量或强制性的影响；但是，反过来，使人服从的强制力量并不都是权力，迫使人们不得不服从的强制力量或强制性的影响力并不都是权力。只有得到社会承认、认可或同意的强制力量才是权力。试想，为什么老师有强迫学生遵守课堂纪律的权力，却没有打骂学生的权力？岂不就是因为前者得到而后者却未得到社会的承认、认可或同意？为什么省长有强迫秘书认真工作的权力，却没有强迫其满足自己的性需要的权力？岂不就是因为前者得到而后者却未得到社会的承认、认可或同意？为什么强盗拥有强迫我交出钱财的强制力量，却没有强迫我交出钱财的权力？岂不就是因为强盗所拥有的这种强制力量不会得到社会的承认、认可或同意？

因此，迫使人们不得不服从的强制力量并不都是权力，权力区别于其他强制力量的根本特征和性质，乃在于社会的承认、认可或同意：权力是社会承认、认可或同意的强制力量，是社会承认、认可或同意的迫使人们不得不服从的强制力量。权力的这一根本特征和性质，自卢梭以来，便被称为"合法性"。何谓合法性？请看卢梭的解释：

> 人是生而自由的，但却无一不在枷锁之中。自以为是其他一切的主人的人，反而比其他一切更是奴隶。这种变化是怎样形成的？我不清楚。是什么才使这种变化成为合法的？我自信我能解答这个问题。如果我仅仅考虑强力以及由强力所得出的结果，我就要说……社会秩序乃是为其他一切权利提供了基础的一项神圣权利。然而，这项权利决不是出于自然，而是建立在约定之上的。①

可见，在卢梭看来，社会秩序、社会强力的合法性建立在社会成员所缔结的社会契约上，因而也就建立在公共意志之上：只有符合公共意志的强制力量才具有合法性。那么，学术界今天的合法性概念是否与卢梭一致？答案是肯定的。因为当今学术界仍然将合法性理解为社会成员的普遍承认、认可或同意的性质；只不过这种承认、认可或同意并不仅仅局限于社会契约。例如，韦伯认为社会成员的普遍承认、认可、同意具有三种类

---

① 卢梭：《社会契约论》，商务印书馆1991年版，第8页。

型：合理型、传统型和魅力型。因此，康诺利说："今天，没有人能够接受卢梭本人对合法性问题提出的解决办法（既公意的理论），但是我们今天在界定合法性问题时全都没有超出由卢梭使用的概念构成的基本框架。"①

这就是说，合法性之所以为合法性，固然有强制必须符合法律之意，但并不局限于符合法律；而是泛指一个社会的强制力量所具有的被该社会的成员承认、认可或同意的性质，亦即被该社会成员普遍承认、认可、同意的性质。于是，权力区别于其他强制力量的根本性质便在于合法性：权力是具有合法性的强制力量，是具有合法性的迫使人们不得不服从的强制力量，说到底，是社会成员普遍同意的迫使人们不得不服从的强制力量。因此，迪韦尔热把社会的普遍同意当作权力之为权力的根本特征而称之为"权力的合法性"："权力的合法性只不过是由于本集体的成员或至少是多数成员承认它为权力。如果在权力的合法性问题上出现共同同意的情况，那么这种权力就是合法的。不合法的权力则不再是一种权力，而只是一种力量。"②

这样一来，权力便是具有合法性和强制性的使人服从的力量，因而具有一种内在的对立：合法性与强制性以及必须与应该。从权力是使人们服从的具有强制性的力量方面来看，权力具有必须性，是人们必须服从的力量，不服从就会受到惩罚制裁；从权力是社会承认或大家同意的具有合法性的力量方面来看，权力具有应该性，是人们应该服从的力量。合而言之，权力是具有强制性和合法性的使人服从的力量，因而是必须且应该服从的力量。

权力：管理者拥有的具有合法性和强制性的影响　具有合法性或社会同意的强制力量都是权力吗？否！因为具有合法性或社会同意的强制力量，可能仅仅是权力资源，而并不是权力。设有两个人，一个是富人，一个是穷人。这个富人拥有迫使这个穷人为自己劳作的强制力量：金钱；并且这个穷人也同意为他劳作以换取富人的金钱。这样一来，这个富人就拥有了迫使这个穷人为自己劳作的具有合法性的强制力量：金

---

① 米勒等编：《布莱克维尔政治学百科全书》，中国政法大学出版社1992年版，第409页。
② 莫里斯·迪韦尔热：《政治社会学》，华夏出版社1987年版，第117页。

钱。可是，我们能说这个富人有权迫使这个穷人为自己劳作吗？不能。这个富人只拥有迫使这个穷人为自己劳作的强制力量，只拥有迫使这个穷人为自己劳作的权力资源——金钱，却不拥有迫使这个穷人为自己劳作的权力。

但是，如果这个富人与这个穷人就劳资合作缔结了一种社会关系，比如说，签订了一个劳资合同，从而使富人成为雇主，而穷人成为雇员，那么，这个富人就不但拥有了迫使这个穷人为自己劳作合法的强制力量，不但拥有了迫使这个穷人为自己劳作的权力资源——金钱，而且拥有了迫使这个穷人为自己劳作的权力了。为什么？因为权力只能为社会的管理者所拥有，只有社会的管理者所拥有的合法的强制力量才是权力：权力是管理者所拥有的具有合法性和强制性的影响。富人作为富人只拥有迫使穷人为自己劳作的权力资源，只拥有迫使穷人为自己劳作的合法的强制力量；富人作为雇主才拥有迫使穷人为自己劳作的权力。只有社会的管理者、领导者所拥有的合法的强制力量才是权力；而非管理者或被管理者所拥有的合法的强制力量并不是权力。

试想，为什么只有上级对下级才拥有权力，而下级对上级却没有权力？岂不就是因为上级是管理者，而下级却是被管理者？为什么在民主社会，每个公民都拥有权力？岂不就是因为民主社会每个公民都是管理者？为什么同一个人，在一定时间对一定对象有权力，而在另一时间对另一对象则无权力？岂不就是因为他在一定时间对一定对象是管理者，而在另一时间对另一对象则是被管理者？为什么富人作为富人只拥有迫使穷人为自己劳作的合法的强制力量或权力资源，而富人作为雇主就拥有迫使穷人为自己劳作的权力？岂不就是因为雇主属于管理者而富人却不属于管理者？

不过，管理者与领导者并非同一概念：领导者或官吏都是管理者；管理者却未必都是领导者。因为管理者与被管理者的外延极其广泛，几乎每个人都是管理者，同时也是被管理者。甚至芸芸众生，如仓库保管员、铁路货运员、高速公路收费员、医生、驾驶员、教师等都属于社会管理者范畴。当然，另一方面，在另一种社会关系中，这些人同时也是被管理者。就这些人充当某种管理者的社会角色来说，他们都拥有各种各样的可以称之为"权力"的迫使人们必须服从的强制力量：仓库保管员有权发放各种物品，而领取物品的被管理者则没有这种权力；铁路货运员有权调配车皮，而贩运货物的被管理者则没有这种权力；高速公路收费员有权收费，而往来的司机或被管理者则没有这种权力；医生有权开处方，而患者或被管理者则没有这种权力；驾驶员有权载人载货，而乘客或被管理者则没有这种权力；教师有权评定学生成绩，而学生或被管理者则没有这种权力。因此，权力是管理者所拥有的具有合法性和强制性的影响，说到底，也就是社会成员因其社会角色所拥有的具有合法性和强制性的影响。那么，为什么只有管理者拥有权力呢？为什么权力只能与一个人的某种社会角色相关联？

原来，任何社会，即使仅由两人组成，即使是最小的社会——家庭——要存在和发展，都必须进行管理，因而必须有管理者和被管理者的角色之分。同时，管理者还必须拥有一种被社会成员普遍同意的迫使被管理者服从的强制力量，亦即权力。因为只有这样，只有管理者拥有权力，只有管理者拥有得到社会成员普遍同意的迫使被管理者服从的强制力量，方可确保被管理者的社会行为服从管理者的管理，从而使人们的社会行为互相配合、遵守秩序；否则，人们各行其是、互相冲突、乱成一团，社会便不可能存在、发展了。所以，管理者所拥有的、社会成员普遍同意的、迫使被管理者服从的强制力量，是任何社会存在和发展的根本条件。这就是为什么只有管理者才拥有权力的缘故，这就是为什么权力只能与一个人的某种社会角色相关联的缘故，这就是为什么社会成员会普遍同意只有管理者才拥有权力的缘故，这也就是权力合法性的唯一源头。

因此，权力关系的本质是一种社会关系，是一种管理与被管理的社会关系。只有在社会关系中，只有在管理与被管理的社会关系中，才存在权力。一个人不论如何权势熏天，一旦离开这种社会关系，一旦不再是管理者，他就不再拥有任何权力了。所以，富有洞察力的学者在界说权力时，都特别强调权力的社会关系本性。韦伯说："权力意味着在一种社会关系里哪怕是遇到反对也能贯彻自己意志的任何机会，不管这种机会是建立在什么基础之上。"[①] 达尔说："权力这个词是指各社会单位之中的关系子集，在这些单位中，一个以上的单位的行为在某些条件下

---

① 韦伯：《经济与社会》上卷，商务印书馆1997年版，第81页。

依赖于另一些单位的行为。"① 迪韦尔热说:"权力是一种规范概念,指的是一个人处于这样的地位,他有权要求其他人在一种社会关系中服从他的指示。"②

权力所由以产生和存在的社会关系,是一种管理与被管理的社会关系,因而也就是一种不平等的社会关系。这种不平等的关系的一端是管理者、命令者、有权者;另一端则是被管理者、服从者、无权者。对于这一点,迪韦尔热曾有十分透辟的分析。通过这些分析,他得出结论说:"一种权力的存在意味着一个集体的文化体制建立起了正式的不平等关系,把统治他人的权力赋予某些人,并强迫被领导者必须服从后者。"③

权力:权威+强制 权力是管理者所拥有的具有合法性和强制性的影响,意味着,权力是管理者所拥有的权威性强制力量。因为权威与权力一样,一方面,显然都属于影响范畴,都是一种使人服从的力量;另一方面,显然都是一种使人自愿服从的力量,都是一种大家同意、自愿服从的力量,说到底,都是一种具有合法性的影响。所以,马丁说:"权威概念的实质性要素是合法性。"④ 达尔说:"当领袖的影响力被披上了合法性的外衣时,通常就被称为权威。那么,权威就是一种特殊的影响力,即合法的影响力。"⑤ 因此,权力——管理者所拥有的具有合法性和强制性的影响——岂不就是管理者所拥有的权威性强制力量?

诚然,权力与权威根本不同。一方面,权力具有强制性,是一种具有强制性的使人服从的力量;权威则不具有强制性,是一种不具有强制性的使人服从的力量。另一方面,权力仅为管理者所拥有;权威则可以为任何人——不论管理者还是被管理者——拥有。一个特立独行、穷困潦倒的学者,环堵萧然,一无所有,仍然可以是一个学术权威。一个巫婆或江湖术士,也可以拥有使人自愿服从的力量,因而也是一个权威。

权威虽然与权力根本不同,却因其是一种合法性影响而成为权力结构

---

① 罗德里克·马丁:《权力社会学》,河北人民出版社1992年版,第81页。
② 莫里斯·迪韦尔热:《政治社会学》,华夏出版社1987年版,第113页。
③ 同上书,第116页。
④ 罗德里克·马丁:《权力社会学》,河北人民出版社1992年版,第93页。
⑤ 达尔:《现代政治分析》,上海译文出版社1986年版,第77页。

的一个要素，即其合法性要素，亦即其社会承认、认可和同意要素。因为权力是管理者所拥有的具有合法性和强制性的影响，意味着权力原本由"管理者"、"强制性"与"合法性"三大要素构成。换言之，权力由管理者、强制与权威三大要素构成：权力＝管理者＋权威＋强制。

这意味着，权力的目的——使被管理者服从——通过权威和强制两种途径或手段实现。不难看出，一方面，权威与强制两种手段恰成反比：管理者越有权威，他所使用的强制手段便越少；越无权威，他所使用的强制手段便越多。另一方面，权力的有效性——亦即使被管理者服从的效用性——与权威成正比，与强制成反比：管理者越有权威，使用的强制便越少，权力便越有效；管理者越没有权威，使用的强制便越多，权力便越无效；管理者如果彻底丧失权威而完全依靠强制，权力便失去合法性而成为纯粹强力，因而也就不称其为权力，沦为所谓"捆猪的力量"了。因此，迪韦尔热说：

> 实际上，权力很少使用强制方法，害怕惩罚在强迫服从权力的过程中只起一种很小的作用。这里有必要提一下泰尔柯特·帕森斯的比喻。他认为，正如黄金来自货币一样，强制来自权力。只有在危机时期才采用金本位制，货币的价值主要是建立在以信用为主的其他基础之上的。同样，权力只有在特殊情况下才使用强制权。[①]

综上可知，权力是管理者所拥有的具有合法性和强制性的影响，是管理者所拥有的具有合法性和强制性的使人服从的力量，是仅为管理者拥有且被社会承认的使被管理者服从的具有强制性的力量，是管理者拥有的迫使被管理者必须且应该服从的力量。这就是权力的定义。这样一来，我们既界定了权力概念，又界定了社会概念，从此出发，也就可以界定国家概念了。因为国家属于社会范畴，国家不同于其他社会的种差或根本特征，就在权力概念外延之中。那么，国家不同于其他社会的种差究竟是什么？国家究竟是什么？

---

① 莫里斯·迪韦尔热：《政治社会学》，华夏出版社1987年版，第109页。

二 国家定义

1. 国家与社会：构成要素之比较

国家不同于其他社会的种差或根本特征，虽难捕捉，却可以从构成社会的要素看出来。那么，社会的要素是什么？从社会的定义——两个以上的人因一定人际关系而结合起来的共同体——不难看出，构成社会的基本要素包括人口与人口聚集之处：土地。没有二者，显然不可能存在社会。所以，周鲸文说："社会是在一个地方，人们过共同的生活……马克微尔说：'据我的意思，社会是共同生活的场所，例如村庄、城市、区域、国家，或是再比较广大的区域。'此处我们看出社会的特性，它有土地性，及人群性。"[①]

然而，只有土地与人口，还不能构成社会：二者只是社会构成的必要条件，而不是社会构成的充分条件。社会的构成无疑还需要一个要素，那就是权力（及其管理组织或机关）：权力（及其管理组织或机关）是任何社会存在发展的必要条件。只不过，权力管理机关的复杂程度与社会的复杂程度成正比：社会越复杂，它的权力管理组织便越复杂；社会越简单，它的权力管理组织便越简单。比较复杂的社会，如阶级社会以来的国家，其权力管理组织也比较复杂，因而从社会其他组织脱离出来而成为一种独立的实体；比较简单的社会，如氏族部落，其权力管理组织也比较简单，因而还没有与该社会其他组织脱离出来而成为一种独立的实体；最简单的社会，如家庭，其权力组织与该社会则完全是同一组织。

权力（及其管理组织或机关）是任何社会存在发展的必要条件，因而便与人口、土地一起构成社会三要素。任何社会，不论是家庭学校还是乡县区市，不论是氏族部落还是国家城邦，皆由人口、土地和权力（及其管理组织或机关）三要素构成。那么，是否只要具备人口、土地和权力及其组织或机关，就必定存在社会呢？是的，人口、土地和权力（及其管理组织或机关）显然是构成社会的充分且必要条件。

但是，人们所构成并生活于其中的社会，并非简简单单只有一种，而

---

① 周鲸文：《国家论》，天津大公报馆1935年版，第4页。

是林林总总、多种多样的,如家庭、乡、县、市、省、国家等。这些社会的构成,固然也不外乎人口、土地和权力(及其管理组织或机关)三要素;但构成这些社会的权力(及其管理组织或机关),相互间必须形成一种具有领导被领导关系的上级和下级的等级结构,从而存在一种不可抗拒的统帅所有权力的最高权力及其管理组织或机关。只有这样,这些社会相互间才可能互相配合、统一和谐,从而得以存在发展;否则,如果没有最高权力及其管理组织或机关,那么,林林总总的社会便势必各行其是、互相冲突、混乱无序、分崩离析,从而也就不可能存在发展了。

所谓最高权力管理组织或机关,也就是执掌和行使最高权力的一切管理组织或机关,亦即政权机关、政治组织或政治社会。这种政权机关、政治组织或政治社会就是国家吗?不!它还不是国家,而只是国家的政府:政府就是执掌和行使最高权力的一切管理组织或机关,就是掌握与行使最高权力或国家政权的团体及其成员,就是国家的政权机关、政治组织或政治社会。从政府的词源含义来看也是如此。中文"政府",据《词源》考证,原本指国家官吏办公的地方和机关,引申为国家的政治机关、政治组织:"政府,谓政事堂。"西文政府(Government)一词,源于希腊文 Kubernan 和拉丁文 gubinere,义为指导、驾驭、管理和统治,引申为政治组织、政治活动的组织形式。因此,邓初民说:"政府不过是执行政治任务、运用国家权力的一种机关罢了。"[①]《简明不列颠百科全书》也这样写道:"政府是治理国家或社区的政治机构。"

可见,政府只是国家的管理机关,只是管理国家的一种组织,是国家的领导集团;因而只是构成国家的一种要素,只是构成国家的一部分,也就是能够代表国家的那个部分,是国家的代表;正如一切社会的领导者和管理者都是该社会的代表一样。这个道理,在拉斯基那里曾有十分精辟的阐述:"国家需要一个人的团体替它行使它所掌握的最高的强制性的权威;而这个团体就被我们唤作国家的政府。政治学的基本原则之一,就是我们必须把国家和政府区分得清清楚楚。政府只是国家的代理人;它的存在,就是要贯彻执行国家的意旨。它本身并不是那个最高的强制权力,它

---

① 邓初民:《新政治学大纲》,中国社会科学出版社1984年版,第110页。

不过是使那个权力的意旨发生效力的行政机构。"①

政府或最高权力及其管理组织,固然还不是国家,而只是构成国家的一种要素;但是,这种要素乃是国家区别于其他社会的根本特征或种差:国家就是拥有最高权力的社会,就是拥有最高权力管理组织的社会,就是拥有政府的社会。因为国家属于社会范畴,是一种特殊的社会,它与其他社会——如家庭学校乡县区市等——的区别,显然不在于土地和人口两要素,而只在于权力及其组织:最高权力及其组织或政府是国家区别于其他社会而为国家所特有的要素。季尔克立斯(R. N. Gilchrist)在讨论国家的这一要素时讲得很清楚:"此为国家之最高原素,而国家与其他社会团体之分别,亦在于此。其他团体,虽亦能有一定之地域,统帅一部分之人民,及备有管理之机关,但有以上三者而又兼有主权者,仅有一个团体,此一团体,即是国家。"②拉斯基也这样写道:"国家因拥有主权,所以和其他一切人类的组织有所不同:一个都市是区分为政府和属民的有土地的社会;一个工会或者一个教会也可以是这样的。但是它们都不具有最高的强制权力。"③

这就是说,土地、人口和权力及其组织乃是构成一切社会的三要素,因而也是构成国家的三要素;只不过,构成国家的权力及其组织要素,乃是最高权力及其组织或政府罢了:土地、人口和最高权力及其组织或政府是构成国家的三要素。这就是西方传统的"国家三要素说"。然而,也有研究者将最高权力与执掌最高权力的管理组织或政府分离开来,而认为构成国家的是四要素:"国家的基本原素有四:(一)人群(人民),(二)一个固定居所(领土),(三)一个统一人民的组织(政府),(四)对内的最高性及对内的独立性(主权)。"④ 这是不妥的。因为构成某物的两个要素,必须相互独立因而能够分离存在,而不可相互依赖不能分离存在;否则便是一个要素,而不是两个要素。土地与人口是相互独立可以分离存在的,因而堪称构成国家的两个要素;反之,最高权力与其管理组织或政府却是相互依赖不可分离存在的,因而并非构成国家的两个要素,而

---

① 拉斯基:《国家的理论与实际》,商务印书馆 1959 年版,第 7 页。
② R. N. Gilchrist:《政治学原理》,黎明书局 1932 年版,第 30 页。
③ 拉斯基:《国家的理论与实际》,商务印书馆 1959 年版,第 6 页。
④ R. N. Gilchrist:《政治学原理》,黎明书局 1932 年版,第 24 页。

只是构成国家的一个要素。于是，构成国家的要素并非四个，而是三个：土地、人口和最高权力及其管理组织或政府。这恐怕就是为什么凯尔森赞成国家构成三要素"领土、人民和权力"的传统学说的缘故。① 他这里所说的"权力"，是指国家权力、最高权力或主权。因为他在解释构成国家的权力要素时这样写道："国家的权力通常被列为国家的第三个所谓要素。国家被认为是居住在地球表面上某一限定部分并从属于某种权力机构的人的集合，整体意义上的人民。一个国家、一片领土、一个整体意义上的人民及一个权力。主权被认为是界说这一权力的特征。"②

总而言之，土地、人口和权力及其组织是构成社会的三要素；而土地、人口和最高权力及其组织或政府则是构成国家的三要素。在国家构成的这三种要素中，只有最高权力及其组织或政府是区别于其他社会而为国家所特有的要素：国家就是拥有最高权力及其管理组织或政府的社会。确实，家庭、学校、县、市、州、省、自治区等为什么只是社会而不是国家？岂不就是因为它们虽然拥有土地、人口和权力，却不拥有最高权力？为什么诸如西藏、新疆那样大的自治区都不是国家，而只有百余英亩土地和千余人口的梵蒂冈城邦却是国家？岂不就是因为梵蒂冈拥有最高权力，而西藏、新疆却不拥有最高权力？岂不就是因为构成梵蒂冈的三要素是土地、人口和最高权力，而构成西藏和新疆的要素却是土地、人口和权力？所以，狄骥虽然认为一个社会只要拥有强制权力就是国家，但最后还是补充道：

> 要有国家，这种强制权力就必须是不可抗拒的。我由此所说明的，只是：强制权力如果在团体内部遇不到敌对的权力与它相对抗并阻挠它用强力来确保它意志的实行，它便是一种国家权力。如果有这种敌对权力存在，而且它在一个时期内能抗拒先前所建的权力，那么，先前所建的权力就不再是国家权力了。如果两种权力有同等的效力并且平均发展，那么处在这种情况下就没有国家存在，而在语源学意义上讲便是无政府状态，这种状态一直将继续到组成一种不可抗拒

---

① 凯尔森：《法律与国家》，台北正中书局1976年版，第233页。
② 凯尔森：《法律与国家》，台北正中书局1976年版，第283页。

的权力时为止。①

所谓"不可抗拒的权力",与"最高权力"无疑是同一概念。因此,叶赫林说,最高权力是国家之为国家的根本特征:"国家的特征就是它成为超越一定领土上所有的其他意志的一种最高权力。要有一个国家存在,这种权力就是而且必须是一种实质的权力,即在事实上超越于一定领土上所存在的其他一切权力的权力。国家的一切其他条件则归结为这样一个条件,即它必须是一种实质的最高权力。"② 一言以蔽之,国家是拥有最高权力的社会。

因此,鲍桑葵说:"国家即作为最高权威的社会"。③ 梅尔堡说:"国家是一种人类社会,居住在自己的土地上,并有维持它和社员关系,握有行动、命令及强制的最高权力的组织。"北冈勋说:"国家是占有国家的最高权力的人民所组成的地域社会。""国家是一种受最高权力和理性所支配的家族及其共同事务。"④ 齐吉林说:"国家是被法律联结成一个法律上的整体的,并由最高权力根据共同的福利来进行管理的人民的联盟。"⑤

从词源来看,也是如此。中文"国家"与"国"是同一名词。"国"字的古文为"",从一(土地),从口(人口),从戈(武力、权力),从王(拥有最高权力者),可以训为:生活在一定地域的人们所结成的拥有最高权力的社会。西文"国家"的词源含义比较复杂。古希腊是以城市为领域的国家,因而与"国家"相当的词是城邦:polis,指城邦人口、土地和政权、政治机构等一切社会团体的总和。古罗马人称国家为 res publica,可英译为 commonwealth,实际上也是指人口、土地和政权、政治机构等一切社会团体的总和。只是到了文艺复兴后期,意大利人马基雅弗利才首次使用 stato 来称谓国家,赋予国家以与古代有别的现代含义,意指政权、政治机构、政治组织或政府。因为现今西文"国家"state(英)、etat(法)、staat(德)诸词,皆源于意大利文 stato,专指政权、政治机

---

① 狄骥:《宪法论》,商务印书馆1959年版,第383页。
② 同上书,第385页。
③ 鲍桑葵:《关于国家的哲学理论》,商务印书馆1995年版,第204页。
④ 马起华:《政治理论》,台湾商务印书馆1977年版,第198—200页。
⑤ 王勇飞编:《法学基础理论参考资料》上,北京大学出版社1984年版,第439页。

构、政治组织或政府。因此，不论中西，国家的词源含义与其定义基本一致，都是指生活在一定地域的人们所结成的拥有最高权力及其组织或政府的社会。

2. 国家：最大最高的社会

国家是拥有最高权力的社会，意味着，国家内部具有一种权力的等级结构：较低的权力被较高的权力所领导，而最高权力则领导一切权力。拥有较高权力的社会，如省、市、自治区等等，是由拥有低权力的社会——如县、乡、家庭等——构成的；而拥有最高权力的社会，亦即国家，则是由一切社会构成的。这样一来，国家便呈现一种由较小社会构成较大社会的包括与被包括关系的等级结构。在这种结构中，较小的社会，如家庭、乡和街道，所拥有的权力就较小，并被包括在较大的社会中而成为较大社会的一部分；较大的社会，如县市省，则包括较小的社会而成为这些较小社会的总和，因而拥有的权力就比较大，领导着它所由以构成的这些较小社会；最大的社会，亦即国家，则包括家庭、乡、县、市、省等一切社会而成为一切社会的总和，因而拥有最高权力，领导一切社会。

可见，国家是一切社会按照从小到大和从低级到高级的"包括与被包括以及领导与被领导"的关系所构成的最大最高的社会。国家是最大社会，因为它是一切社会的总和，是一切社会所构成的一个有机整体。国家是最高社会，因为它拥有领导一切社会的最高权力。国家是一切社会的总和，是最大且最高的社会，显然意味着：国家是社会发展的最高级最完备的形态。因此，亚里士多德说：国家是"社会团体中最高而包含最广的一种"。"这种至高而广涵的社会团体就是所谓'城邦'。"[①] "等到由若干村坊组合而为城邦，社会就进化到高级而完备的境界。在这种社会团体以内，人类的生活可以获得完全的自给自足。"[②]

究竟言之，任何一种较大较高的社会，如省、自治区，显然都不是一种与较小的社会分离独立的社会，而是一切较小社会——如县乡和家庭——的结合、总和：一切较小的社会都是构成较大社会的一部分；而较

---

① 亚里士多德：《政治学》，商务印书馆1965年版，第3页。
② 同上书，第7页。

大社会则是较小社会结合而成的整体。同理,国家这种最大且最高的社会,也不是一种与其他社会分开独立的社会,而是一切社会的结合、总和:一切社会都是构成国家的一部分;而国家则是一切社会结合而成的整体。这就是国家为什么是最大最高的社会的缘故:整体大且高于部分。所以,莫里斯·迪韦尔热说:"国家似乎就是一种完整的社团,不依赖其他社团并统治其他一切社团。"① 拉斯基也这样写道:"我们发现我们是和其他的人们一同生活在一个社会里:这个社会,就它对于人类其他一切组织关系来说,是完整地结合成为一个单位,我们把它叫做国家……我之所谓国家,意思是指这样一种社会,它由于具有一种强制性的权威,在法律上高出于作为这个社会一部分的任何个人或集体,而构成一个整体。"②

另一方面,国家是最大且最高的社会,完全是相对的,而不是绝对的。因为任何一个国家,都只是其领土范围内的一切社会的总和,因而都只是其领土范围内的最大且最高的社会,都只是相对于其领土范围内的社会来说,才是最大且最高的社会。否则,对于领土范围之外的社会来说,一个国家完全可能是一个不大的、很小的甚至极小的社会。就拿梵蒂冈国家来说,它只是其百余英亩领土内的一切社会的总和,因而只是对于这些社会来说,才是最大且最高的社会。反之,如果相对于梵蒂冈领土之外的西藏、内蒙古来说,那么,这个百余英亩土地上的千余人口的国家岂非区区弹丸之地?谈何最大且最高社会?

3. 国家:拥有主权或独立自主的社会

不难看出,一个社会,如果不拥有最高权力,如省市县,那么,该社会便必受拥有最高权力的社会——国家——的领导,便必定依附于拥有最高权力的社会而不能够自己说了算,不是独立自主的社会。反之,如果一个社会拥有最高权力,则显然意味着,这个社会不受其他社会领导,不依附于其他社会,而完全自己说了算,完全是独立自主的:最高权力就是独立自主的权力;拥有最高权力的社会就是独立自主的社会。因此,国家最高权力又叫做主权:主权就是国家独立自主的权力,就是

---

① 莫里斯·迪韦尔热:《政治社会学》,华夏出版社1987年版,第12页。
② 拉斯基:《国家的理论与实际》,商务印书馆1959年版,第5页。

国家最高权力。这个道理,马里旦讲得很清楚:"什么是主权概念的严格的和真正的意义呢?主权指两件事情:第一,一种享有最高独立性和最高权力的权利……第二,一种享有某种独立性和某种权力的权利,这种独立性和权力在它们的固有的范围内是绝对的或超越地最高的。"一句话,"主权意味着独立性和权力,这种独立性和权力是分开地和超越地最高的。"①

这样一来,国家是拥有最高权力的社会,便意味着:国家就是拥有主权的社会,说到底,就是独立自主的社会:"拥有最高权力的社会"、"拥有主权的社会"与"独立自主的社会"三者是同一概念。因为一切拥有最高权力或主权的社会,显然都是独立自主的社会;反过来,一切独立自主的社会,也都是拥有最高权力或主权的社会。诚然,独立自主的社会可能存在两种情形。一种是独立自主社会之常规,亦即由一切社会的总和所构成的独立自主的复合社会,如由家庭、乡、县、省等社会所构成的现代国家。这种社会之所以独立自主,显然是因为它拥有最高权力或主权:独立自主的社会是拥有最高权力或主权的社会。

反之,另一种则是独立自主的社会之例外,亦即极为原始的不包括其他任何社会的最简单的社会单位。举例说,大约一百万年以前,尚处于"狩猎—采集"阶段的原始社会的"队群"或"游团"(bands),少则只有20人,多则几百人。这种"队群"或"游团"虽然极为简单,不包括任何其他社会,通常却是一种独立自主的社会。粗略看来,这种社会并不拥有最高权力或主权。其实不然。因为主权或最高权力就是独立自主的权力,它无疑具有双重含义:高于一切权力的权力和没有更高权力的权力。现代国家高于一切权力的权力,是不受其他权力领导和支配的权力,因而是独立自主的权力,是主权或最高权力,是领导和支配一切权力的最高权力或主权。同样,"队群"或"游团"没有更高权力的权力,也是不受其他权力领导和支配的权力,因而也是独立自主的权力,也是主权或最高权力。

可见,不但一切拥有最高权力或主权的社会都是独立自主的社会,都是国家,而且一切独立自主的社会,也都是拥有最高权力或主权的社会,

---

① 马里旦:《人和国家》,商务印书馆1964年版,第38、48页。

也都是国家：国家、拥有最高权力的社会与独立自主的社会三者实为同一概念。因此，蒂利在给国家下定义时这样写道："国家是一种控制特定人口占有一定领土的组织，因而：（1）它不同于在同一领土上的活动的其他组织；（2）它是自主的；（3）它是集权的；（4）它的各个部分相互间存在着正式的协作关系。"① 对于这个定义所指出的国家之所以为国家的自主特征，与国家的主权特征之关系，贾恩弗朗哥·波齐曾这样评论道："蒂利关于国家定义的更深入的特征——自主——以多少更为隐蔽的方式表达出来，这也就是通常更富有争议和内涵更丰富的主权概念。一种控制组织只要拥有主权，它就是国家。"②

三 国家界说理论

1. 现代西方主流定义

国家的四个定义——拥有最高权力及其管理组织或政府的社会、拥有主权的社会、最大且最高的社会和独立自主的社会——的推演顺序表明，最高权力及其管理组织或政府是国家之所以为国家的最根本的特征。这种特征是如此根本，以致思想家们竞相将国家与最高权力及其管理组织或政府等同起来，将国家与政权、政治组织和政治实体等同起来，从而认为国家就是最高权力及其管理组织或政府，就是政权、政治组织或政治实体。亚里士多德说："至高而广涵的社会团体就是所谓'城邦'，即政治社团。"③ 斯宾诺莎说："各种统治状态均称为国家状态。统治的总体称为国家。"④ 马里旦说："国家不过是一个有资格使用权力和强制力并由公共秩序和福利方面的专家或人才所组成的机构，它不过是一个为人服务的工具。"⑤ 凯尔森说："既然社会是由组织构成的，那么将国家界说为'政治组织'就更加正确……有时人们以国家具有或就是'权力'为理由，将

---

① Gianfranco Poggi, *The State: Its Nature, Development and Prospects*, Published by arrangement with polity Press Ltd., Cambridge, 2007, p. 19.
② Gianfranco Poggi, *The State: Its Nature, Development and Prospects*, Published by arrangement with polity Press Ltd., Cambridge, 2007, p. 21.
③ 亚里士多德：《政治学》，商务印书馆1965年版，第3页。
④ 斯宾诺莎：《政治论》，商务印书馆1999年版，第24页。
⑤ 马里旦：《人和国家》，商务印书馆1964年版，第15页。

它说成是一个政治组织。"① "实质的国家概念,指国家官吏组成的吏治器官而言。"② 莱斯利·里普森说:"国家是把政治的动力组织起来并使之形式化的机构。"③ 霍尔写道:"国家是一套机构,这些机构是由国家的相关人员操纵的。国家最重要的是作为暴力与强制手段的机构。"④ 贾恩弗朗哥·波齐说:"政治权力的最基本和最重要的现代形式,即国家。"⑤ 韦伯说:"当行政班子成功地维持了合法使用暴力的垄断权来贯彻自己的命令时,这种能够持续运作的强制性政治组织就将被称为'国家'。"⑥ 狄骥写道:"把国家本身理解为唯一执掌着发号施令的权力的观念,几乎为四十年来从事公法著述的德国法学者一致公认。"⑦ 甚至明确指出"最高权力是国家根本特征"的拉斯基也居然将国家与权力或最高权力等同起来:"国家可以合理地被视为是组织公共的强制权力,以便在一切正常情形下,使政府的意志能贯彻执行的一种方法。它是在全部人民以外而且超过全部人民的一种权力。"⑧ 德莱什克则将这种思想归结为一句名言:"国家就是权力。"⑨

这种将"国家等同于最高权力和政权机构、政治实体或政府"的界说,有其词源学根据。因为现今西文"国家"state(英)、etat(法)、staat(德)诸词,皆源于意大利文 stato,专指政权、政治机构或政治组织。所以,《布莱克维尔政治学百科全书》的"国家"词条指出,这种将"国家等同于最高权力和政权机构"的定义,逐渐形成于 14—17 世纪,而成为现代西方主流定义:"最一般的用法也许是把'国家'等同于政治实体或政治共同体……这种用法有其词源学根据。国家一词是在 14 世纪

---

① 凯尔森:《法律与国家》,台北正中书局 1976 年版,第 213 页。
② 同上书,第 242 页。
③ 莱斯利·里普森:《政治学的重大问题》,华夏出版社 2001 年版,第 42 页。
④ 约翰·A. 霍尔等:《国家》,吉林人民出版社 2007 年版,第 2 页。
⑤ Gianfranco Poggi, *The State*: *Its Nature*, *Development and Prospects*, Published by arrangement with polity Press Ltd., Cambridge, 2007, p. 18.
⑥ 转引自迈克尔·曼:《社会权力的来源》第二卷上,上海世纪出版集团 2005 年版,第 63 页。
⑦ 狄骥:《宪法论》,商务印书馆 1959 年版,第 438 页。
⑧ 拉斯基:《国家的理论与实际》,商务印书馆 1959 年版,第 10 页。
⑨ 狄骥:《宪法论》,商务印书馆 1959 年版,第 385 页。

到 17 世纪逐渐演变为表示政治实体的一般概念。"①

2. 马克思主义定义

马克思主义经典作家继承了这种将"国家等同于最高权力和政权机构、政治实体"的主流定义。恩格斯一再说："随着法律的产生，就必然产生出以维护法律为职责的机关——公共权力，即国家。""国家无非是有产阶级即土地所有者和资本家对被剥削阶级——农民和工人——施行的有组织的总和权力。"② 列宁也这样写道："系统地采用暴力和强迫人们服从暴力的特殊机构，这样的机构就叫做国家。"③ "国家一直是从社会中分化出来的一种机构，一直是由一批专门从事管理、几乎专门从事管理或主要从事管理的人组成的。"④

如果国家就是管理机构、政治组织、政权和最高权力，就是国家的政治权力机构、政府或政治实体，那么，在阶级社会，在某种意义上，国家就可能是阶级压迫的工具，就可能是阶级统治机器。因为在阶级社会，非民主制国家政权必定是垄断政治权力的官吏阶级对没有政治权力的庶民阶级的专政工具，必定是维护统治阶级对被统治阶级进行剥削和压迫的工具，是镇压被剥削被压迫阶级反抗的机器，是一个阶级压迫和剥削另一个阶级的机器：维护君主或寡头利益而剥夺绝大多数人权益乃是非民主国家政权之最根本的任务和职能。

这样一来，如果国家的现代主流定义——国家就是国家政权，就是政权、最高权力和政治组织或政府——是真理，那么，在专制等非民主制的阶级社会，根本说来，国家岂不就是阶级镇压的机器？岂不就是镇压被剥削被压迫阶级反抗的机器？岂不就是维护统治阶级对被统治阶级进行剥削的工具？岂不就是一个阶级压迫和剥削另一个阶级的机器？因此，恩格斯说："迄今在阶级对立中运动着的社会需要有国家，即需要一个剥削阶级的组织，以便维护它的外部的生产条件，特别是用暴力把被剥削阶级控制在当时的生产方式所决定的那些压迫条件下（奴隶制、农奴制、雇佣劳

---

① 米勒等编：《布莱克维尔政治学百科全书》，中国政法大学出版社1992年版，第741页。
② 《马克思恩格斯选集》第二卷，人民出版社1972年版，第539页。
③ 《列宁选集》第四卷，人民出版社1972年版，第44页。
④ 同上书，第47页。

动制)。"① "国家无非是一个阶级镇压另一个阶级的机器。"② 列宁说："国家是阶级统治的机关。"③ "国家是维护一个阶级对另一个阶级的统治的机器。"④ "国家是一个阶级压迫另一个阶级的机器,是使一切被支配的阶级受一个阶级控制的机器。"⑤

可见,马克思主义关于国家即阶级镇压的机器的定义,依据于国家的现代主流定义——国家亦即政治权力机构或政治实体,因而其能否成立,关键在于国家的现代主流定义能否成立。那么,后者是真理吗?非也!因为,一方面,政权或最高权力并非国家,而是国家区别于其他社会的种差,是国家之所以为国家的根本特征:国家是拥有最高权力的社会。因此,绝不能将国家与最高权力或政权等同起来,而将国家界说为最高权力或政权。国家包括家庭、学校、企业、工厂、省市县等一切社会,包括土地、人口和最高权力。国家是所有这一切的总和,是这一切所构成的整体:它怎么能仅仅是一种政权、权力、最高权力呢?难道报效国家仅仅是报效最高权力,仅仅是报效政权?难道说热爱中国仅仅是热爱中国的政权或权力?难道包括13亿人民和960万平方公里土地的中国仅仅是一种权力或政权?

另一方面,正如拉斯基所指出,政治组织或政治实体和政府也并非国家,而是掌握与行使最高权力或政权的团体及其成员,是构成国家的一部分,也就是能够代表国家的那个部分,是国家的代表:"国家需要一个人的团体替它行使它所掌握的最高的强制性的权威;而这个团体就被我们唤作国家的政府。政治学的基本原则之一,就是我们必须把国家和政府区分得清清楚楚。政府只是国家的代理人;它的存在,就是要贯彻执行国家的意旨。它本身并不是那个最高的强制权力,它不过是使那个权力的意旨发生效力的行政机构。"⑥

这样一来,如果将国家与国家的政治组织或政府、政治实体等同起

---

① 《马克思恩格斯全集》第20卷,人民出版社1971年版,第305页。
② 转引自《列宁选集》第三卷,人民出版社1972年版,第239页。
③ 《列宁选集》第三卷,人民出版社1972年版,第194页。
④ 《列宁选集》第四卷,人民出版社1972年版,第48页。
⑤ 同上书,第49页。
⑥ 拉斯基:《国家的理论与实际》,商务印书馆1959年版,第7页。

来，而将国家界说为政治组织、政治实体、政治社会或政府，便正像杨幼炯所言，是将一个法团的董事会与该法团自身等同起来，犯了以偏赅全的错误："政府是国家所必不可少的机关或代理者，但它并不是国家本身，就如同一个公司的董事会不是公司本身一样。"① 确实，国家怎么能是一种政治组织、政治机构或政府呢？难道中国仅仅是中国政府，仅仅是中国的政治组织、政治机构，而不包括13亿人民和960万平方公里的土地？难道热爱中国仅仅是热爱中国政府和国家领导机构，而不包括热爱中国人民和中国山河？显然，国家绝不仅仅是政治实体、政治社会或政府，而是一切社会的总和。所以，鲍桑葵说："国家就不仅仅是政治组织，'国家'（State）一词确实主要是指统一体的政治方面，并与那种无政府状态社会的概念相对立。但是，它包括从家庭到行业、从行业到教会和大学各方面决定生活的整套组织机构。"②

综上可知，关于国家的现代主流定义——亦即将国家等同于最高权力、政权和政治组织或政府、政治社会或政治实体——是不能成立的。这样一来，马克思主义关于国家亦即阶级压迫工具的定义也就不能成立了。只有国家政权、最高权力和政治组织或政府才可能是阶级压迫工具；而国家乃是一切家庭、学校、工作单位等一切社会的总和，它怎么能是阶级压迫工具呢？只有中国的国家政权、最高权力和政治组织或政府才可能是阶级压迫工具，而包括13亿人民和960万平方公里土地的中国怎么能是阶级压迫工具呢？国家亦即阶级压迫工具的国家定义的根本错误，显然在于等同国家与国家政权、政治组织或政府，因而也属于国家的现代主流定义范畴："国家亦即阶级压迫工具"的定义不过是"国家亦即政权或政治组织"的现代主流定义在阶级社会的推演而已。

---

① 杨幼炯：《政治科学总论·现代政府论》，中华书局（台北）1967年版，第322页。
② 鲍桑葵：《关于国家的哲学理论》，商务印书馆1995年版，第163页。

第二章

国家起源

本章提要

国家是拥有最高权力及其管理组织或政府的社会,是最大且最高的社会。因此,一方面,从人的社会本性来看,国家必然起源于每个人对于社会最大化的需要(每个人需要的满足程度与社会规模的大小成正比)和使各种社会成为一个统一整体的需要(最高权力是各种社会成为一个统一体的最根本的必要条件)。这是国家的内在的、间接的和终级的起源,它只是说明国家乃人类固有需要,只是说明国家产生的必然性;而未能说明国家产生的实然性和应然性。另一方面,从国家实际的产生状况来看,任何权力无疑必然都产生、形成和起源于社会成员的普遍同意;最高权力属于权力范畴,因而必定产生、形成和起源于社会成员的普遍同意。任何两个以上的人就某种利益交换关系所达成的同意无疑都是契约。于是,最高权力或国家便必然直接产生、形成和起源于契约,起源于社会成员就最高权力所关涉的权利与义务等利益之交换所缔结的契约;但究竟起源于何种最高权力契约则是偶然的:唯有起源于民主地缔结的民主的最高权力契约,才是善的、应该的和道德的;否则便是恶的、不应该和不道德的。这是国家的直接的外在的起源,它说明国家实际上是怎样产生的,说明国家产生的实然性和应然性。

一 国家终极起源

1. 国家从来就有：从国家的科学的定义来看

从国家的科学的定义——亦即"拥有最高权力的社会"、"拥有主权的社会"、"最大且最高的社会"和"独立自主的社会"——可以看出，国家与社会一样，是从来就有的。因为现代人类学研究表明，人类最早的社会或最古老的原始社会，就是"队群"或"游群"（bands）。它是大约一万年以前，人类尚处于农业产生之前的"狩猎—采集"阶段的社会组织的普遍形态。对于这种社会形态，现代人类学家恩伯曾这样描述道：

> 有些社会是由若干相当小的、通常是游动的群体组成。我们习惯于称每个这样的群体为队群，它在政治上有自主权。这就是说，在这种社会中，队群是最大的政治单位。鉴于大多数近代的食物采集者都曾经有过队群组织，一些人类学家认为，在农业产生以前，或者一直到大约一万年以前，队群这种类型的政治组织几乎是所有社会的特征。……队群的规模很小，通常不足百人，甚至更少。每个队群都拥有广大领土，因而人口密度很低。[①]

> 亚马逊盆地的瓜压基人的队群只有20名成员；马来半岛的塞芒人队群有50人；南美巴塔哥尼亚·特维尔切人的队群有400到500人，这也许是规模最大的队群了。[②]

可见，"队群"虽然通常只有几十个人，极为简单，不包括任何其他社会；却是一种独立自主的社会，因而也就是一种国家，亦即人类最原始最古老最简单的国家。这样一来，国家也就是一种人类最早的社会，是一种最古老的社会，因而是人类从来就有的社会。所以，鲍桑葵说："从某种意义上讲，可以说凡是有人类居住的地方就有国家。也就是说，从来就

[①] Carol R. Ember, Mevin Ember, *Cultural Anthropology*, Ninth Edition, Prentice Hall, Inc., 1999, p. 222.

[②] 恩伯：《文化的变异》，辽宁人民出版社1988年版，第397页。

有某种规模比家庭大而且不承认任何权力高于它的联合组织或自治组织。"①

诚然,问题在于,说原始社会20人构成的独立自主的小小"队群"或"游团"是一个国家,岂不荒唐?咋一看来,确实荒唐。其实不然。因为哪一种极其高级伟大的事物,不是由极其简单渺小的事物发展而来?现代国家固然极其庞大复杂,但它显然并不是一下子无中生有,而无疑是从人类最原始最古老最简单的国家发展进化而来。那么,这种人类最原始最古老最简单的国家由20人构成,何荒唐之有?柏拉图早就指出,最小的国家可能只有4到5人:"最小的城邦起码要有4到5人。"② 更何况,如果千余人口的梵蒂冈是一个国家并不荒唐,那么,千余人口的"队群"是一个国家也就不荒唐了。如果千余人口的"队群"是一个国家不荒唐,那么,百余人口的"队群"是一个国家也就不荒唐了。如果百余人口的"队群"是一个国家并不荒唐,那么,20个人构成的"队群"是一个国家,何荒唐之有?

显然,问题的关键全在于国家的定义。如果像我们在前面所证明的那样,国家的定义是"拥有最高权力、主权或独立自主的社会",那么,一个社会,不论如何庞大复杂,不论有多少人,哪怕是2亿人,只要它不拥有主权、不能独立自主,它就不是国家;相反地,一个社会,不论如何简单原始,不论有多少人,哪怕它只有两个人,但只要它拥有主权、独立自主,它就是国家。因此,我们绝不能因为"队群"或"游群"是人类最简单最古老最原始社会而否定其为国家。"队群"或"游群"究竟是不是国家,只能看它是否拥有主权,是否独立自主。既然"队群"或"游群"确实是一种拥有主权独立自主的社会,那么,它无疑是国家。所以,国家从来就有,它是一种人类从来就有的社会。

2. 国家并非从来就有:从国家的现代主流定义来看

如果不是从国家的科学的定义出发,而是从国家的现代主流定义——国家就是最高权力、政治权力和政治组织或政府、政治实体——来考察国

---

① 鲍桑葵:《关于国家的哲学理论》,商务印书馆1995年版,第46页。
② 柏拉图:《理想国》,商务印书馆1986年版,第59页。

家起源，那么顺理成章，自然会得出结论说：只有当政治组织从其他社会组织独立出来从而成为政治实体的时候，才产生了国家；只有当出现了同其他社会相脱离的正规的、正式的、专门的行政管理和政治机构或政府——包括官署、军队、警察和监狱等——的时候，才产生了国家。因此，哈维兰说："国家是最正式的政治组织。"① 恩格斯说："国家是以一种与全体固定成员相脱离的特殊的公共权力为前提的。"②"构成这种权力的，不仅有武装的人，而且还有物质的附属物，如监狱和各种强制机关。"③"这种从社会中产生但又自居于社会之上并且日益同社会脱离的力量，就是国家。"④ 列宁说："国家就是从人类社会中分化出来的管理机构。当专门从事管理并因此而需要一个强迫他人意志服从暴力的特殊强制机构（即监狱、特殊队伍及军队等）的特殊集团出现时，国家也就出现了。"⑤

那么，人类社会究竟从何时开始出现这种独立的政治组织或政治实体？一个社会是否存在独立的政治组织或政治实体的判断标准，显然在于是否存在税收。因为正如恩格斯所言，政治实体必须依靠税收才可能存在发展："为了维持这种公共权力，就需要公民缴纳费用——税收。"⑥ 这样一来，是否存在税收，便是衡量一个社会是否存在独立的政治组织或实体的一个显著标志，便是国家是否存在的显著标志。典型的原始社会固然有政治组织，但整体讲来，并不存在独立的政治组织或政治实体，不存在专业化的武装队伍——警察军队监狱，不存在税收，因而还不存在国家；只有到了阶级社会，政治组织才独立出来而成为一种政治实体，才存在专业化的武装队伍，才存在税收，因而才产生了国家：国家是阶级社会的产物，是社会分层和阶级分化以及人口增长、生产进步和战争的结果，是剥削阶级镇压被剥削阶级的工具。

因此，恩格斯说："国家是从控制阶级对立的需要中产生的，同时又

---

① William A. Haviland, *Anthropology*, NinthEdition, Harcourt College Publishers, New York, 2000, p. 663.
② 《马克思恩格斯选集》第四卷，人民出版社1972年版，第91页。
③ 同上书，第167页。
④ 同上书，第166页。
⑤ 《列宁选集》第四卷，人民出版社1972年版，第45页。
⑥ 《马克思恩格斯选集》第四卷，人民出版社1972年版，第167页。

是在这些阶级冲突中产生的,所以,它照例是最强大的、在经济上占统治地位的阶级的国家,这个阶级借助于国家而在政治上也成为占统治地位的阶级,因而获得了镇压和剥削被压迫阶级的新手段。"① 哈维兰说:"国家只发现于有许多不同性质的群体、社会阶级和社团的社会当中。"② 列宁说:"国家不是从来就有的。有一个时候是没有国家的。国家是在社会分成阶级的地方和时候、在剥削者和被剥削者出现的时候才出现的……在原始社会里……在任何地方看不到什么分化出来管理他人并为了管理而系统地一贯地掌握着某种强制机构即暴力机构的特殊等级的人,大家知道,现在,这种暴力机构就是武装部队、监狱及其他强迫他人意志服从暴力的手段,即构成国家实质的东西。"③

这就是基于国家的现代主流定义的国家起源论:它不仅是马克思主义的国家起源论,而且——在某种程度上——是广为接受的现代主流理论。就拿现代人类学来说,摩尔根认为原始社会没有国家,国家是阶级社会的产物,国家与氏族社会的根本区别在于前者以地域和财产为基础,后者以血缘关系为基础:"一切政府形态都可以归结为两种普遍方式……这两种方式的基础根本不同。按时间顺序说,第一种方式以人身和纯人身关系为基础,可以称之为社会。这种组织的单位是氏族……第二种方式以地域和财产为基础,可以称之为国家。这种组织的基础或单位是用界碑划定范围的乡或区及其所辖之财产,政治社会即其结果。政治社会是按地域组织起来的,它通过地域关系来管理财产和人们。"④ 对于摩尔根的这一论断,恩格斯进一步补充说:"国家和旧的氏族组织不同的地方,第一点就是它按地区来划分它的国民……第二个不同点,是公共权力的设立,这种公共权力已不再同自己组织为武装力量的居民直接符合了。"⑤

塞维斯等人类学家堪称人类学最新水平国家起源论的代表人物,他们

---

① 《马克思恩格斯选集》第四卷,人民出版社1972年版,第168页。
② 哈维兰:《当代人类学》,上海人民出版社1987年版,第478页。
③ 《列宁选集》第四卷,人民出版社1972年版,第45页。
④ Lewis H. Morgan: *Ancient Society*, The Belknap Press of Harvard University press Cambridge, 1964, p. 14.
⑤ 《马克思恩格斯选集》第四卷,人民出版社1972年版,第167页。

同样认为国家并非从来就有，而是经过原始社会的"游群"、"部落"和"酋邦"三个发展阶段，到了阶级社会才产生的。所以，他们将人类社会分为四种类型：游群、部落、酋邦和国家："国家作为建立在世俗力量基础上的镇压机构，与文明的最初发展并没有衔接关系。"① 这一学说影响深远，广为引用。美国今日的两本人类学教材——哈维兰的《当代人类学》和恩伯的《文化的变异》——也都认为国家是存在税收的正规的独立的政治实体，这种政治实体是经过原始社会的"游群"、"部落"和"酋邦"三个发展阶段，到了阶级社会才产生的："所谓国家，根据比较标准的定义，就是'享有自主权的政治单位，其领土内包括许多社会、设有中央政府，该政府拥有征税、征召人员服劳役或兵役和颁布并执行法律等权力。因此，各种国家都有一个复杂的中央政治机构，包含具有立法、行政和司法功能的一系列永久性机构和大批官吏。这个定义的核心是在国内外行驶政策的合法性力量这一概念。在国家中，政府力图保持使用武力的垄断权。这种垄断权表现为发展正规化和专业化的社会控制机构，如警察、民兵、常备军。"②

可见，认为国家并非从来就有的国家起源论，依据于"国家是以地域为基础的社会"和"国家是正规、专门或独立的政治组织"的国家之现代主流定义：它是根据这一定义从原始社会与阶级社会政治组织之实际状况推导出来的。这一推导过程可以归结为一个公式：

前提1 国家是正规的独立的政治组织或政治实体，其治理以地域为基础
前提2 原始社会不存在正规或独立的政治组织，其治理以血缘为基础；正规或独立的政治组织出现于阶级社会，其治理以地域为基础
结论 原始社会不存在国家；国家是阶级社会的产物

细究起来，这一推论的两个前提和结论都不能成立。诚然，大体说来，原始社会确实不存在正规的独立的政治组织或政治实体。但是，原始社会并非皆以血缘关系为基础。因为现代人类学发现，人类最古老的社

---

① 转引自哈斯《史前国家的演进》，求实出版社1988年版，第67页。
② Carol R. Ember, Mevin Ember, *Cultural Anthropology*, Ninth Edition, Prentice Hall, Inc. 1999, p. 226.

会,并非如摩尔根所说,是氏族;而是队群,在队群社会中还没有氏族组织。队群社会的一个极其重要的特点恰恰在于,它们未必是血缘性的团体。霍贝尔甚至断然认为:队群是"基于地域的社会群体"。①所以,阶级社会固然皆以地域为基础,但原始社会却未必皆以血缘为基础,因而断言原始社会是以血缘关系——而不是以地域关系——为基础的社会,是不能成立的。

那么,将"社会治理究竟以地域还是血缘为基础"作为国家区别于非国家社会的根本特征,是否能够成立?答案也是否定的:以地域还是血缘为治理基础,并非国家区别于其他社会的特征。试想,某个省,比如说,吉林省,该省的治理显然是以地域——而不是血缘——为基础。但是,该省并不是国家。那么,吉林省为什么不是国家?显然只是因为它不拥有最高权力,不拥有主权,不是独立自主的社会。否则,如果吉林省拥有最高权力或拥有主权从而独立自主,那么,不论其治理如何,即使它的治理不是以地域——而是以血缘——为基础,它也是国家。因此,国家区别于其他社会的根本特征只在于是否拥有最高权力,而与其治理原则无关,与其是否以地域为基础无关。所以,哈斯在评价弗里德将"社会治理究竟以地域还是血缘为基础"作为国家区别于非国家社会的根本特征时,指出这种理论的始作俑者是梅因、维诺戈勒多夫和西格尔,进而评述道:

> 他们的结论主要依赖于由归纳法得出的判断,他们也没有排除某个国家按照某种方式由血缘关系构成的可能性。事实上,梅因得出结论说,最早出现的国家可能是以血缘关系为基础的组织,以地域为基础是在最早的国家形成以后不久出现的:"可以断言,早期的公民把他们在其中取得成员资格的组织当作建立在共同的血统基础上的。对于家庭适用的也被认为适用于家族,其次适用于部落,再次适用于国家"……无论是血缘关系组织原则还是非血缘关系组织原则的变化,都不对国家发展的基本过程产生决定性影响。②

---

① 芮逸夫主编:《云五社会科学大辞典·人类学》,台湾商务印书馆1976年版,第241页。
② 哈斯:《史前国家的演进》,求实出版社1988年版,第39页。

可见，将"社会治理究竟以地域还是血缘为基础"作为国家区别于非国家社会的根本特征，是不能成立的。这样一来，不但断言原始社会皆以血缘为基础是错误的，而且认为国家必以地域为基础也是错误的：既有以地域为基础的原始社会，也有以血缘为基础的国家。这就意味着，从"原始社会皆以血缘为基础"的前提，得出"原始社会无国家"的结论，乃是一种双重错误：前提与结论皆错。

当然，由此还不能断言认为原始社会无国家的"国家起源的现代主流理论"是不能成立的。因为这种理论的依据还在于："原始社会不存在正规的、专门的、独立的政治组织或政治实体——国家亦即正规的、专门的、独立的政治组织或政治实体——因而原始社会不存在国家"。这种推论能成立吗？答案也是否定的。诚然，原始社会不存在——而只有阶级社会才存在——正规的、专门的、独立的政治组织或政治实体。但是，将"国家"等同于"正规的、专门的、独立的政治组织或政治实体"却是大错特错的。因为，如上所述，这种关于国家的现代主流定义（国家亦即政治实体，亦即正规、专门或独立的政治组织）犯了以偏赅全的错误：将国家与国家的一部分——国家的政治组织或政府——等同起来。

确实，国家怎么可以等同于正规、专门或独立的政治组织呢？国家怎么能仅仅是正规、专门或独立的政治组织，而不包括其他组织和人员呢？难道报效国家仅仅是报效国家的正规、专门或独立的政治组织，而不包括国家的其他组织和人民？难道中国仅仅是中国的正规、专门或独立的政治组织，而不包括中国其他组织、13亿人民和960万平方公里的土地？难道热爱中国仅仅是热爱中国正规、专门或独立的政治组织，而不包括热爱中国其他组织、中国人民和中国山河？显然，国家绝不仅仅是正规的、专门的、独立的政治组织或政治实体，而是一切组织的总和，是一切社会的总和。这样一来，将"国家"等同于"独立的政治组织或政治实体"，因而由原始社会不存在独立的政治组织或政治实体，进而断言原始社会不存在国家，便难以成立了。

诚然，问题的关键还在于：正规、专门或独立的政治组织是不是国家之所以为国家、国家区别于其他社会的根本特征？如果答案是肯定的，那就仍然可以由原始社会不存在正规、专门或独立的政治组织而得出结论说：原始社会不存在国家。答案不可能是肯定的，正规、专门或独立的政治组织不是国家之所以为国家、国家区别于其他社会的根本特征。试想，某个省，比如说，吉林省，该省无疑拥有正规、专门或独立的政治组织，拥有正规、专门或独立的行政管理和政治机构，包括官署或官僚系统、监狱、警察、军队等。但是，该省并不是国家。那么，吉林省为什么不是国家？显然只是因为它不拥有最高权力，不拥有主权，不是独立自主的社会。所以，国家区别于其他社会的根本特征只在于是否拥有最高权力或主权，而与是否拥有正规、专门或独立的政治组织无关。

总而言之，认为国家并非从来就有的"国家现代起源论"的两个论据——国家是以地域为基础的社会和国家是正规、专门或独立的政治组织——都是不能成立的。国家之所以为国家、国家区别于其他社会的根本特征既不在于是否以地域为基础，也不在于是否拥有正规、专门或独立的政治组织，而仅仅在于是否拥有最高权力、主权或独立自主。这样一来，原始社会便存在国家，国家便是从来就有的了。因为原始社会无疑存在着拥有最高权力或主权的社会，无疑存在着独立自主的社会：拥有最高权力或主权从而独立自主的社会无疑是从来就有的。只不过，原始社会的国家是一种原始国家，因而不存在独立的政治组织或政治实体，不存在专业化的武装队伍，不存在警察、监狱、军队，不存在税收；反之，阶级社会的国家则恰恰以独立的政治组织或政治实体为特征，因而存在专业化的武装队伍，存在警察、监狱和军队，存在税收罢了。国家既然从来就有，那么，它是否永远存在？

3. 永恒性与绝对性：国家的存在本性

按照国家定义及起源的现代主流理论和马克思主义理论，国家既然是一种独立的、专门的政治组织或政治实体——如官署、警察、监狱、军队等——既然并非从来就有而只是产生于阶级社会，是阶级镇压工具，那么，毫无意义，国家必将随着阶级的消灭而消亡。确实，皮之不存，毛将附焉！阶级消灭了，阶级镇压工具岂能不随之消亡？所以，恩格斯说："国家并不是从来就有的。曾经有过不需要国家，而且根本不知国家和国家权力为何物的社会。在经济发展到一定阶段而必然使社会分裂为阶级时，国家就由于这种分裂而成为必要了。现在我们正在以迅速的步伐走向这样的生产发展阶段，在这个阶段上，这些阶级的存在不仅不再必要，而且成了生产的直接障碍。阶级不可避免地要消失，正如它们从前不可避免地产生一样。随着阶级的消失，国家也不可避免地要消失。以生产者自由平等的联合体为基础的、按新方式来组织生产的社会，将把全部国家机器放到它应该去的地方，即放到古物陈列馆去，同纺车和青铜斧陈列在一起。"①

列宁进一步补充道："只有共产主义才能够完全不需要国家，因为那时已经没有人需要加以镇压——这里所谓'没有人'是指阶级而言，是指对某一部分居民进行有系统的斗争而言。我们不是空想主义者，我们丝毫也不否认个别人捣乱的可能性和必然性，同样也不否认有镇压这种捣乱的必要性。但是，第一，做这件事情用不着什么实行镇压的特殊机器，特殊机构，武装的人民自己会来做这项工作，而且做起来非常容易，就像现代社会中任何一群文明人劝解打架的人或制止虐待妇女一样。第二，我们知道，产生违反公共生活规则的捣乱行为的社会根源是群众受剥削和群众贫困。这个主要原因一消除，捣乱行为就必然开始'消亡'。虽然我们不知道消亡的速度和进度怎样，但是，我们知道这种行为一定会消亡。而这种行为一消亡，国家也就随之消亡。"②

可见，国家消亡是依据国家定义和起源的现代主流理论而从阶级必将消灭的事实推导出来的结论。这一推导过程可以归结为一个公式：

前提 1　国家产生于阶级社会，是阶级镇压工具。
前提 2　阶级必将消灭。
——————————————————
结论　国家必将消亡。

这一推论的前提 2 "阶级必将消灭"固然是真理；但前提 1 "国家产生于阶级社会，是阶级镇压工具"和结论"国家必将消亡"却皆为谬误。因为独立的专门的特殊的政治组织或政治实体和专业化的武装队伍——军

---

① 《马克思恩格斯选集》第四卷，人民出版社 1972 年版，第 170 页。
② 《列宁选集》第三卷，人民出版社 1972 年版，第 249 页。

队警察监狱——固然产生于阶级社会而成为阶级镇压工具；但它们绝不仅仅起因于阶级镇压需要，而同时也起因于人口增长、经济发展管理组织日益庞大复杂等需要。因此，随着阶级消灭而消亡的，仅仅是阶级镇压所必需和特有的那种政治组织或政治实体，如臃肿的官僚机构和庞大的军队等。反之，与阶级镇压无关而起因于人口、经济、科学、教育、文化、艺术、卫生、体育等事业的发展和管理对象日益复杂之独立的专门的政治组织或政治实体，显然不会因阶级消灭而消亡。

退一步说，即使一切独立的专门的政治组织或政治实体皆随着阶级消灭而消亡，国家也不会消亡。因为即使不存在独立的专门的政治组织或政治实体，也绝不可能不存在权力和最高权力。因为，如上所述，只要存在社会，就必定存在权力和最高权力；如果没有了权力和最高权力，也就不可能存在任何社会。而只要存在权力和最高权力，也就存在国家了：国家是拥有最高权力的社会。所以，究竟言之，只有在一种情况下国家才可能消亡，那就是，每个人不再是社会动物，不再结成社会过社会生活；而完全形单影只孤零零地生活。只有在这种每个人都独自生存而彼此老死不相往来的情况下，国家才会消亡。否则，哪怕只有两个人在一起生活，也会因其是一种社会而必定拥有权力和最高权力，因而必然存在国家。

问题的关键在于，人是社会动物，人们绝不可能形单影只独自生活，而必然结成社会，过社会生活。这样一来，人类在任何情况下便都因其必然结成社会而必然存在权力和最高权力，必然存在拥有最高权力的社会，因而必然存在国家。所以，一方面，国家固然与社会根本不同：国家是拥有最高权力的社会；另一方面，国家却与社会一样，从来就有并将永远存在：永恒性与绝对性乃是国家的存在本性。因此，国家不可能消亡，而只能随着社会发展和阶级生灭而不断转型：已由原始社会无阶级的部落国家，转型为阶级社会的阶级国家；已由公元前一千年多达一百万个国家，转型为今日一百多个国家；势必将由这一百多个阶级国家，转型为一个只拥有一个主权和一个政府的世界大同的无阶级的共产主义的全球国家。因此，考茨基说：

当人们考虑阶级消灭对于国家所产生的后果时，人们似乎应该不那么大谈国家的消亡,而毋宁应该谈国家的机能变换。① 关于术语的问题,我们是可以争论的。马克思恩格斯认为,国家将在阶级消灭以后自行消亡,但是在他们当时看来,术语问题没有重要到那样程度,使他们一定要为必将代替国家的那种组织提出一个特殊的名称。然而,我们既然必须谈论这种新组织,也就不得不用一个特殊的名词来指称它。也许,最恰当的还是仍旧保留国家这个名称,例如工人国家或社会国家这样的名称,来将未来的国家同至今的国家亦即同阶级国家区别开来。②

4. 国家终极根源:国家最终源于社会的统一和最大化需要

国家与社会一样,从来就有并将永远存在,意味着:一方面,对于国家起源的研究,如同对于社会、生产关系、运动和时间等从来就有并将永远存在的事物之起源或原因的研究一样,应该从空间方面——亦即该事物与其他事物的相互关系——进行。比如说,对于生产关系起源或原因的研究,可以从它与生产力的关系来进行,从而发现生产关系源于生产力:生产关系不过是生产力的表现形式,因而随着生产力变化而变化。另一方面,对于国家起源的研究,不应该考究国家最初是怎样产生的,不应该考究所谓前国家时代的社会是怎样产生国家的;而应该考究新国家是怎样产生的,应该考究各个国家的生灭更替,从而发现国家起源的普遍规律。

不论从哪方面看,对于国家起源的研究,都可以归结为对于最高权力起源的研究。因为正如狄骥所言,国家与最高或不可抗拒的权力的出现如影随形:"国家是由强制权力所构成的。无论在任何地方,如果我们证明某个共同体内存在一种强制的权力,我们就可以说也应该说已经有一个国家了。……要有国家,这种强制权力就必须是不可抗拒的。"③ 狄骥此见甚真。因为国家是拥有最高权力的社会,它区别于其他社会的根本性质是最高权力。这就意味着:哪里有最高权力,哪里就有国家;最高权力的起

---

① 考茨基:《唯物主义历史观》第五分册,上海人民出版社 1964 年版,第 312 页。
② 同上书,第 327 页。
③ 狄骥:《宪法论》,商务印书馆 1959 年版,第 383 页。

源和原因就是国家的起源和原因。那么,最高权力的起源和原因究竟是什么?

狄骥的回答颇为悲观:"几个世纪以来人们就讨论过这个问题,但对问题的解决却始终没有前进一步。其中的理由就是因为问题无法解决。"① 狄骥此言未免偏激。国家或最高权力的起源固然极其复杂,却不是个无法解决的难题。综观两千年来思想家们对于这个难题的研究及其学说,如神权说、武力说、契约说、自然说、进化说等,可知国家或最高权力具有多重起源:一方面,国家或最高权力具有内在与外在、直接与间接(或终级)之双重起源;另一方面,国家或最高权力具有实然或事实与应然或应该之双重起源。

柏拉图和亚里士多德关于国家的"自然起源说"揭示了国家终极的必然的普遍的根源。柏拉图说:"在我看来,之所以要建立一个城邦,是因为我们每一个人不能单靠自己达到自足,我们需要许多东西。你们还能想到什么别的建立城邦的理由吗?"② 确实,每个人单独说来原本都是弱小无能而难以独自生存的动物;只有建立人际联系,分工协作,结成各种社会——如家庭、村庄、城镇和国家等——才能生存发展,满足自己的各种需要。因此,人注定是一种社会动物,国家起源于每个人的社会需要,起源于每个人生存和发展之普遍的必然的自然的社会需要。诚然,这只是国家与其他一切社会的共同的起源——因而也就是国家的最普遍的根源——而不是国家特有的起源;因而与其说是国家起源,不如说是社会起源。但是,从此出发,便不难发现国家特有的起源了。

原来,人是社会动物,每个人的生存发展需要不但只有通过社会才能够获得满足,而且这些需要的满足程度,显然与社会规模的大小成正比:社会的规模越小,人才的种类便越少,分工协作便越简单,从而每个人需要获得满足的程度便越低越少越差;社会的规模越大,人才的种类便越多,分工协作便越复杂,每个人需要获得满足的程度便越多越高越好。因此,每个人不仅需要和追求社会,而且需要和追求最大的社会,需要社会最大化:最大的社会就是每个人的需要可以获得最完备最充分最优良满足

---

① 狄骥:《宪法论》,商务印书馆1959年版,第383页。
② 柏拉图:《理想国》,商务印书馆1994年版,第58页。

的社会。国家与最大的社会原本是同一概念。因此，这就是国家不同于其他社会的起源，这就是国家的特有起源：国家起源于每个人所固有的对于最大社会的需要，起源于每个人的需要的满足程度与社会的大小成正比之本性。所以，亚里士多德认为国家起源于人对完备的、自给自足的、至善的、优良的生活之追求：

> 等到由若干村坊组合而为"城市（城邦）"，社会就进化到高级而完备的境界，在这种社会团体以内，人类的生活可以获得完全的自给自足；我们也可以这样说：城邦的长成出于人类生活的发展，而其实际的存在却是为了"优良的生活"。早期各级社会团体都是自然地生长起来的，一切城邦既然都是这一生长过程的完成，也该是自然的产物。这又是社会团体发展的终点。……事物的终点，或其极因，必然达到至善。那么，现在这个完全自足的城邦正该是自然所趋向的至善的社会团体了。①

然而，问题在于，如果说国家起源于人所固有的对于最大社会的需要，那么，国家就应该通通是大国，最终形成只有一个政府的全球国家。可是，实际上，为什么会存在那么多小国家呢？原来，国家或最高权力还有一个更为根本和重要的起源，那就是使社会成为一个统一整体的需要。因为任何社会，不论大小，不论人数多少，它存在与发展的最根本的条件，无疑是统一，是"完整地结合为一个单位"。只有当社会如同一个人那样"构成一个整体"，亦即成为一个统一体、一个"公共的大我"、一个"公共人格"，它才能够存在发展；否则，四分五裂、各行其是，势必崩溃灭亡。这个道理，阿奎那曾有十分精辟的阐述："'无论何物，只要统一即可存在。'这就是为什么我们会看到，各种事物都极力避免分裂，而一物的分裂则源于其某种内在缺陷。因此，不论管理众人者是谁，他的首要目标就是统一或和平。"②

---

① 亚里士多德：《政治学》，商务印书馆 1965 年版，第 7 页。
② A. P. D'entreve: *Aquinas Selected Political Writings*, Barnes &Noble Books Totowa New Jersey, 1981, p. 54.

那么，社会如何才能够成为一个统一的整体呢？显然不但需要权力，而且需要一种统帅所有权力的最高的不可抗拒的权力。因为如果只有权力而没有最高的不可抗拒的权力，人们势必各行其是，社会便会处于四分五裂无政府状态而崩溃瓦解："如果两种权力同等的效力并且平均发展，那么处在这种情况下就没有国家存在，而在语源学意义上讲便是无政府状态，这种状态一直将继续到组成一种不可抗拒的权力时为止。"① 因此，最高权力乃是社会成为一个统一整体的最根本的必要条件。只有形成最高的不可抗拒的权力，社会才能够成为一个统一的整体，才能如拉斯基所说而"完整地结合为一个单位"，才能如卢梭所说而成为一个"公共的大我"：

> 我们每个人都以其自身及其全部的力量共同置于公意的最高指导之下，并且我们在共同体中接纳每一个成员作为全体之不可分割的一部分。……共同体就以这同一个行为获得了它的统一性、它的公共的大我、它的生命和它的意志。这一由全体个人的结合所形成的公共人格，以前称为城邦，现在则称为共和国或政治体；当它是被动时，它的成员就称它为国家。②

因此，只要有社会，就必定有最高权力或国家：最高权力或国家是社会成为一个统一的整体的最根本的必要条件，是社会存在发展的最根本的必要条件。这就是为什么国家从来就有并且永远存在的缘故，这就是最高权力或国家的最根本最重要的起源和目的：最高权力或国家源于社会成为一个统一体的需要，目的在于使社会成为一个统一体，从而避免四分五裂各行其是，最终保障社会存在发展。

可见，国家所特有的起源具有双重性：国家起源于每个人对于社会最大化的需要和使社会成为一个统一体的需要。不难看出，二者具有反比例关系：社会越大，便越难以统一；社会越小，便越易于统一。这恐怕就是为什么国家虽然起源于社会最大化的需要，可是实际上却存在众多小国家

---

① 狄骥：《宪法论》，商务印书馆 1959 年版，第 383 页。
② 卢梭：《社会契约论》，商务印书馆 1991 年版，第 23—25 页。

的缘故。但是，随着社会和人类的进步，大国统一之困难必定会逐步被克服，从而不断实现社会最大化和国家最大化。事实正是如此：我们已经由公元前一千年多达一百万个国家，最大化为今日一百多个国家；最终岂不必定会最大化为一个拥有一个主权和一个政府的全球国家？

综上可知，一方面，国家与其他社会一样，起源于每个人生存和发展的社会需要，为了满足每个人生存和发展需要；另一方面，国家与其他社会不同，起源于每个人的这些需要的满足程度与社会的大小规模成正比之本性，起源于每个人对于社会最大化的需要和使社会成为一个统一体的需要，为了最充分地满足每个人生存和发展需要。但是，这些显然都只是国家的内在的间接的终极的起源，只是说明国家是人类需要、人类需要国家，只是说明了国家产生的必然性；而未能说明国家产生的实然性和应然性，未能说明国家实际上是怎样产生的及其应该是怎样产生的：国家或最高权力究竟是武力征服的结果还是上帝创造的抑或是人类契约而成？国家或最高权力究竟应该怎样产生？这就是国家的直接的外在的应然的起源问题。

二 国家直接根源：国家直接源于最高权力之契约

毋庸置疑，人类一切社会——从家庭到国家——无不直接源于某种契约：社会直接源于人们就"权力"问题所缔结的契约；国家则直接源于人们就"最高权力"问题所缔结的契约。因此，探究国家直接源头的起点乃是：究竟何谓契约？

1. 契约概念

中文契约原本由"契"与"约"两个字组成。"契"义为相合、投合、符合，如默契、契合。司空图《诗品·超诣》云："少有道契，终与俗违。"唐太宗《执契定三边》的"契"就是一种"兵符"。"约"意为缠束、约束、规约。《说文解字》云："约，缠束也。"《礼记·学记》云："大信不约"。契与约合成一词"契约"，意为"合意或同意之规约"。西文契约一词主要是 Contract（英）、Contrat 或 Pacte（法）、Vertrag 或 Kontrkt（德），皆源于拉丁文 Contractus。该词的前缀"Con"由

"Com"转化而来,义为"共同"、"一起";该词的后半部分"tractus"义为"交易";合起来就是共同的、同意的交易。梅因进而指出,在拉丁语中,最早表示契约的名词是"耐克逊"(Nex),意为"每一种用铜片和衡具的交易"。因此,梅因将契约的词源意义归结为:"合意下的人们由一个强有力的约束或连锁联结在一起。"①

可见,不论中西,契约的词源含义都可以归结为:合意或同意之交换和约束。那么,从概念上看,契约是否可以如此定义?答案是肯定的。《法国民法典》便这样写道:"契约为一种合意"。但是,同意并不是契约的同一概念,而是契约的最邻近的类概念。因为正如科宾所指出:人们可以就很多东西达成同意,如同意拿破仑是伟大的将军、同意天气令人惬意等。② 这些同意显然不是契约。那么,契约究竟是哪一种同意?

契约乃是人们就某种利益交换关系所达成的同意。因为正如麦克尼尔所言:"所谓契约,不过是有关规划将来交换过程的当事人之间的各种关系。"③ "契约的基本根源,它的基础是社会。没有社会,契约过去不会出现,将来也不会出现。"④ 而所谓社会,说到底,不过是人们交互作用的产物:"社会——不管其形式如何——究竟是什么呢?是人们交互作用的产物。"⑤ 这样一来,一切社会关系,说到底,便都是交换关系。只不过,这种交换可以分为根本不同的两大类型。一类是目的与手段关系的交换:交换者给予对方某物,是为了换取对方的他物,因而相互间的交换关系是目的与手段的关系。所有经济交换都属于此类。例如,卖菜妇给我三斤白菜,我付她一元钱,是经济交换。卖菜妇给我菜,是手段,其目的是要我的钱;我付给她钱,也是手段,目的是为了要她的菜。所以,我们之间的交换关系是目的与手段关系。

另一类是因果关系的交换:交换者给予对方某物,不是为了换取对方他物,而只是因为对方曾给予自己他物;因而相互间的交换关系不是目的

---

① 梅因:《古代法》,商务印书馆1959年版,第177页。
② Arthur Linton Corbin, *Corbin On Contracts*, One volume Edition, West Publishing Co., 1952, p.14.
③ 麦克尼尔:《新社会契约论》,中国政法大学出版社1994年版,第4页。
④ 同上书,第2页。
⑤ 《马克思恩格斯选集》第四卷,人民出版社1972年版,第320页。

与手段的关系,而只是因果关系。例如,我路见一乞丐,顿生怜悯心,给他一百元钱,当然不是为了换取他任何东西。他日后发迹,竟认出已穷困潦倒的我,给了我一万元钱,显然也不是为了换取我的任何东西。然而,我们的前后行为无疑是一种交换,只不过不是目的与手段关系,而是因果关系罢了。

合而言之,交换乃是人们给予对方某物复从对方得到他物的行为,是相互给予的行为——如果给予对方某物必是为了从对方得到他物,便是目的与手段关系的交换,因而主要是经济交换;如果给予对方某物不是为了从对方得到他物,则是因果关系的交换,因而都属于非经济交换范畴。因此,交换乃是个外延极为广泛的范畴,它不仅存在于经济领域,而且存在于人类社会生活的一切领域,存在于一切人际关系之中:一切社会行为说到底都是交换行为;一切人际关系说到底都是交换关系。

这种交换关系和交换行为,一方面是我为人人:我为社会和他人谋取利益,也就是所谓的"贡献"、"付出"和"义务";另一方面则是人人为我:我从社会和他人那里得到利益,也就是所谓的"索取"、"要求"和"权利"。这一切利益的付出与索取以及义务与权利成交的根本条件,无疑在于当事人的同意:只有当事人同意才能够进行交换;否则便不可能发生交换。人们对于这些利益的付出与索取以及义务与权利所达成的同意,就是所谓的"契约":契约就是人们对于利益的付出与索取以及义务与权利之作为与不作为所达成的同意,就是人们就某种利益交换关系所达成的同意。所以,《法国民法典》第1101条给契约所下的经典定义是:"契约为一种合意,依此合意,一人或数人对另一人或数人负担给付、作为或不作为的债务。"《牛津法律必备》也这样写道:"契约是两个或两个以上的人为了在他们之间创立合意债务并使这种债务在法律上可以执行而达成的合意。"

然而,这里所谓"债务"又是指什么?科宾答曰,它就是"法律义务":"它已经成为几乎与'法律义务'完全同义的术语。"① 因此,这些含有"债务"概念的契约之定义,正如麦克尼尔所言,仅仅是法律上的

---

① Arthur Linton Corbin, *Corbin On Contracts*, One volume Edition, West Publishing Co., 1952, p. 3.

契约之定义，仅仅是法律上能够强制执行的契约之定义，亦即具有法律约束力的契约之定义，因而一般说来，也就是人们对于权利与义务相交换所达成的同意。① 除此之外，还存在不具有法律效力的契约或生活契约，亦即人们就某种非权利义务的利益交换关系所达成的同意。这种契约纷纭复杂，外延极为广泛，如商品买卖、生日宴会、互助协议、结义而为兄弟的约定、爱情的海誓山盟、结婚的约法三章、课堂纪律、党团章程等。这些同意，固然不具有法律约束力，却都攸关某种利益和行为之交换，因而都是契约；只不过不是法律意义上的契约罢了。因此，麦克尼尔说："法律可以说是全部契约关系的内在组成部分，不可忽视的一部分，但法律不是契约全部。契约是使现实世界中的各种事情得以完成——造房子，卖东西，合作办企业，获取权力和威望，家庭结构内的分享和竞争。"②

可见，契约的外延极其广泛而涵盖人类的全部社会生活，以致考夫曼这样写道："人类生活的几乎整个过程都意味着、或者更确切些说，等于是，接二连三地履行契约。"③ 确实，人类全部社会行为都可以说是对于契约的履行或违背。因为任何社会行为说到底都是某种利益交换行为，因而只有达成同意、缔结契约才能够进行。这种契约的最为普遍的、每个人的一切社会行为都无法逃避的形式，就是道德和法。因为道德和法不过是社会制定、认可的行为规范，不过是得到社会同意的行为规范，说到底，不过是人们就某种具有利害关系的行为所达成的同意：道德是人们就一切具有社会效用的行为应该如何所达成的同意；法则是人们就一切具有重大社会效用的行为应该且必须如何所达成的同意。

法和道德的这种"同意"，说到底，无疑攸关每个人与社会和他人的利益交换，是每个人就自己与社会和他人的利益交换所达成的同意：如果一个人遵守道德和法，他就会得到社会和他人的称赞和奖赏，他就可以获得他能够从社会和他人那里所获得的一切利益；如果一个人不遵守道德和法，他就会遭受社会和他人的谴责和惩罚，他就会失去他能够从社会和他人那里所获得的一切利益。所以，法和道德乃是每个人就自己与社会和他

---

① 麦克尼尔：《新社会契约论》，中国政法大学出版社 1994 年版，第 5 页。
② 同上。
③ 考夫曼：《卡多佐》，法律出版社 2001 年版，第 46 页。

人的利益交换所达成的同意，因而属于契约范畴：道德和法是每个人与社会和他人所缔结的社会契约。因此，埃斯库鲁说："正义是一种防止人们相互伤害的权宜契约。"① 伊壁鸠鲁说："不能互相订立契约以保证彼此不伤害的动物，无所谓公正与不公正。既不能够也不愿意订立互利契约的部落也是这样。"② 休谟说："正义起源于人类契约。"③ 弗兰克纳说："就道德的起源、认可和作用来看，它也地地道道是社会的。它是用来指导个人和较小团体的全社会的契约。"④ 吉尔波特·哈曼（Gilbert Harman）则进一步提出"道德契约（Moral Bargaining）论"。他说："我的论点是，道德发生于一个人群关于他们彼此的关系达成一种暗含的契约或无言的协议的时候。"⑤ 一言以蔽之曰：道德和法乃是规范一切社会行为的最普遍的社会契约。这恐怕就是为什么人类全部社会行为都不过是对契约的履行或违背之根本缘故。

总而言之，契约外延极为广泛而绝不仅仅具有法律上的意义：契约乃是人们对于一切利益的付出与索取以及义务与权利之作为与不作为所达成的同意，乃是人们就一切利益交换关系所达成的同意，换言之，也就是人们就一切利益交换关系所达成的协议。因为正如杨桢所言，协议就意味着一致、合意、同意："协议者，双方当事人意思表示一致之谓也。"⑥ 科宾也这样写道："当我们说有一个协议时，这一般意味着两个以上的人表明他们已经取得了一致。"⑦ 因此，Anson 给法律上的契约下定义时写道："一种法律上能够强制执行的协议，由两个以上的人订立，依据它，一方之人有权要求他方之人行为或不行为。"⑧ 杨桢亦如是说："契约一词，一般乃指两人以上，以发生、变更或消灭某项法律关系为目的而达成之协

---

① 《西方思想宝库》，吉林人民出版社 1988 年版，第 944 页。
② 苗力田主编：《古希腊哲学》，中国人民大学出版社 1989 年版，第 653 页。
③ David Hume，*A Treatise of Human Nature*，At The Clarendon Press Oxford，1949，p. 494.
④ William K. Frankena：*Ethics*，Prentice - Hall，INC Englewood Cliffs New Jersey 1973，p. 6.
⑤ Louis P. Pojman：*Ethical Theory：Classical and Contemporary Readings*，Wadsworth Publishing Company USA 1995，p. 38.
⑥ 杨桢：《英美契约法论》第三版，北京大学出版社 2003 年版，第 3 页。
⑦ Arthur Linton Corbin，*Corbin On Contracts*，One volume Edition，West Publishing Co.，1952，p. 14.
⑧ Ibid.，p. 4.

议。"① 《中国大百科全书》也这样写道："合同又称契约。广义泛指发生一定权利、义务的协议。……狭义专指双方或多方当事人关于建立、变更、消灭民事法律关系的协议。"

契约是人们就利益交换关系所达成的同意或协议，显然意味着，契约的构成要素有三。其一，交换的主体：契约不是单方的行为，而必定是双方或多方行为；否则显然无所谓交换，无所谓契约。其二，交换物：契约必有相互交换的东西、交换物，否则便无所谓交换，无所谓契约。交换物或交换的东西，就是所谓的"约因"或"对价"，亦即"consideration"："一个有价值的约因是指一方为换取另一方允诺，而给予或许诺对方的有价值的东西……任何一个有效的契约都可以简化为这样一种交易：如果我为你做一些事，你就得为我做一些事。"② 其三，交换的根本条件：双方或多方的同意。只有双方或多方同意，才可能进行交换，才会有契约；没有双方或多方同意，不可能进行交换，不可能存在契约。因此，双方、约因和同意三者分别是构成契约的必要条件，合起来则是构成契约的充分且必要条件：契约就是两个以上的人就某种利益交换关系所达成的同意或协议。

然而，许多人，如科宾，却以为某些单务契约依一方当事人的单方行为便可以成立，既不需要他方同意，也不需要他方提供对价，从而否认三者为契约构成的要素或必要条件，否认契约就是两个以上的人就某种利益交换关系所达成的同意或协议："将契约定义为协议看来排除了后面将要分析和说明的单务契约。确实存在着多种类型的契约，它们依一方当事人的单方行为成立，既不需要他方当事人的同意，也不需要其提供对价。'协议'一词不能清楚地描述这样的契约。"③

这种观点是不能成立的。因为单务契约绝不是依一方当事人的单方行为便可以成立的契约，绝不是只有立约人而没有受约人的契约。单务契约也必须有受约人，只不过，单务契约的立约人与受约人分属一方：一方只能是立约人；另一方只能是受约人。反之，双务契约的立约人与受约人是

---

① 杨桢：《英美契约法论》第三版，北京大学出版社2003年版，第4页。
② 迈克尔·莱斯诺夫等：《社会契约论》，江苏人民出版社2005年版，第11页。
③ Arthur Linton Corbin, *Corbin On Contracts*, One volume Edition, West Publishing Co., 1952, p. 6.

相互的：每一方都既是立约人同时又是受约人。一句话，单务契约与双务契约的根本区别只在于立约人：单务契约是立约人为单方的契约；双务契约是立约人为双方的契约。这一点，科宾也完全承认："在单务契约的情况下，只有一个立约人……在双务契约中，双方当事人都是立约人同时又都是受约人。"① 单务契约既然必有立约人与受约人双方，怎么可能只依立约人单方行为便可以成立呢？它的成立怎么可能不需要受约人的同意呢？怎么可能不存在立约人向受约人立约的对价或约因呢？因此，科宾也不得不承认：

> 单务契约一词绝不意味着这种契约只有一个当事人。不论如何，它绝不意味着这一允诺或者这些允诺是由一方当事人单独作出的。不论如何，在绝大多数情况下，该当事人的允诺还不足构成一个能够强制执行的契约，除非充分的对价已作为它的交换物而被付出，或者存在同意接收含有这种允诺的文件的表示。所以，在大多数场合，即使一个契约可以被恰当地称作单务的，它也是由两人作成的。第二当事人（通常是受约人）的行为在多数情况下对允诺发生约束力是必要的；而且，除非已作出的允诺在法律上能够被强制执行，我们绝不能称它作契约。在所有的"合约"的场合，一方当事人是以他的允诺为要约来换取某一特定的对价，为了成交和缔结契约，该对价必须付出。如果这一对价是作为或不作为的行为而不是允诺，那么所产生的契约便是'单务'的，尽管如此，它还是由两人作成的。②

那么，科宾等人所断定的"若干"无对价的单务契约究竟是怎样的？最主要的就是无偿赠与之单务契约："一般赠与性之允诺，由于欠缺约定人以其允诺换取受约人承诺或履行行为之情形，受约人仅单纯受其表示，亦无法律上损害之可言，为缺乏约因之约定。"③ 科宾所列举的首位无对价或约因的单务契约亦属此类："A 作出支付给 B 100 美元的书面允诺并

---

① Arthur Linton Corbin, *Corbin On Contracts*, One volume Edition, West Publishing Co., 1952, p. 31.
② Ibid., p. 32.
③ 杨桢：《英美契约法论》第三版，北京大学出版社 2003 年版，第 66 页。

将这份文件签名盖章后交付。一旦 B 或其代理人收到这份文件,一份使 A 承担义务并使 B 获得相应权利的单务合同便告成立。这里的立约人是该要约人。这项交易并不是'合约';没有什么东西同这一允诺相交换。"[1]

殊不知,无偿赠与等所谓无约因单务契约既然存在立约人与受约人双方,既然双方关系是一种契约关系,那么,双方的关系必然是一种交换关系,因而必然存在交换物或约因。只不过这种交换关系和交换物或约因,一方面,乃是因果关系的交换:交换者给予对方某物,不是为了换取对方他物,而只是因为对方曾给予自己他物;因而相互间的交换关系不是目的与手段的关系,而只是因果关系。另一方面,这种交换物或约因,不是目的,而只是一种原因;不是作为交换目的交换物,而只是一种作为交换原因的交换物;不是一种目的物,而只是一种原因物。

就拿科宾所列举的无约因单务契约来说。甲向乙支付 100 美元,既然是一种契约,便必有交换物,如乙过去曾经帮助过甲,或乙与曾帮助过甲的丙密切相关等:这些就是甲支付乙 100 美元的交换物或约因。只不过,一方面,这种交换关系不是目的手段关系,而只是因果关系;甲支付 100 美元所交换的交换物或约因,不是甲支付 100 美元的目的物,不是甲进行交换的目的,而只是甲支付 100 美元的原因物,只是甲进行交换的原因。另一方面,这种约因或对价不具有法律约束力,是一种不具有法律约束力或不充分的约因、对价。

所谓无约因契约大都如此:这种契约的约因或者是一种不具有法律约束力的、不充分的约因;或者是不构成交换目的的因果关系之约因。甚至一个人无偿赠与素昧平生的慈善机构以巨款的单务契约也是如此:他之所以将巨款无偿赠与素昧平生的慈善机构,是因为他深感他的一切都是社会和他人给予的。那么,社会和他人曾经给予他的一切,就是他无偿赠与的交换物,就是此无偿赠与单务契约之约因或对价。只不过,一方面,这种交换物或约因不是作为交换目的的目的物,而是作为交换原因的因果物;另一方面,这种交换物或约因不是所谓充分的、具有法律约束力的约因或对价罢了。科宾等"无约因契约论"的错误,就在于将约因与具有法律

---

[1] Arthur Linton Corbin, *Corbin On Contracts*, One volume Edition, West Publishing Co., 1952, p. 33.

约束力的约因或所谓充分约因等同起来，将约因与目的手段关系的约因等同起来，因而由一些单务契约不具有法律约束力的约因或目的手段关系的约因，便错误地得出结论说：存在着没有约因的单务契约。

那么，科宾等人断言"若干"单务契约不需要受约人同意的观点能否成立？否！任何单务契约的成立，都需要受约人的同意，需要受约人按照立约人的意思，而履行一定行为或不为一定行为。这个道理，杨桢说得很清楚："单方契约系一方为意思表示，而他方以行为之作为或不作为而为完成之契约。受意思表示之一方，并无必须履行所被请求行为或不行为之义务。但如受领意思表示人依其请求，而履行一定行为或不为一定行为，契约即可成立。……最具代表性之单方契约为悬赏广告之寻找失物。"① "悬赏广告契约之成立，必须以双方当事人之间具有合意为要件，无合意则双方无悬赏契约之可言。"②

可见，科宾等人认为"某些单务契约不需要受约人的同意和对价而依立约人单方行为便能够成立"的观点是错误的。无双不成约，立约的"双方"、"同意"和"约因"，乃是一切契约——不论双务契约还是单务契约——构成三要素：任何契约都是两个以上的人就某种利益（约因或对价）交换关系所达成的同意或协议。

准此观之，通常的契约定义——契约即允诺——是值得商榷的。这一定义的权威表述，是美国1932年的《契约法重述》："契约是一个或一系列允诺，违背这种允诺，法律将给予救济，履行这种允诺，法律将以某种方式确认这种履行是一种义务。"《英国大不列颠百科全书》也这样写道："按照最简单定义，契约是可依法执行的诺言。这个诺言可以是作为，也可以是不作为。"科宾十分赞成这个定义："一个很通行的定义是：契约是能够由法律直接或间接强制执行的允诺。这个定义具有简明的优点，而它的实际价值也许不逊于迄今为止所提出的任何一个契约定义。"③

这个定义看来十分全面，因为"契约即允诺"显然不仅包括双务契约，而且包括单务契约，尤其包括那些所谓"不需要受约人的同意和对

---

① 杨桢：《英美契约法论》第三版，北京大学出版社2003年版，第8页。
② 同上书，第38页。
③ Arthur Linton Corbin, *Corbin On Contracts*, One volume Edition, West Publishing Co., 1952, p. 5.

价而依立约人单方行为便能够成立"的单务契约:这种观点无疑是这个定义的发源地。但是,该定义是不能成立的。因为立约人的允诺既可能得到受约人的同意,也可能得不到受约人的同意。只有得到受约人的同意,亦即按照立约人的意思而履行一定行为或不为一定行为,立约人的允诺之为契约才能成立;否则,如果得不到受约人的同意,受约人并不按照立约人的意思而履行一定行为或不为一定行为,那么,立约人的允诺便仅仅是一种允诺而并不构成契约。所以,"契约即允诺"的定义是不能成立的。

这恐怕就是为什么这个定义接着补充说:契约是可依法执行的允诺。确实,可依法执行的允诺都是契约。因为可依法执行的允诺无疑意味着:这种允诺拥有受约人的同意和约因或对价。但是,将契约定义为"可依法执行的允诺"是错误的。因为"契约是可依法执行的允诺"显然并不是契约的定义,而只是法律上的契约的定义。所以,该定义实际上是说:法律上的契约是可依法执行的允诺。这样一来,定义概念中就存在着被定义概念,岂非同义语反复?所以,麦克尼尔在评价该定义时说:"这个定义不过是像'一个承诺就是一个承诺'一样的同义语反复。"[①] 避免这一逻辑错误的途径显然只有一个,那就是将"可依法执行的允诺"所蕴涵的意思——受约人的同意和对价——直接表述出来:契约是拥有受约人同意和对价(交换物)的允诺,说到底,也就是两个以上的人就某种利益(约因或对价)交换关系所达成的同意。

2. 最高权力契约:国家直接且必然起源

契约的概念分析表明,契约是两个以上的人就某种利益交换关系所达成的同意:这就是契约的精确定义。但是,契约概念极为重要且幽深晦涩,因而对于契约概念的定义,正如科宾所指出,学术界众说纷纭:"这一术语已有许许多多不同方式的定义。这些定义可以见诸几乎所有的法律著作和数以千计的司法意见。"[②] 然而,不论人们的见地如何不同,有一

[①] 麦克尼尔:《新社会契约论》,中国政法大学出版社1994年版,第5页。
[②] Arthur Linton Corbin, *Corbin On Contracts*, One volume Edition, West Publishing Co., 1952, p. 4.

点却是毫无争议的共识,那就是:两个以上的人就某种利益交换关系所达成的同意是契约。换言之,对于"任何契约都是两个以上的人就某种利益交换关系所达成的同意"的定义,绝非共识而必有持异议者;反过来,对于"任何两个以上的人就某种利益交换关系所达成的同意都是契约"的判断,却是共识而绝无持异议者。

不论从"任何契约都是两个以上的人就某种利益交换关系所达成的同意"的定义出发,还是从"任何两个以上的人就某种利益交换关系所达成的同意都是契约"的共识出发,都可以得出结论说:国家直接且必然起源于契约,说到底,必然直接起源于最高权力契约。因为国家是拥有最高权力的社会,它区别于其他社会的根本性质是最高权力。这就意味着:哪里有最高权力,哪里就有国家;最高权力的起源和原因就是国家的起源和原因。

最高权力无疑必然产生、形成和起源于社会成员的普遍同意。因为权力的概念分析告诉我们,一切权力——最高权力并不例外——都具有合法性;而合法性之所以为合法性,固然有强制必须符合法律之意,但并不局限于符合法律;而是泛指一个社会的强制力量所具有的被该社会成员普遍同意的性质:权力是仅为管理者拥有且被社会成员普遍同意的迫使被管理者服从的强制力量。这意味着,一切权力必然都产生、形成和起源于社会成员的普遍同意:失去社会成员普遍同意的权力便不再是权力,而仅仅是强制力量;强制力量一旦获得社会成员的普遍同意,就变成了权力,而不仅仅是强制力量。

然而,问题的关键在于:被管理者为什么会同意服从管理者所拥有的强制力量或权力?显然只能是因为,被管理者服从管理者的权力,就会获得利益,特别是获得受到管理者的权力所保障的利益,获得权利(权利就是受权力所保障的利益):被管理者服从管理者权力的义务和不利益,只能是对管理者给予的权利和利益的交换;管理者拥有权力的权利和利益,只能是对保障被管理者享有权利和利益的义务之交换。因此,一切权力,说到底,必然都产生、形成和起源于管理者和被管理者就权力所关涉的权利与义务等利益之交换所达成的普遍同意。

最高权力是一种权力,属于权力范畴,因而必定产生、形成和起源于社会成员的普遍同意:最高权力之所以是最高权力,只是因为它获得了社会成员的普遍同意；而一旦失去社会成员普遍同意，最高权力便不再是最高权力，而仅仅是强制力量。那么，被管理者为什么会同意服从最高管理者所拥有的强制力量或最高权力？显然也只能是因为，被管理者服从最高管理者的最高权力，就会获得受最高权力所保障的利益和权利：被管理者服从最高管理者的最高权力的义务和不利益，只能是对最高管理者给予的权利和利益的交换；最高管理者拥有最高权力的权利和利益，只能是对保障被管理者享有权利和利益的义务之交换。因此，最高权力必然产生、形成和起源于最高管理者和被管理者就最高权力所关涉的权利与义务等利益之交换所达成的普遍同意。

最高管理者和被管理者就最高权力所关涉的权利与义务等利益之交换所达成的普遍同意，无疑属于契约范畴：任何两个以上的人就某种利益交换关系所达成的同意都是契约。因此，最高权力或国家便必然产生、形成和起源于契约：一种最高管理者和被管理者就最高权力所关涉的权利与义务等利益之交换所缔结的契约，可以称之为"最高权力契约"。这就是源远流长的"社会契约论"之真谛。对于这一真谛，霍布斯曾有极为深刻的论述。通过这些论述，他得出结论说：

> 当一群人确实达成协议，并且每一个人都与每一个其他人订立信约，不论大多数人把代表全体的人格的权利授与任何个人或一群人组成的集体（即使之成为其代表者）时，赞成和反对的人每一个人都将以同一方式对这人或这一集体为了在自己之间过和平生活并防御外人的目的所作为的一切行为和裁断授权，就像是自己的行为和裁断一样。这时国家就称为按约建立了。由群聚的人同意授与主权的某一个或某些人的一切权利和职能都是由于像这样按约建立国家而得来的。①

恩格斯也认为国家是契约的产物："德意志帝国，同一切小国家，也同一切现代国家一样，是一种契约的产物：首先是君主之间的契约的产

---

① 霍布斯：《利维坦》，商务印书馆1986年版，第133页；参阅 Thomas Hobbes, *Leviathan*, Simon & Schuster Inc., New York., 1997, p.134。

物，其次是君主与人民之间的契约的产物。如果有一方破坏契约，整个契约就要作废，另一方也不再受约束。这点已经由俾斯麦在1866年给我们绝妙地示范过。所以，如果你们破坏帝国宪法，那么社会民主党也就会放开手脚，能随意对待你们了。"①

究竟言之，人类一切社会——从家庭到国家——无不必然源于某种契约：社会必然源于人们就"权力"问题所缔结的契约；国家则必然源于人们就"最高权力"问题所缔结的契约。因为社会是两个以上的人因一定人际关系而结合起来的共同体：这里所谓的"一定人际关系"，其最重要者，正如狄骥所指出，乃是统治与被统治或管理与被管理的关系，说到底，也就是权力关系。② 因此，权力是社会形成的充分且必要条件：哪里有权力，哪里就有管理者和被管理者，哪里就有两个以上的人因管理与被管理关系而结成的共同体，哪里也就有了社会。所以，权力的起源就是社会的起源。因此，权力必然产生、形成和起源于管理者和被管理者就权力所关涉的权利与义务等利益之交换所达成的普遍同意，便无异于说，社会产生、形成和起源于契约：一种管理者和被管理者就权力所关涉的权利与义务等利益之交换所缔结的契约，可以称之为"权力契约"。

总之，人类一切社会——从家庭到国家——无不必然源于某种契约。这可以从两方面看。一方面，任何社会皆必然起源于权力契约，起源于管理者和被管理者就权力所关涉的权利与义务等利益之交换所缔结的契约，可以名之为"社会原初契约"：社会原初契约亦即权力契约，就是缔结任何社会的契约。因此，社会原初契约不必是人类缔结最早出现的那个原始社会之契约，而是缔结和建立任何一个社会——如某个新家庭——之契约。这种契约之所以叫做原始契约，因为它是该社会诞生之契约，完全相对该社会诞生之后所缔结的一切契约而言。另一方面，国家则起源于最高权力契约，亦即起源于最高管理者和被管理者就最高权力所关涉的权利与义务等利益之交换所缔结的契约，可以名之为"国家原初契约"：国家原初契约亦即最高权力契约，就是缔结和建立国家的契约。所以，康德说：

---

① 《马克思恩格斯选集》第4卷，人民出版社1995年版，第525页。
② 狄骥：《宪法论》，商务印书馆1959年版，第382页。

"人民根据一项法规,把自己组成一个国家,这项法规叫做原始契约。"① 因此,国家原初契约不必是人类所缔结的那个最早出现的原始国家之契约,而是缔结和建立任何一个国家——如中国的唐朝或宋朝——之契约。这种契约之所以叫做原始契约,完全相对该国诞生之后所缔结的一切契约(如该国的道德和法、法律、纪律、政策等)而言。

社会原初契约无疑属于社会契约范畴。那么,国家原初契约呢?也属于社会契约范畴。因为国家属于社会范畴:国家是最高且最大社会。所以,国家原初契约便是最高且最大的社会原初契约,因而也就是最高且最大社会契约。这样一来,岂不正如社会契约论者所言:国家起源于社会契约?是的。但是,这样说不够准确。因为社会契约的外延极为广泛,就连法和道德也都属于社会契约范畴:法和道德乃是规范一切社会行为的最普遍的社会契约。

岂止法和道德,真正讲来,一切契约都属于社会契约范畴:契约与社会契约乃是同一概念。因为任何契约都是两个以上的人就某种利益交换关系所达成的同意;而社会就是两个以上的人因一定人际关系而结合起来的共同体。所以,任何契约,哪怕是爱情的信誓旦旦,也都是一种社会活动,都是一种社会契约;只不过爱情婚姻契约是最小的社会——家庭——契约罢了。

因此,断言国家必然起源于社会契约固然不错,但确切说来,国家必然起源于最高权力契约,必然起源于国家原初契约,必然起源于缔结国家的契约。相应地,断言社会必然起源于社会契约也不错误,但确切说来,社会必然起源于权力契约,必然起源于社会原初契约,必然起源于缔结社会契约。最高权力契约或缔结国家的契约无疑是最根本的社会契约:它统摄权力契约或缔结社会契约而成为推演道德与法(宪法、法律、纪律和政策)等一切社会契约的基础和源泉。这恐怕就是欧内斯特·巴克为什么说缔结国家的契约是宪法的缘故:"一国之宪法即为构建该国契约的条款。"

否认国家必然起源于契约的最主要的根据,正如戴维·里奇所言,可见之于休谟的批评:"对社会契约论最重要且最有教益的批评来自休谟的

---

① 康德:《法的形而上学原理》,商务印书馆1991年版,第143页。

批评。"① 边沁甚至断言社会契约论已经被休谟彻底摧毁了。② 那么，休谟否定国家必然起源于契约的理由究竟是什么？他的理由说起来颇为简单，那就是，几乎所有国家和政府事实上都是武力征服或篡夺的产物，而并非起源于社会成员的同意或契约："几乎所有现存的政府，或所有在历史上留有一些记录的政府开始总是通过篡夺或征伐建立起来的，或者二者同时并用，它们并不自称是经过公平的同意或人民的自愿服从。……地表上的情况在不断变化，小的王国发展成大的帝国，大的帝国分解成许多小王国，许多殖民地陆续建立，一些种族迁居他乡。在这一切事件中除了武力和强暴，你还能看到什么呢？何处有那些文人奢谈的什么相互同意和自愿联合呢？"③

确实，几乎所有国家皆是武力征服或篡夺的结果，因而皆起源于武力征服和暴力强制。然而，这并不否定所有国家皆起源于社会成员的同意或契约：暴力强制与同意或契约并不矛盾。因为同意或契约可以分为两类：一类是自由的、无强制的、心甘情愿的同意或契约；一类是被迫的、强制的、不自由和不情愿的同意或契约，亦即所谓"强制缔约"。我到市场买东西，与卖者就钱货交换所达成的同意或契约，就是自由的、无强制的、心甘情愿的同意或契约。反之，强买强卖所达成的同意或契约，则是被迫的、强制的、不自由和不情愿的同意或契约，属于"强制缔约"范畴。试想，强盗持刀逼我交出钱财，我惧怕死亡而不做反抗，交出了钱财，是不是一种同意？是的。我只有拒绝交出钱财而进行反抗，才是不同意。我不做反抗而交出了钱财，就是与强盗达成了同意：只不过不是自由的、无强制的、心甘情愿的同意；而是被迫的、强制的、不自由和不情愿的同意罢了。

可见，强制与同意或契约并不矛盾：武力征服或暴力强制既可能造成反抗不同意从而未能缔结契约；也可能造成屈服同意从而缔结契约。因此，几乎所有国家总是通过篡夺或征伐建立起来的，并不否定这些国家皆起源于社会成员的同意或契约：只不过不是起源于自由的、无强制的、心

---

① 迈克尔·莱斯诺夫等：《社会契约论》，江苏人民出版社 2005 年版，第 252 页。
② 边沁：《政府片论》，商务印书馆 1995 年版，第 149 页。
③ 休谟：《休谟政治论文选》，商务印书馆 1993 年版，第 122—123 页。

甘情愿的同意或契约，而是起源于被迫的、强制的、不自由和不情愿的同意或契约——亦即强制缔约——罢了。那么，几乎所有国家总是通过篡夺或征伐建立起来的，是否意味着：几乎所有国家总是起源于强制缔约，亦即起源于被迫的、强制的、不自由和不情愿的同意或契约？

是的。因为征服者或篡夺者既然通过篡夺或征伐建立了国家，那就意味着：征服者或篡夺者已经取得了最高权力。而任何权力都具有合法性，都具有社会成员普遍同意的性质：权力就意味着同意，不具有社会成员普遍同意的权力绝非权力，而只是强制力量。所以，征服者或篡夺者已经建立国家从而取得了最高权力，便意味着：征服者或篡夺者已经与国家其他成员就最高权力所关涉的权利与义务等利益交换达成了普遍同意，缔结了最高权力契约；只不过这种同意和契约总是被迫的、强制的、不自由和不情愿的同意或契约，总是属于强制缔约罢了。否则，如果没有达成普遍同意，如果没有缔结最高权力契约，那么，征服者或篡夺者充其量也就仅仅拥有可能转化为最高权力的强制力量，而绝没有取得最高权力，绝没有建立起国家。

因此，当休谟发现几乎所有国家总是通过篡夺或征伐建立起来的，实已意味着：几乎所有国家总是起源于强制缔约，亦即起源于被迫的、强制的、不自由和不情愿的同意或契约。休谟的错误，一方面在于不懂得权力就意味着同意，不懂得不论经过怎样的征伐或篡夺，只要建立了国家从而取得了最高权力，那就意味着达成了同意和缔结了契约；另一方面，则在于误以为同意皆是自由的、无强制的、心甘情愿的，而不懂得被迫的、强制的、不自由和不情愿的同意也是同意；于是便由"几乎所有国家总是通过篡夺或征伐建立起来的"正确前提，错误地得出结论说：几乎所有国家皆非起源于社会成员的同意或契约。

3. 何种最高权力契约：国家直接且偶然起源

国家起源于最高权力契约，亦即起源于社会成员就最高权力所关涉的权利与义务等利益之交换所缔结的契约，是必然的、普遍的、不可选择的，因而是不能进行道德评价的。但是，它究竟起源于何种最高权力契约，是起源于自由的、无强制的、心甘情愿的最高权力契约，还是起源于被迫的、强制的、不自由和不情愿的最高权力契约，则是偶然的、特殊的、可以选择的，因而是可以进行道德评价的。因为任何契约都是人制定的，因而皆具有可以自由选择的偶然性和主观任意性：既可能缔结自由的、公正的、道德的、应该的、优良的契约，也可能缔结不自由的、不公正的、不道德的、不应该的、恶劣的契约。因此，最高权力的本性——合法性或同意——虽然决定了国家起源于同意或契约是必然的普遍的不可选择的；但是，一个国家究竟起源于何种契约，是起源于自由的公正的道德的应该的契约，还是起源于不自由的不公正的不道德的不应该的契约，则是偶然的、特殊的、可以选择的。那么，究竟何种最高权力契约是道德的应该的、好的和具有正价值的？换言之，国家究竟应该起源于何种最高权力契约？说到底，衡量最高权力契约是否应该的、价值标准究竟是什么？

最高权力契约的应然性主要包括两个方面：缔约过程的应然性或契约缔结的应然性与缔约内容或契约内容的应然性。毋庸赘言，任何契约缔约过程的主要价值标准都是"自由缔约"或"缔约自由"，人们往往称之为"契约自由"。按照这一标准，缔结最高权力契约应该是缔约者自由缔结的，而不应该是被迫缔结的；从而所缔结的是自由的、无强制的、心甘情愿的最高权力契约，而不是被迫的、强制的、不自由和不情愿的最高权力契约。

这样一来，在最高权力契约的缔结过程中，实现契约自由的前提无疑是缔约者相互间的政治地位完全平等。否则，如果最高权力缔约者的政治地位是不平等的，譬如一边是征服者，另一边是被征服者，那么，他们所缔结的最高权力契约，显然不可能是自由的、无强制的、心甘情愿的；而必定是被迫的、强制的、不自由和不情愿的。因此，当休谟发现几乎所有国家都是通过篡夺或征伐建立起来的，实已意味着：几乎所有国家都是起源于被迫的、强制的、不自由和不情愿的同意或契约，因而都违背契约自由标准，都是恶的、不应该和具有负价值的。

不难看出，符合契约自由的关于最高权力契约的缔约过程，只能是一种民主的缔约过程。因为，一方面，民主——并且只有民主——才意味着每个缔约者的政治地位完全平等："每个人只顶一个，不准一个人顶几个。"[①] 这种政治地位的完全平等，便保障了每个缔约者在最高权力契约

[①] 《潘恩选集》，商务印书馆1963年版，第145页。

的缔结过程中，谁也强制不了谁，谁也不会被谁强制，从而达成一种无强制的、自由的、心甘情愿的最高权力契约。

另一方面，缔结最高权力契约的全体社会成员往往数以千万计，怎样才能缔结毫无强制而为人人一致自由同意的最高权力契约呢？无疑只有实行民主，从而通过代议制和多数裁定原则而间接地取得一致的自由的同意。按照代议制原则，代表们所缔结的最高权力契约可能有一些条款是很多社会成员不同意的；但代表既然是他们自己选举的，那么，这些他们直接不同意的最高权力契约条款，却间接地得到了他们的同意。按照多数裁定原则，多数代表所确定的最高权力契约，可能有一些条款是少数代表不同意的；但他们既然同意少数服从多数的原则，那么，这些他们直接不同意的最高权力契约条款，也就间接地得到了他们的同意。

因此，正如洛克所言，只有实行民主，通过代议制和多数裁定原则，数以千万计的社会成员才可能缔结人人一致自由同意的最高权力契约："不论多少人都可以这样做，因为这样做并不损害其余人的自由；他们现在是自由的，就像以前在自然状态那样自由。当任一数量的人这样地同意建立一个共同体或政府时，他们因此就立刻结合起来组成一个政治共同体，那里的大多数人享有替其余的人作出行动和决定的权利。"①

不但最高权力契约的缔结只有通过民主的缔约过程才能够实现契约自由原则，而且最高权力契约的内容也只有达成民主才是应该的。诚然，契约内容的价值标准比契约缔结的价值标准复杂得多。契约缔结的价值标准主要是契约自由；而契约内容的价值标准却似乎可以涵盖全部价值标准，如善、公正、平等、人道、自由、诚实、为己利他、己他两利等。但是，最高权力契约的契约内容之价值标准要狭窄得多，因为最高权力契约的首要且根本的内容，显然在于约定谁是主权者？谁执掌最高权力？对于这一问题，无疑只能有四种契约：约定由一个人不受任何限制地掌握最高权力，亦即专制契约或君主专制契约；约定由一个人受宪法或议会等机构限制地掌握最高权力，亦即君主立宪契约；约定由少数公民掌握最高权力，亦即寡头共和契约或寡头契约；约定由全体公民共同掌握最高权力，亦即

---

① John Locke, *Two Treatises on Civil Government* [M]. London: GEORGE ROUTLEDGE AND SONS, LTD., 1884, p. 240–241.

民主契约或民主共和契约。衡量这些最高权力契约是否应该的价值标准——亦即最高权力契约内容的价值标准——显然是政治自由和政治平等两大国家制度价值标准。

毫无疑义,只有民主的最高权力契约才符合政治平等与政治自由两大国家制度价值标准,从而才是好的应该的具有正价值。因为只有民主——专制、君主立宪与寡头共和则不然——意味着全体公民完全平等地共同掌握最高权力,意味着被统治者能够与统治者完全平等地共同使国家政治按照自己的意志进行,因而也就意味着被统治者与统治者完全平等地拥有政治自由。这样一来,岂不只有民主的最高权力契约,才符合"每个人都应该完全平等地共同执掌国家最高权力"的政治平等标准?岂不只有民主的最高权力契约,才符合"每个人都应该同样享有使国家政治按照自己意志进行的政治自由"的政治自由标准?

相反地,专制的最高权力契约极端违背——君主立宪和寡头共和则程度轻重有所不同地违背——政治平等与政治自由两大国家制度价值标准,从而是极端不应该的。因为一方面,一个人不受限制地独掌最高权力,岂不意味着,一个人拥有全部最高权力而所有人拥有的都是零?岂不极端违背"每个人都应该完全平等地共同执掌国家最高权力"的政治平等标准?另一方面,一个人不受限制地独掌最高权力,岂不意味着:国家的政治只能按照专制君主自己一个人的意志进行,而不可能按照所有人的意志进行?岂不意味着:只有专制君主自己一个人拥有政治自由,而所有人都没有政治自由?岂不极端违背"每个人都应该同样拥有政治自由"的政治自由标准?

于是,衡量最高权力契约——契约缔结与契约内容——是否应该的价值标准便可以归结为十个字:"民主地缔结民主的契约"。这就是说,一个国家唯有起源于民主地缔结的民主的最高权力契约,才是善的、应该的和具有正价值的;否则便是恶的、不应该和具有负价值的。因此,洛克说,这样而且只有这样,才能创立世界上任何合法的国家:

> 不论是谁,一旦脱离自然状态而联合成为一个社会共同体,必须把结成社会所必需的一切权力都交给这个共同体的大多数,除非他们明确同意交给多于这个大多数的任何人数。只要一致同意联合成为一

个政治社会，就要做到这一点；而这种同意，乃是加入或建立一个国家的个人之间现存或需要存在的真正的契约。因此，起初和实际组成任何政治社会，不过是遵循多数裁定而进行结合并组成这种社会的自由人的同意。这样，而且只有这样，才曾或才能创立世界上任何具有合法性的政府。①

卢梭所寻找的"社会契约"，也正是这种"民主地缔结民主的契约"；他所要缔结的国家，也正是这种诞生于"民主地缔结民主的契约"的国家：

"要寻找出一种结合的形式，使它能以全部共同的力量来卫护和保障每个结合者的人身和财富，并且由于这一结合而使每一个与全体相联合的个人又只不过是在服从自己本人，并且仍然像以前一样地自由。"这就是社会契约所要解决的根本问题。……如果我们抛开社会公约中一切非本质的东西，我们就会发现社会公约可以简化为如下的词句：我们每个人都以其自身及其全部的力量共同置于公意的最高指导之下，并且我们在共同体中接纳每一个成员作为全体之不可分割的一部分。只是一瞬间，这一结合行为就产生了一个道德的与集体的共同体，以代替每个订约者的个人；组成共同体的成员数目就等于大会中所有的票数，而共同体就以这同一个行为获得了它的统一性、它的公共的大我、它的生命和它的意志。这一由全体个人的结合所形成的公告人格，以前称为城邦，现在则称为共和国或政治体；当它是被动时，它的成员就称它为国家。②

毫无意义，一个国家只有产生、形成和起源于民主地缔结的民主的最高权力契约，才是善的、应该的和具有正价值的；否则便是恶的、不应该和具有负价值的。这固然是真理，却是相对的有条件的真理：它只有在一

---

① John Locke, *Two Treatises on Civil Government*, London：GEORGE ROUTLEDGE AND SONS, LTD., 1884, p. 242.

② 卢梭：《社会契约论》，商务印书馆1991年版，第23—25页。

般的正常的常规的情况下才是真理。因为在一般的正常的常规的情况下，只有民主地缔结最高权力契约，才可能导致民主的最高权力契约。美国的建立，它的《独立宣言》和"独立宪法"（亦即1787年颁布的"美利坚合众国宪法"），堪称这种"民主地缔结的民主的最高权力契约"之典范。然而，凡是常规皆有例外。在例外的非常的特殊的情况下，正如柏拉图和波普的"自由的悖论"所说，全体公民可能一致同意由一个无与伦比的伟大领袖独掌最高权力，从而民主地缔结一种专制的最高权力契约。[①] 反之，也不能排除同样例外的非常的特殊的情况，在这种情况下，由于种种原因，一个专制者可能主动将最高权力转由全体公民掌握，从而专制地缔结了一种民主的最高权力契约。

这就是最高权力契约的两种例外：民主地缔结非民主的契约与非民主地缔结民主的契约。这两种例外显然意味着契约缔结的价值标准（契约自由）与契约内容的价值标准（契约正义等）发生了冲突而不能两全：如果坚持契约自由标准而民主地缔约，就会导致所谓"自由悖论"，亦即违背契约正义等价值标准而缔结非民主或专制的契约；如果坚持契约正义等价值标准缔结民主的契约，就会违背契约自由标准而非民主地强制缔约。那么，在这种情况下应该怎么办？

在这种情况下，民主地缔结非民主的契约显然是恶的、具有负价值的和不应该的；而非民主地强制缔结民主的契约则是善的、具有正价值的和应该的。因为契约正义的价值无疑大于契约自由的价值；契约内容的价值无疑大于契约缔结的价值。这恐怕就是为什么现代契约法更加重视契约内容和契约正义——而不是契约缔结和契约自由——的缘故："现代契约法的中心问题，已不是契约自由而是契约正义的问题。约款内容的规制、消费者的保护、对新的契约类型的调整、附随义务理论等与其说是自由问题，不如说是正义问题。契约法已从重视其成立转移到契约内容上来了。"[②] 这样一来，当二者发生冲突而不能两全之际，民主地缔结非民主的最高权力契约之价值净余额是负价值，因而是不应该的；而非民主地强制缔结民主的最高权力契约之价值净余额是正价值，因而是应该的。

---

① 波普：《开放的社会及其敌人》，山西高校联合出版社1992年版，第130页。
② 王晨：《日本契约法的现状与课题》，载《外国法译评》，1995年第2期。

总而言之，一方面，在正常的常规的一般的情况下，亦即在契约缔结与契约内容的价值不发生冲突的情况下，一个国家只有产生、形成和起源于民主地缔结的民主的最高权力契约，才是善的、应该的和具有正价值的。另一方面，在非常的例外的特殊的情况下，亦即在契约缔结与契约内容的价值发生冲突而不能两全的情况下，一个国家只有产生、形成和起源于非民主地强制缔结民主的最高权力契约，才是善的、应该的和具有正价值的；而产生、形成和起源于民主地缔结的非民主的最高权力契约，则是恶的、具有负价值的和不应该的。

综观国家起源，可知国家起源具有两面性。一方面，从人的社会本性来看，国家必然起源于每个人生存和发展的社会需要，必然起源于这些需要的满足程度与社会的大小规模成正比之本性，说到底，必然起源于每个人对于社会最大化的需要和使社会成为一个统一体的需要。这是国家的内在的、间接的和终极的起源，它只是说明国家乃人类固有需要，只是说明国家产生的必然性；而未能说明国家产生的实然性和应然性。

另一方面，从国家实际的产生状况来看，国家必然直接起源于最高权力契约，起源于全体社会成员就最高权力所关涉的权利与义务等利益之交换所缔结的契约；但究竟起源于何种最高权力契约则是偶然的：唯有起源于民主地缔结的民主的最高权力契约，才是善的、应该的和具有正价值的；否则便是恶的、不应该和具有负价值的。这是国家的直接的外在的起源，它说明国家实际上是怎样产生的，说明国家产生的实然性和应然性。

三 国家起源理论：社会契约论

国家起源问题极端复杂且极其重要，自古以来，思想家们围绕这个问题便一直争论不休。这些争论可以归结为五大学说：神源说、武力起源说、阶级斗争起源说、自然起源说或进化说和社会契约论。

1. 神源说、武力起源说、阶级斗争起源说与自然起源说或进化说

神源说以为国家起源于神意，最高权力执掌者是神的代理人，如帝王乃真龙天子云云。这种说辞显然是非科学的。武力起源说以为国家乃是征服的产物，无不起源于武力或强制力量。这种学说的错误在于以偏赅全。

因为，即使如休谟所言，几乎所有国家都是通过征服或篡夺建立的，毕竟不是所有国家都是通过征服或篡夺建立的。总是有些国家——如美国——并非通过征服、篡夺和武力或强制建立的；而是通过民主地缔结民主的宪法等契约建立起来的。这样一来，断言国家起源于武力征服等强制力量，岂非以偏赅全？

阶级斗争起源说认为国家起源于阶级社会，是从控制阶级对立、冲突和斗争的需要中产生的，是阶级矛盾不可调和的产物，说到底，是剥削阶级镇压被剥削阶级反抗的工具。对于这种学说，前面已有专门分析；其谬主要在于将国家与国家的一部分——正规的专门的和独立的政治组织——等同起来，从而由正规的专门的和独立的政治组织产生于阶级社会的事实，错误地得出结论说：国家起源于阶级社会，是剥削阶级镇压被剥削阶级反抗的工具。

神源说和武力起源说以及阶级斗争起源说都是错误的；而自然起源说或进化说与社会契约论则堪称真理。自然说或进化说的代表人物主要是柏拉图、亚里士多德和斯宾塞。该说以为国家起源于人类需要，是为了满足人类需要而必然且自然产生和进化的结果。柏拉图说："在我看来，之所以要建立一个城邦，是因为我们每一个人不能单靠自己达到自足，我们需要许多东西。你们还能想到什么别的建立城邦的理由吗？"① 诚然，这只是国家与其他一切社会的共同的起源——因而也就是国家的最普遍最根本的根源——而不是国家特有的起源。

亚里士多德则进一步揭示了国家特有的起源，认为国家是"社会团体中最高而包含最广的一种"，起源于人类对于社会最大化的需要，为了最充分地满足每个人生存和发展需要："等到由若干村坊组合而为'城市（城邦）'，社会就进化到高级而完备的境界，在这种社会团体以内，人类的生活可以获得完全的自给自足；我们也可以这样说：城邦的长成出于人类生活的发展，而其实际的存在却是为了'优良的生活'。"②

如果说国家起源于人类对于社会最大化的需要，那么，实际上为什么会存在众多小国家呢？斯宾塞的"社会有机体说"回答了这个问题。他

---

① 柏拉图：《理想国》，商务印书馆 1994 年版，第 58 页。
② 亚里士多德：《政治学》，商务印书馆 1965 年版，第 7 页。

将国家看成或比作有机体，揭示了国家起源于使社会成为一个统一体或有机体的需要。这样，一方面，国家起源于每个人对于社会最大化的需要；另一方面，国家又起源于使社会成为一个统一体的需要。不难看出，二者具有反比例关系：社会越大，便越难以统一。这恐怕就是为什么国家虽然起源于社会最大化的需要，可是实际上却存在众多小国家的缘故。

可见，"自然起源说"确为真理：它揭示了国家必然起源于每个人生存和发展的社会需要，必然起源于这些需要的满足程度与社会的大小规模成正比之本性，说到底，必然起源于每个人对于社会最大化的需要和使社会成为一个统一体的需要。然而，这只是国家的内在的、间接的和终极的起源，它只是说明国家乃人类固有需要，只是说明国家产生的必然性；而未能说明国家产生的实然性和应然性，未能说明国家实际上是怎样产生的及其应该是怎样产生的：这是国家的直接的外在的实然的和应然的起源问题。社会契约论所致力解析的，要言之，恰恰就是这些难题。

2. 社会契约论：自然状态

社会契约论，如所周知，认为国家起源于社会契约，原本由社会成员的同意或契约缔结而成：社会契约论就是认为国家起源于社会契约的学说。该学说不仅是最为重要影响最大的国家起源理论，而且堪称西方主流政治思想，一些学者甚至说："契约理论作为一种纯粹理论，其繁荣兴盛无任何其他理论所能比拟。"① 确实，从古希腊的智者学派和伊壁鸠鲁一直到当代的道德哲学家罗尔斯和诺齐克，历代都不乏伟大的思想家倡导社会契约论。然而，真正讲来，恐怕唯有霍布斯、洛克和卢梭堪称经典社会契约论的主要代表人物。

社会契约论的基本概念是自然状态。社会契约论认为，人类生活的最初状态或原初状态是自然状态。但是，究竟何为自然状态，在社会契约论者之间，可谓仁者见仁、智者见智、意见纷呈、莫衷一是。不过，有一点却是他们的共识，那就是：自然状态乃是一种不存在共同权力——亦即最高权力——的人类生活状态；这种状态的尽人皆知的事例就是不存在共同权力的各个国家的相互关系。对此，艾伦·瑞安在界说"自然状态"词

---

① 夏勇：《为权利而斗争》，中国法制出版社 2000 年版，第 273 页。

条时曾有颇为精当的阐述：

> 自然状态是社会契约论者表述不存在确定政治权威之状态的人文科学术语。……霍布斯、洛克、普芬道夫、格老秀斯、卢梭、康德以及17、18世纪许多其他思想家在他们的著作中都对此进行了阐述。这个概念在他们的思想中发挥的作用就是产生了对自然状态的多种不同的阐述：它是一种社会性但却非政治性的状态还是一种非社会性状态呢？它是一种和平状态还是相当于战争状态呢？它是纯粹假设的状态还是现在或过去人类某些阶段的真实状态呢？著作家们对这个问题的回答迥然相异。但是所有著作家都同意，忠实于无确定政治权威的人们处于这种——或至少一种——相应的自然状态中：他们大多数认为，这意味着各主权国家的统治者处于这种互相尊重的自然状态之中。①

因此，在自然状态中，一方面，由于不存在迫使人必须服从的政治权力或共同权力，每个人便都是完全自由的，而相互间则是完全平等的：自然状态是一种完全自由和平等的状态。另一方面，在自然状态中，由于不存在迫使人必须服从的政治权力或共同权力，人们势必各行其是、相互冲突、对抗争夺、混乱无序，不但没有国家而且也不可能存在任何社会：自然状态是一种人人相互为敌的孤独而残忍的战争状态。

霍布斯有见于后者，强调自然状态的混乱无序方面，因而认为自然状态就是一种战争状态，在这种状态下，不可能存在任何社会，人的生活孤独而残忍："根据这一切，我们就可以显然看出：在没有一个共同权力使大家慑服的时候，人们便处在所谓的战争状态之下。……在这种状态下，产业是无法存在的，因为其成果不稳定。这样一来，举凡土地的栽培、航海、外洋进口商品的运用、舒适的建筑、移动及卸除须费巨大力量的物体的工具、地貌的知识、时间的记载、文艺、文学、社会等都将不存在。最糟糕的是人们不断处于暴力死亡的恐惧和危险中，人的生活孤独、贫困、

---

① 米勒等编：《布莱克维尔政治学百科全书》，中国政法大学出版社1992年版，第742页。

卑污、残忍而短寿。"①

洛克有见于后者，强调自然状态的自由平等方面，因而认为自然状态就是一种完全自由和平等的状态："那是一种完全自由状态，他们在自然法的规范内，以他们认为合适的方法，进行他们的行动，处理他们的财产和人身，而不需得到任何人的许可或遵循任何人的意志。这也是一种平等的状态，在这种状态中，一切权力和管辖都是相互的，没有一个人拥有多于别人的权力。"② 诚然，洛克也看到自然状态因不存在共同权力而必然产生的种种严重的缺陷与不便：每个人都"不断受到别人侵犯的威胁……很不安全，很不稳妥"；每个人都处在"一种虽然自由却是充满着恐惧和持续的危险的状况"。③

然而，这样一来，洛克岂不承认了霍布斯的"自然状态乃战争状态"？是的。只不过，洛克比较全面；他不仅强调自然状态的自由平等方面，而且也看到自然状态的侵犯战争方面。于是，洛克便与霍布斯一样，认为处于自然状态的人们必然因其种种缺陷、争夺、侵犯和战争而努力摆脱自然状态，从而建立最高权力或国家："避免这种战争状态是人类组成社会和脱离自然状态的重要原因。因为人间有一种权威和权力，可以向其诉求救济，那么战争状态就不会继续存在，纷争就可以由那个权力来裁决。"④ "公民社会的目的就是为了避免和补救自然状态的种种弊端，而这些弊端必然源于人人是自己的案件的裁判者。因此，避免这些弊端的方法就是设置一个明确的权威，以便这社会的每一成员受到任何损害或发生任何争执的时候，可以向它申诉，同时也必须服从它。"⑤ 那么，究竟如何建立最高权力或国家呢？

3. 社会契约论："明示"或"默示"的最高权力契约

究竟如何建立最高权力或国家，这是社会契约论的核心问题。科学地

---

① 霍布斯：《论公民》，贵州人民出版社 2003 年版，第 103 页。

② John Locke, *Two Treatises on Civil Government* [M]. London: George Routledge And Sons, Ltd., 1884, p. 192.

③ Ibid., p. 256.

④ Ibid., p. 202.

⑤ Ibid., pp. 240 – 236.

解决这个问题的出发点，正如卢梭《社会契约论》第一卷的题旨所言，乃是权力的合法性，亦即权力区别于其他强制力量的根本性质，亦即社会的承认、认可或同意：权力是社会的承认、认可或同意的强制力量。权力的这一根本性质，自卢梭以来，便一直被称为"合法性"。权力的合法性意味着：一切权力——最高权力并不例外——都具有合法性，因而必然都产生、形成和起源于社会成员的普遍同意或所谓社会契约。从此出发，社会契约论发现建立最高权力或国家从而脱离自然状态只有一个途径，那就是人们一起订立所谓"明示"或"默示"的社会契约，亦即订立"明示"或"默示"的最高权力契约，说到底，亦即就最高权力所关涉的权利与义务等利益之交换达成的"明示"或"默示"的普遍同意：最高权力或国家起源于"明示"或"默示"的社会契约。这就是社会契约论的核心思想。对于这一思想，霍布斯曾有极为深刻的阐述：

> 如果要建立这样一种能抵御外来侵略和制止相互侵害的共同权力，以便保障大家能通过自己的辛劳和土地的丰产为生并生活得很满意，那就只有一条路：把大家所有的权力和力量付托给某一个人或一个能通过多数的意见把大家的意志化为一个意志的多数人组成的集体。这就等于是说，指定一个人或一个由多数人组成的集体来代表他们的人格，每一个人都承认授权于如此承当本身人格的人在有关公共和平或安全方面所采取的任何行为、或命令他人作出的行为，在这种行为中，大家都把自己的意志服从于他的意志，把自己的判断服从于他的判断。这就不仅是同意或协调，而是全体真正统一于唯一人格之中：这一人格是大家人人相互订立信约而形成的，其方式就好像是人人都向每一个其他的人说：我承认这个人或这个集体，并放弃我管理自己的权利，把它授与这人或这个集体，但条件是你也把自己的权利拿出来授与他，并以同样的方式承认他的一切行为。这一点办到之后，像这样统一在一个人格之中的一群人就称为国家。①

---

① 霍布斯：《利维坦》，商务印书馆 1986 年版，第 131 页；参阅 Thomas Hobbes：*Leviathan*，Simon&Schuster Inc，New York.，1997，p. 132。

洛克也这样写道:"人类天生都是自由、平等和独立的,没有本人的同意,不应该将任何人置于这种状态之外,使其受制于他人的政治权力。任何人放弃这种自由而同意与其他人联合组成为一个共同体,是为了谋求舒适、安全和和平的生活,安稳地享受他们的财产,拥有更大的保障来防止共同体以外任何人的侵犯。不论多少人都可以这样做,因为这样做并不损害其余人的自由;他们现在是自由的,就像以前在自然状态那样自由。当任一数量的人这样地同意建立一个共同体或政府时,他们因此就立刻结合起来组成一个政治共同体,那里的大多数人享有替其余的人作出行动和决定的权利。"①

可见,洛克与霍布斯都十分明确地强调:缔结社会契约乃是建立共同权力或国家的唯一的道路和方法。这意味着:国家或最高权力只能——亦即必然——产生、形成和起源于社会契约。但是,进言之,最高权力或国家究竟产生、形成和起源于何种社会契约——是使最高权力由一人执掌从而缔结君主制的契约,还是由所有人执掌最高权力从而缔结民主制的契约——在霍布斯、洛克和卢梭等社会契约论者看来,则完全是偶然的、可以自由选择的。因此,如所周知,霍布斯主张君主制,因而以为缔结君主制的契约是最佳的:"君主制是这些国家类型——民主制、贵族制和君主制——中最佳的。"② 相反地,洛舅和卢梭则主张民主制,因而以为唯有缔结民主制的契约才是合法的和应该的:"不论是谁,一旦脱离自然状态而联合成为一个社会共同体,必须把结成社会所必需的一切权力都交给这个共同体的大多数,除非他们明确同意交给多于这个大多数的任何人数。只要一致同意联合成为一个政治社会,就要做到这一点;而这种同意,乃是加入或建立一个国家的个人之间现存或需要存在的真正的契约。因此,起初和实际组成任何政治社会,不过是遵循多数裁定而进行结合并组成这种社会的自由人的同意。这样,而且只有这样,才曾或才能创立世界上任何具有合法性的政府。"③

---

① John Locke, *Two Treatises on Civil Government*, London: GEORGE ROUTLEDGE AND SONS, LTD., 1884, pp. 240-241.
② 霍布斯:《论公民》,贵州人民出版社 2003 年版,第 104 页。
③ John Locke, *Two Treatises on Civil Government*, London: GEORGE ROUTLEDGE AND SONS, LTD., 1884, p. 242.

4. 社会契约论：真理与迷误

综观社会契约论可知，社会契约论的研究对象可以归结为两个问题：为什么和怎样建立最高权力或国家？自然状态理论回答的是"为什么建立最高权力或国家"的问题：人们之所以建立最高权力或国家，就是为了避免自然状态的种种缺陷与不便，从而能够过上令人满意的生活。这意味着：国家或最高权力起源于每个人生存发展的社会需要。所以，自然状态理论实乃柏拉图和亚里士多德的国家起源自然说或进化说之复兴：国家起源于人类需要，是为了满足人类需要而必然且自然产生和进化的结果。因此，自然状态理论揭示了国家的内在的、间接的和终极的起源，说明了国家乃人类固有需要，说明了国家产生的必然性。

社会契约论的社会契约或普遍同意理论，回答的则是"怎样建立最高权力或国家"的问题。它从权力的合法性出发，发现最高权力或国家只能产生、形成和起源于社会成员的普遍同意或社会契约；但究竟起源于何种社会契约则是偶然的、可以自由选择的：洛克和卢梭认为唯有起源于民主制的社会契约才是合法的和应该的；霍布斯则以为唯有起源于君主制的社会契约才是最佳的。这样一来，社会契约或普遍同意理论便揭示了国家的直接的外在的实然的和应然的起源，说明了国家产生的实然性和应然性，说明了国家实际上是怎样产生的及其应该是怎样产生的。

显然，社会契约论乃是一种十分全面且深刻的国家起源论：它既揭示了国家的内在的、间接的和终极的起源，又揭示了国家的直接的外在的实然的和应然的起源。特别是，它从权力的合法性出发，因而发现最高权力或国家只能产生、形成和起源于社会成员的普遍同意或社会契约。试问，人类政治思想领域还有比这一发现更伟大的真理吗？但是，国家起源乃公认极其复杂艰深的难题，因而解析这一难题的社会契约论难免存在种种缺憾、局限和错误。这些缺憾、局限和错误，如所周知，主要存在于它的自然状态理论：自然状态究竟是真实的历史还是纯粹的理论假设？

经典社会契约论以为自然状态是一种真实的历史。不但洛克和卢梭如此，霍布斯也是如此——虽然有研究者认为他将自然状态只是当作一种理论假设。因为霍布斯曾反驳否认自然状态历史真实性的观点，并且认为自然状态在他那个时代还实际存在着。① 经典社会契约论的这种观点可以称之为"自然状态真实论"。这种理论,现在看来,显然是不能成立的。因为人是社会动物,社会性是每个人生而固有的普遍本性;不可能存在没有社会而生活于纯粹自然状态的人类。自然状态真实论无疑是一种谬误;然而由此绝不能断言经典社会契约论的自然状态理论完全错误。

因为霍布斯、洛克和卢梭等经典社会契约论者虽然都肯定自然状态是一种人类的真实状态;但是,自然状态在他们那里却首先是一种理论假设,亦即用以说明最高权力或国家起源的理论假设,说到底,亦即用以说明最高权力或国家产生和存在的必然性及其应然性的理论假设。对此,卢梭在论及自然状态时说得很清楚:"不应该把我们在这个主题所能着手进行的一些研究认为是历史真相,而只应认为是一些假定的和有条件的推理。这些推理与其说是适于说明事物的真实来源,不如说是适于阐明事物的性质,正好像我们的物理学家,每天对宇宙形成所作的那些推理一样。"②

自然状态在诺齐克和罗尔斯等当代社会契约论者那里,已非人类的真实历史,而仅仅是一种理论假设。诺齐克在《无政府、国家与乌托邦》的第一篇"自然状态,或如何自然而然地追溯出一个国家"一开篇就这样写道:"假如国家不存在,有必要发明它吗?假如国家有必要,人们必须去发明它吗?政治哲学和一种解释政治现象的理论要面对这些问题,要通过探讨'自然状态'——在此用传统政治理论的术语——来回答这些问题。"那么,社会契约论者的自然状态的理论假设究竟是怎样说明最高权力或国家起源的必然性与应然性的呢?

原来,在社会契约论那里,如前所述,自然状态亦即不存在共同权力、最高权力或国家的人类生活状态。于是,便存在两种恰恰相反的人类生活状态:自然状态与存在最高权力或国家状态。这样一来,岂不正如诺齐克所言,只要能够证明国家状态甚至优越于人们所能够期望最好的自然状态,就证明了国家起源的必然性和应然性?所以,不论社会契约论者们所设想的自然状态如何不同,却至少都承认国家状态必然远远优越于自然

---

① Thomas Hobbes: *Leviathan*, Simon&Schuster Inc, New York., 1997, pp. 101 – 102.
② 卢梭:《论人类不平等的起源和基础》,商务印书馆1962年版,第71页。

状态；自然状态因不存在最高权力而必然存在种种不便和缺憾，这种不便和缺憾甚至如此严重，以致人类无法在其中生存。且不说霍布斯和洛克，就是极端美化自然状态的卢梭也这样写道："我设想，人类曾达到过这样一种境地，当时自然状态中不利于人类生存的种种障碍，在阻力上已超过了每个个人在那种状态中为了自存所能运用的力量。于是，那种原始状态便不能继续维持；并且人类如果不改变其生产方式，就会消灭。"①

不难看出，自然状态作为揭示国家起源的理论假设是完全能够能成立的。因为揭示国家或最高权力起源的最有效的方法，岂不就是假设：如果没有最高权力或国家，人类将会怎样？如果真像卢梭所说的那样，不存在最高权力或国家人类就会消灭，岂不就最有效地证明了最高权力或国家产生的必然性和应然性？确实，卢梭与霍布斯所言甚真：如果没有最高权力或国家，人类势必处于一种纯粹的自然状态而终至灭亡。因为，如果没有最高权力或国家，即使存在各种社会，这些社会也必然因不存在统帅它们的最高权力而各行其是、互相冲突、混乱无序、分崩离析，最终势必统统解体灭亡；而一旦没有了社会，沦为纯粹自然状态的人类岂不也注定随之灭亡？因此，自然状态作为一种真实的历史固然错误，但作为一种理论假设，确实可以科学地说明最高权力或国家乃人类生存发展的固有需要，可以科学地说明国家产生与存在的必然性及应然性，因而堪称国家起源之真理。这恐怕就是当代社会契约论者高明于经典社会契约论者之处：否认自然状态的历史真实性而仅仅将其当作一种理论假设。

---

① 卢梭：《论人类不平等的起源和基础》，商务印书馆1962年版，第69页。

第三章

国家类型:以政体为依据

本章提要

划分国家为民主与专制等类型的科学的精确的根据,不是执掌最高权力的人数,而是执掌最高权力的公民人数:民主共和是所有公民平等地共同执掌最高权力;寡头共和是少数公民平等地共同执掌最高权力;君主专制是一个公民独掌最高权力;有限君主制是一人为主而与其他公民共同执掌最高权力,是一个公民受到其他公民及其组织限制地执掌最高权力。民主共和制是最灵活的政体形式,它最易且最多地被用来当作任何政体的外在形式;君主专制是最灵活的政体内容,它最易且最多地借助任何政体形式表现出来。这就是为什么"名义民主而实为专制"乃是最常见且最重要的混合政体的缘故。

一 国家分类的科学标准:国体、政体与经济形态

1. 国体与政体

国家定义和起源的研究揭示了国家是什么和国家是怎样产生、建立或缔结的。接下来的问题是:究竟应该建立、缔结什么样的或哪一种类的国家?理想国究竟是怎样的?这些无疑是国家学的核心问题,因而极其复杂难解。解决这些难题的起点显然是:国家究竟有哪些种类或类型?这样一来,国家分类或类型便成为国家学的重大问题。因此,亚里士多德极为重视国家、政府和政体的类型问题;[①] 凯尔森甚至将它看作政治理论的中心

[①] 亚里士多德:《政治学》,商务印书馆1965年版,第176—177页。

问题:"政治理论的中心问题是政府的分类。从法学的角度来说,这是宪法的不同模式之间的差别。因而这一问题也可以作为不同国家形式之间的差别提出来。"①

因此,古今中外,讨论国家分类或国体以及政体的著述,正如巴路捷斯和迦纳所言,可谓汗牛充栋、不胜枚举:"国家之形体问题,自古及今,聚讼纷纭,政治学上之问题中,其著述之多,无出此问题之右者也。"② 但是,这些分类,或许如巴路捷斯和迦纳所言,大都没有科学价值。然而,迦纳却走向极端,竟然否定对国家进行科学分类的可能性:"因为国家的特种性质关系,欲求国家的分别和分类合于科学,殊属无益之举。"③ 迦纳此言差矣!普天之下,哪里有什么不可以进行科学分类的东西!对国家进行科学分类绝非不可能,只不过极其困难罢了。细究起来,不难看出,破解这一难题的关键在于解析两个概念:国体与政体。

政体概念比较简单,没有什么争议。几乎无人质疑:政体就是政治及其组织或机关——亦即政府——的具体的分类或类型。这个定义是不错的。因为各种类型的政治,如君主政治与共和政治,是"政治"的具体表现形式;而"政治"则通过各种类型的具体的政治表现出来。所以,政治与政治类型是抽象与具体以及内容与形式关系:政治类型是政治的具体表现形式,因而叫做政体。因此,政体就是政治的具体形式,就是政治及其机关的具体形式,就是政治及其机关的具体分类、类型和形式,就是政治和政府的具体分类、类型或形式。这恐怕是个公认的定义,因而《布莱克维尔政治学百科全书》在界说"政体"词条时这样写道:"政体一词可以有三种不同解释:(1)任何以政治形式组成的社会;(2)一个国家中的政府的组织形式,此意与政权一词同义;(3)亚里士多德所言politeia一词的英译,原指一种混合政府组织形式。"④

从此出发,不难理解:国家的分类或类型就是所谓的国体(form of state)。因为各种类型的国家,如奴隶制国家与封建制国家,是"国家"

---

① 凯尔森:《法律与国家》,台北正中书局1976年版,第314页。
② 巴路捷斯:《政治学与比较宪法论》上册,商务印书馆1932年版,第75页。
③ 迦纳:《政治学大纲》,世界书局1935年版,第221页。
④ 米勒等编:《布莱克维尔政治学百科全书》,中国政法大学出版社1992年版,第585页。

的具体表现形式；而"国家"则通过各种类型的具体的国家表现出来。所以，国家与国家类型是抽象与具体以及内容与形式关系：国家类型是国家的具体表现形式，因而叫做国体。因此，国体就是国家的具体分类、类型或形式。这就是为什么迦纳在《政治科学与政府》第十一章"国体"中研究的都是国家类型的缘故。由此看来，国体概念似乎也并不复杂；其实不然。

原来，以各种性质为依据，国家有多种多样的分类、类型或国体。但最根本的国家分类、类型或国体，无疑是奴隶制国家、封建制国家、资本主义国家和社会主义国家。这种国家类型或国体的划分依据，是各阶级在国家中的地位，亦即国家的阶级性质，说到底，是生产资料所有制的性质：生产资料归谁所有。这种国家类型或国体固然最为根本，毕竟仅仅是国家类型或国体划分之一；国家类型或国体还有其他的划分，如君主国与共和国等。然而，我国学术界却以偏赅全，竟然以为国体仅此一种划分，以为国体就是以国家的阶级性质（亦即各阶级在国家中的地位）为根据对国家的划分，因而并不包括君主国与共和国，而只包括奴隶制国家、封建制国家、资本主义国家和社会主义国家。

这真是一种偏见！难道只有奴隶制国家、封建制国家、资本主义国家和社会主义国家四大国家类型才是国体，而君主国与共和国两大国家类型就不是国体？难道以国家阶级性质为根据对国家的分类是国家类型和国体，而以国家最高权力执掌者的人数为根据对国家的分类就不是国家类型和国体？从这种片面性出发，我国学术界进而将这种国家和国体划分的依据"各阶级在国家中的地位"与国体定义等同起来："所谓国体，是指社会各阶级在国家中的地位，指国家的阶级性质。"① 国体怎么能是一种地位和阶级性质？各阶级在国家中的地位或国家阶级性质岂不仅仅是划分国家为各种类型——亦即奴隶制国家、封建制国家、资本主义国家和社会主义国家四大国家类型——的国家或国体的分类根据吗？所以，以为"国体是指社会各阶级在国家中的地位"的定义乃是一种双重错误：既以偏赅全地将国体等同于国体之一种，又误将国体划分根据当作国体定义。

---

① 严家其：《国家政体》，人民出版社1982年版，第4页。

2. 国家分类的科学依据

界定了国体与政体，便不难确立国家的科学分类了。自柏拉图与亚里士多德以降，西方思想家大都以最高权力由谁掌握为根据，将国家分为君主国、共和国、君主立宪国家、君主专制国家、民主共和国、寡头共和国等。马克思主义思想家则更看重从柏拉图和亚里士多德有关生产资料公有制与私有制的国家理论出发，以生产资料归谁所有或经济形态为根据，将国家分为奴隶制国家、封建制国家、资本主义国家、社会主义国家等。还有研究者依据国家的演进，将国家分为部落国家、城市国家、王朝国家、封建国家、民族国家和世界国家；依据国家力量，将国家分为强国、弱国、小国、大国、超级大国、发达国家、不发达国家、第三世界等；依据领土位置，将国家分为大陆国、濒海国、岛国等。还有人将国家分为单一国与联邦国、一党制国家、两党制国家和多党制国家、内阁制国家与总统制国家以及农业国、商业国、实业国、军国、极权国家等。

这些国家分类或国体显然并不都具有科学价值，尤其不都具有国家学或政治学价值。因为其中某些分类或国体，正如迦纳所指出："它们皆只涉及国家之附属的特征和现象，而未涉及国家之基本的构成要素；而且大多数并未从基本的特征上来区别国家。以幅员、人口、富力、财源、产业的性质、文明的程度、债权的多寡、生死统计等为根据的分类法，对于历史家、经济学家和社会学家也许有用，但在法学家或政治科学家看来，则完全不能认为满意，并且毫无价值。至于分国家为农业国、商业国、实业国、军国、领土国等的分类法，对于政治科学家来说也没有什么用处，犹如以大小、高低或颜色为标准的动物分类或植物分类对于自然科学家没有多大的用处一样。"[①] 那么，对于国家学或政治学具有重大价值的国家分类或国体究竟是怎样的？

不难看出，这种国体或国家分类的确立，亦如迦纳所言，乃在于找到国家分类的科学标准或依据："欲求一满意的国家分类法，首要的问题是在寻得一种能在形式上、精神上或基本特质上区别国家的科学原则或法理

---

① 迦纳：《政治科学与政府》第二册，商务印书馆1935年版，第452页。

标准。"① 确实，国家分类的科学的标准或依据乃是国家的根本性质和根本特征，因为科学的分类标准或依据就是被划分的事物的根本性质和根本特征。那么，国家的根本性质和根本特征是什么？

国家最根本的性质和特征无疑存在于经济与政治之中。因为不但国家最根本最重要的活动就是经济与政治；而且国家的代表就是政府，政府就是国家的政治机关，政府的活动就是政治，政治与政府的根本和基础就是经济。因此，国家分类的科学标准或依据，真正讲来，也就是经济与政治及其机关的根本性质，就是政府、政治与经济的根本性质。经济的最根本的性质无疑是生产资料归谁所有；政府和政治的最根本性质无疑是最高权力由谁执掌。于是，国家分类的科学标准或依据，要言之，便可以归结为两条：生产资料归谁所有和最高权力由谁掌握。因此，国家分类的科学标准或依据，说到底，便可以归结为马克思主义的分类标准和亚里士多德的分类标准：生产资料归谁所有和最高权力由谁掌握。这样一来，国家的科学分类，要言之，便可以归结为两个分类系列：以生产资料归谁所有的性质为根据，国家分为奴隶制国家、封建制国家、资本主义国家和社会主义国家等若干种国体；以最高权力由谁掌握为根据，国家分为君主国、共和国、君主立宪国家、君主专制国家、民主共和国、寡头共和国等若干种国体。这两个系列结合起来，则形成多种多样不胜枚举的混合国体，如社会主义共和国、封建制君主国、资本主义民主共和国等。

3. 国体类型与政体类型以及经济形态类型的同一性

问题在于，最高权力由谁掌握是政府和政治的根本性质，因而也是政府和政治的分类依据；以此为根据，政治和政府分为君主政治或政府与共和政治或政府，进而分为君主立宪、君主专制、寡头共和与民主共和政治或政府。生产资料归谁所有是经济形态的根本性质，因而也是经济形态的分类依据；以此为根据，经济形态分为公有制经济形态与私有制经济形态，进而分为五种：原始公社制的、奴隶占有制的、封建制的、资本主义的和社会主义的经济形态。这样一来，岂不使国家的分类与政府、政治以

---

① 迦纳：《政治科学与政府》第二册，商务印书馆1935年版，第453页。

及经济形态的分类混同起来？迦纳和季尔克立斯等人的回答是肯定的。①因此，迦纳等人虽然认为诸如君主制与共和制的国家分类法"最普通而又最能令人满意"，却否定其科学性，而斥之为"国家分类与政府分类的混同"：

> 最普通而又最能令人满意的国家分类是以各国政府之异同做根据的分类法。但仔细分析起来，此种分类实在不是国家的分类，而是政府的分类。近代的政治学，在理论上与实际上，对于国家与政府已加以明白的区别，是则以政府形体为根据的国家分类，显然是混同了国家与政府。所以为求理论上的一贯和合乎科学的逻辑起见，我们应当把这种分类放置在与其相称的范畴内，不称其为国家的分类，而称其为政府的分类。我们在本章中讨论国家的分类时，若有违左这个原则之处，那是因为我们为欲顺从普通的习惯用法，不得不尔，绝不可以为我们承认这个习惯用法在科学上是切当的。②

这就是说，按照科学的眼光，君主国与共和国并不是国家类型，而只是政府和政治的类型"君主政治与共和政治"之习惯滥用。以此类推，奴隶制国家与封建制国家也并不是国家类型，而只是经济形态类型"奴隶制经济形态与封建制经济形态"之习惯滥用。迦纳此见能成立吗？如果政府、政治和经济是存在于国家之外的东西，因而政府、政治和经济的性质并不是国家的性质，那么，迦纳此见或许能够成立。但是，实际恰恰相反，政治和政府以及经济形态不但都是国家的构成要素，都是国家的一部分；而且是国家构成的决定性的和代表性的要素和部分，是国家最根本最重要的部分和要素。因此，政府、政治和经济的性质也就是国家的性质，而且是国家的根本性质。试想，一个国家的经济形态的性质如果是资本主义的，那么，该国家岂不就具有资本主义性质？资本主义岂不就是该国家的根本性质？一个国家的政治和政府的性质如果是共和制，那么，这个国家岂不就具有共和制的性质？共和制岂不就是该国家的根本性质？

---

① R. N. Gilchrist：《政治学原理》，黎明书局1932年版，第291页。
② 迦纳：《政治科学与政府》第二册，商务印书馆1935年版，第449页。

既然国家的根本性质完全取决于政治与经济的性质，一个国家的政治、政府或经济的性质同时也是该国家的根本性质；那么，这种性质作为分类根据岂不就既是政治、政府或经济的分类根据，同时又是该国的国家分类根据？只不过，作为分类根据的政治（或经济）的某种性质，直接是政治（或经济）的分类根据，而间接或最终是国家的分类根据罢了。试想，最高权力由谁掌握，作为分类根据，岂不直接是政治的分类根据和间接是国家分类根据？这样一来，一个国家的政治、政府和经济的类型同时也就是该国家的国家类型；一个国家的政体类型和经济形态类型同时也就是该国家的国体类型：直接是政体类型和经济形态类型；间接或最终是国体类型。

因此，一个国家的政体类型与国体类型是完全一致的，它的经济形态类型与国体类型也是完全一致的。一个国家有什么样的政治、政府和经济的类型，有什么样的政体和经济形态，也就有什么样的国家类型，也就有什么样的国体。一个国家的经济形态如果是资本主义类型，那么，它的国家类型或国体也就是资本主义的，它就是资本主义国家：资本主义直接是经济形态类型；间接是国家或国体类型。一个国家的政体如果是共和政体，它的政治和政府是共和类型，那么，它的国家类型或国体也就是共和的，它就是共和国：共和直接是政治、政府和政体类型；间接是国家或国体类型。这恐怕就是辛亥革命以来国体和政体为什么会被混用的缘故。清帝退位后第二天，袁世凯致电南京临时政府："共和为最良国体……永不使君主政体再行于中国。"梁启超则认为国体与政体根本不同："立宪与非立宪，政体之名词也；共和与非共和，则国体之名词也。"[①] 殊不知，立宪与非立宪以及共和与非共和，皆既是政体之名词也，亦是国体之名词也。

总而言之，国家的根本性质完全取决于政治与经济的性质；国家类型或国体完全取决于政体和经济形态。这个道理，亚里士多德早有所见："决定城邦异同的，主要地应当是政制的同异。种族的同异不足为准；无论这个城市还用原名或已另题新名，无论其人民仍然是旧族或已完全换了

[①] 梁启超："异哉所谓国体问题"，《饮冰室合集》，专集第九册，上海中华书局1932年版，第98页。

种姓,这些都没有关系。凡政制相承而没有变动的,我们可以说这是同一城邦,凡政制业已更易,我们就说这是另一城邦。"① 因此,国体与政体以及经济形态固然根本不同,但是,一方面,国体与政体具有必然一致性或同一性:政体的类型就是国体的类型;另一方面,国体与经济形态具有必然一致性或同一性:经济形态的类型就是国体的类型。迦纳不懂得这种必然一致性,不懂得国体与政体的必然一致性,不懂得政体的类型就是国体的类型,却斥之为"政府分类与国家分类之混同",因而主张把诸如"君主制与共和制"仅仅作为政府和政体的分类,而不作为国家和国体的分类。但是,面对着"君主国与共和国"这一人人承认的国家分类,他也不得不"顺从普通的习惯用法"而承认"君主制与共和制"也是国家分类。不过,他马上又郑重声明:"那是因为我们为欲顺从普通的习惯用法,不得不尔,绝不可以为我们承认这个习惯用法在科学上是切当的。"这就是为什么迦纳在《政治科学与政府》第十一章"国体"的第十五节"结论"中竟然得出结论说,只有政府分类才具有科学价值,而国家分类不过是对政府分类的习惯性重复和混同,绝不可能具有什么科学价值:"职此之故,我们相信因为国家的特种性质关系,欲求国家的分别和分类合于科学,殊属无益之举,而并没有科学的价值。反之,在政府则便于分别和分类了。而此亦是法学家和政治科学家所值得研究的分类。"②

二 以政体性质为依据的国家分类:
传统或流行的分类

1. 基本类型

国家分类的主要科学标准或依据,如上所述,可以归结为两条:"最高权力由谁掌握"和"生产资料归谁所有"。不难看出,"最高权力由谁掌握"固然不及"生产资料归谁所有"基本,但作为分类依据,其重要性并不逊于"生产资料归谁所有"。因为国家就是拥有最高权力的社会:最高权力乃是国家区别于其他社会的种差或根本性质。这样一来,以最高

---

① 亚里士多德:《政治学》,商务印书馆1965年版,第119页。
② 迦纳:《政治学大纲》,世界书局1935年版,第221页。

权力由谁掌握为根据的国家类型，岂不是国家最为根本和重要的类型？这就是为什么自柏拉图和亚里士多德以降，国家最重要最普遍最流行的分类根据就是最高权力执掌人数的缘故。

自柏拉图和亚里士多德以来，国家和政体大都以最高权力执掌者的人数究竟是一人还是少数人抑或多数人而分为三大类型：一个人执掌最高权力的叫做君主制；少数人执掌最高权力的叫做贵族制或寡头制；多数人或所有人执掌最高权力的叫做民主制。柏拉图论及国家和政体的分类时便这样写道："我们判断它们的唯一标准就是某种政制是由一个人来统治，还是由少数人来统治，还是由多数人来统治。"① 亚里士多德进一步论述道："'政体'这个名词的意义相当于'公务团体'，而公务团体就是每一城邦'最高治权的执行者'。最高治权的执行者则可以是一人，也可以是少数人，又可以是多数人……政体的以一人为统治者，凡能照顾全邦人民利益的，通常就称为'王制（君主政体）'。凡政体的以少数人，虽不止一人而又不是多数人，为统治者，则称'贵族（贤能）政体'……末了一种，以群众为统治者而能照顾到全邦人民公益的，人们称它为'共和政体'。"②

然而，亚里士多德将群众或多数人执掌最高权力叫做共和政体，显然不如柏拉图称其为民主政体确切。柏拉图在《法律篇》中说："第三种类型一定是多数人的统治——叫做民主制。"③ 西塞罗亦曾这样写道："当全部事务的最高权力为一人掌握时，我们称此人为独裁国王，我们称这样的国家体制为王政。当全部事务的最高权力为一些选举出来的人掌握时，我们称这样的城邦由贵族意志掌管。人民的城邦即其一切权力归人民。"④ 霍布斯说得就更确切了："现在我们要来谈谈国家的类型。国家之间的差别来自主权被交付给什么人的差别。主权或者被交给一个人，或者被交给多人组成的一个会议或议事会。而多人组成的会议又可分为：或者是所有公民组成的会议（其结果就是每个人只要他愿意都有权投票并参与讨论事务），或者只是公民中一部分。这即是国家的三种类型的起源。第一种

---

① 《柏拉图全集》第三卷，人民出版社2003年版，第142页。
② 亚里士多德：《政治学》，商务印书馆1965年版，第133页。
③ 《柏拉图全集》第三卷，人民出版社2003年版，第141页。
④ 西塞罗：《论共和国 论法律》，中国政法大学出版社1997年版，第41页。

是主权在任何公民都有权投票的会议手中，这即民主制。第二种是主权在部分人有权投票的会议手中，这即贵族制。第三种是主权在某个人手中，这即君主制。"① 但讲得最清楚的，恐怕还是边沁："第一种，当最高权力掌握在该国全体成员组成的会议手中时，它就称为民主政体；第二种，当最高权力掌握在由挑选出来的少数成员组成的一个政务会手中时，那么它就被称为贵族政体；最后一种，当最高权力委托给一个人的时候，那它就取得君主政体的名称。"②

那么，共和制究竟是什么？在亚里士多德那里，共和制虽然含义不够确切，但无疑是指与君主制对立的政体，更确切些说，是寡头制与民主制的混合，是倾向于民主制的寡头制与民主制的混合政体："我们业已阐明寡头和平民政体的性能，共和政体的性能也约略地可以认识了。'波里德亚（共和政体）'的通义就是混合这两种政体的制度；但在习用时，大家对混合政体的倾向平民主义者称为'共和政体'，对混合政体的偏重寡头主义者则不称'共和政体'，而称贵族政体。"③

到了孟德斯鸠，则十分明确地将一切不是一人执掌最高权力的政体——亦即非君主制政体——统称共和制："共和政体是全体人民或仅仅一部分人民握有最高权力的政体；君主政体是由单独一个人执政。"④ 于是，共和制便不再是混合政体，亦即不再是民主制与寡头制或贵族制的混合政体，而是与君主制对立的另一种政体类型，因而分为民主共和制与贵族或寡头共和制两类："共和国的全体人民握有最高权力时，就是民主政治。共和国的一部分人民握有最高权力时，就是贵族政治。"⑤

列宁在谈到国家的类型或形式时也这样写道："在奴隶占有制时期，在当时最先进、最文明、最开化的国家内，例如在完全建立于奴隶制之上的古希腊和古罗马，已经有各种不同的国家形式。那时已经有君主制和共和制、贵族制和民主制的区别。君主制是一人独裁的政权，共和制是一切政权机关都由选举产生……奴隶占有制共和国按其内部结构来说分为两

---

① 霍布斯：《论公民》，贵州人民出版社2003年版，第76页。
② 边沁：《政府片论》，商务印书馆1995年版，第170页。
③ 亚里士多德：《政治学》，商务印书馆1965年版，第198页。
④ 孟德斯鸠：《论法的精神》上卷，商务印书馆1993年版，第8页。
⑤ 同上。

种：贵族共和国和民主共和国。在贵族共和国中参加选举的是少数享有特权的人，在民主共和国中参加选举的是全体。"①

这样一来，国家和政体，究竟言之，便正如马基雅维利所言，实分为君主制与共和制两大类型："从古至今，统治人类的一切国家，一切政权，不是共和国就是君主国。"② 君主制是一人执掌最高权力；共和制是若干人——亦即所有人或某些人——共同执掌最高权力：所有人或多数人共同执掌最高权力叫做民主共和或民主；少数人共同执掌最高权力叫做寡头共和或贵族共和。那么，君主制是否也可以进一步划分为不同类型？是的。君主制是一个人执掌最高权力：如果一个人独掌最高权力，亦即一人不受他人及其组织限制地执掌最高权力，便叫做无限君主制、完全君主制或君主专制、专制君主制；如果一个人不是独掌最高权力，而是受到他人及其组织——如议会、宪法、等级会议、教会、贵族、领主或地方割据势力等——限制地执掌最高权力，便叫做有限君主制、二元君主制、分权君主制或不完全君主制，这种君主制主要包括君主立宪制、贵族君主制和等级君主制。对于君主制的这种二分法，迈克尔·赖尔曾有所论："传统欧洲君主制的两种主要类型是贵族君主制和专制君主制。第一种类型是在古罗马帝国崩溃以及蛮族人和诺曼底人入侵之后出现的。当时的欧洲被分解为若干个封建公国，国王与各公国大公们之间的关系类似于大公们与其下属各诸侯之间的关系。……专制君主制是随着君主逐渐摆脱了各大公们加诸于自己的羁束，并开始统揽一切政治权力而发展起来的。"③

2. 专制、君主专制、无限君主制或完全君主制：极权主义与非极权主义

"专制"的西文（Despotism 英，Despotisme 法，Despotie 德）源于希腊文 Despotes，原意为家长和奴隶的主人；尔后逐渐演化为统治其奴隶般的臣民的君主，亦即独掌国家最高权力的君主。所以，S.E. 芬纳在给"专制"下定义时这样写道："一种统治者与被统治者的关系是主奴关系

---

① 《列宁选集》第四卷，人民出版社 1972 年版，第 49 页。
② 马基雅维利：《君主论》，商务印书馆 2005 年版，第 4 页。
③ 米勒等编：《布莱克维尔政治学百科全书》，中国政法大学出版社 1992 年版，第 480 页。

的统治形式……专制在概念上几乎与独裁制无法区分开。"① 不过，正如王文涛所指出，用专制来称谓一人独掌最高权力的政体大约始于近代："'专制'的第三个义项'君主独掌政权'是到近代才产生的。十七和十八世纪，法国贵族和攻击路易十四的胡格诺派开始把专制的概念直接用于欧洲国家的政体。"②

中文"专制"一词，古已有之："专"义为"独、独占、独用、独裁、独断"等，"制"义为"断、决断、主管、裁决"等，"专制"义为"独断、独行"，与单独使用的"专"的词义相同。《韩非子·亡征》便这样写道："出军命将太重，边地任守太尊，专制擅命，径为而无所请者可亡也。"因此，将专制一词用于政体，便是指一个人独断的政体，就是一个人独自掌握国家最高权力的政体。所以，严复一再说："专制者，治以一君，而一切出于独行之己意。""专制者，以一人而具无限之权力，为所欲为，莫与忤者也。"③

这就是为什么一个人不受他人及其组织限制地独掌最高权力的政体叫做"专制"、"君主专制"或"无限君主制"、"完全君主制"——四者是同一概念——的缘故。中国自夏朝至清朝四千年间，大体讲来，虽然朝代不断更迭，却一直是这种专制君主国；只不过大禹和他的儿子启开创的是家天下的专制帝国，而秦始皇所开创的则是中央集权的家天下的专制主义帝国罢了。

"专制"——亦即"君主专制"或"无限君主制"、"完全君主制"——分为极权主义专制与非极权主义专制两大类型。所谓极权主义（Totalitarianism），顾名思义，就是登峰造极的权力垄断，就是极端的权力垄断。只有民主，才因其是全体公民共同执掌最高权力，而不存在政治权力垄断；专制等非民主制，因其只有一个人或少数人执掌国家最高权力，因而存在政治权力垄断。那么，是否只有专制才堪称极端权力垄断？答案是肯定的：极权主义属于专制政体范畴。

因为极端的权力垄断，必定都是专制，亦即一个人独掌国家最高权

---

① 戴维·米勒等编：《布莱克维尔政治学百科全书》，中国政法大学出版社 1992 年版，第 194 页。
② 刘泽华等：《王权与社会》，崇文书局 2005 年版，第 204 页。
③ 同上书，第 205 页。

力。如果不是专制，而是有限君主或寡头共和——更不用说民主了——那么，无论如何，都不是极端权力垄断，不是极权主义。但是，反过来说，专制却未必都是极权主义。因为专制仅仅意味着政治权力极端垄断；极权主义乃是全部权力——政治权力和经济权力以及社会权力和文化权力等——的极端垄断：极权主义是全权垄断的专制政体。因此，《布莱克维尔政治学百科全书》极权主义词条这样写道：

> 这是一个于 1923 至 1925 年首先被用来反对墨索里尼，并首先由墨索里尼使用的政治术语。这也是由第一次世界大战以来出现的一个理论概念。尽管为革命所强化的政治统治或战争行为早已不时地被冠之以"极权的"或"极权主义的"，但这一术语主要还是指两次世界大战之间的一些激进的独裁体制，即意大利的法西斯主义和德国的国家社会主义等。……学术争论是从有关一些基本观点的问题展开的。这些问题是，极权主义统治的结构和功能是否与自柏拉图、亚里士多德以来被反复描述的且以专制和僭主制为形式的古代独裁体制不同。大多数关于极权主义的定义把现代独裁体制描述为具有如下特征的模式：完全的中央集权；在政治、社会和学术生活等各个方面实行统一管理，并且在所有这些方面已超出了更早期的专制统治或独裁统治的表现以及它们有能力控制黎民百姓。从这一意义上说，极权主义确实是 20 世纪的现象。①

诸如弗里德里希和布热津斯基一类的比较政治学家则赋予这一术语以现象学的定义，其中包括这样一些特征：极端主义的意识形态，一党制的国家，秘密警察统治以及政府垄断社会的经济、文化和信息结构。具有这几方面特征，就是作为一种政体形式的极权主义思想。按照埃克斯坦和阿普特的描述，这种政体打破了国家与社会团体之间的所有界限，甚至打破了国家和个人人格之间的界限。……具有讽刺意味的是，作为对法西斯的描述而开始的，而且作为连接现代中央极

---

① 戴维·米勒等编：《布莱克维尔政治学百科全书》，中国政法大学出版社 1992 年版，第 770 页。

权主义的左翼和右翼形式的桥梁而获得人们推崇的概念,最终却成了描述共产主义的概念。①

然而,以为极权主义是20世纪的现象是片面的。诚然,对于西方来说,确实如此。但是,对于东方来说却是错误的。因为古代东方亚细亚生产方式的专制国家,如中国和印度,实行的都是全权垄断的极权主义专制制度。特别是中国,自大禹开创家天下的专制主义制度,四千年来,专制君主不但垄断了政治权力,而且垄断了经济权力,进而垄断了社会权力(如结社权力)和文化权力(如言论出版权力),成为全权垄断的极权主义专制者,以致《诗经》如是说:"普天之下,莫非王土;帅土之滨,莫非王臣。"

3. 有限君主制:二元君主制、分权君主制或不完全君主制

界定有限君主制为"一个人受到他人及其组织限制地执掌最高权力的政体",严格讲来,是不够明确和精确的。试想,哪里会有不受任何限制而为所欲为的人呢?严格讲来,一个人,不论他是谁,他执掌最高权力都不可能不受到他人及其组织的或多或少的限制。中国封建社会历代王朝,堪称典型的君主专制或无限君主制。但是,这些君主们果真是毫无限制地执掌最高权力吗?他们执掌最高权力果真丝毫不受权臣们的限制吗?且不说蜀主刘禅执掌最高权力如何受到诸葛亮的限制,亦不论汉武帝执掌最高权力如何受到窦太后的限制,就是德高望重的唐太宗,他执掌最高权力果真丝毫不受魏征等权臣的限制吗?

可见,一个人是否受到他人及其组织限制地执掌最高权力,实在含糊其辞、歧义丛生。所谓"有限君主制",所谓"一个人受到他人及其组织限制地执掌最高权力",真正讲来,乃是"一人为主而与他人及其组织共同执掌最高权力"。这个道理,郑成伟在界定有限君主制时已有所论:"所谓等级君主制,就是君主与等级会议相结合并以君权为主的政权体

---

① 戴维·米勒等编:《布莱克维尔政治学百科全书》,中国政法大学出版社1992年版,第769页。

制。"① "二元君主制政体是指在一些资本主义国家中,以世袭的君主为国家元首,由君主和选举产生的议会来共同执掌国家政权,但君主的地位和权力高于议会的一种政体形式。"②

进言之,在有限君主制中,与君主共同执掌最高权力的人们及其组织,主要是贵族元老院或地方割据势力、等级会议和议会,因而可以分别叫做贵族君主制、等级君主制、议会君主制或君主立宪:它们是三种比较典型的有限君主制。贵族君主制是以君主为主而与贵族元老院或地方割据势力共同执掌最高权力的政体。这种政体主要存在于奴隶社会和封建社会,如封建割据时期的法兰西、德意志和俄国的一些大公国,国王虽然执掌最高权力,却不可独自行使,而必须得到某种形式的贵族会议的同意。等级君主制是以君主为主而与等级会议——亦即教会贵族、世俗贵族和市民组成的三级会议——共同执掌最高权力的政体。它是君主借助中小封建主和市民限制大封建主专横,从而加强王权、最终向专制君主制过渡的一种有限君主制。议会君主制或君主立宪制是以君主为主而与议会共同执掌最高权力的政体,如1688年英国"光荣革命"后所建立的政体。它是君权减弱而议会权力加强从而向民主政体过度的一种有限君主制。议会君主制或君主立宪与等级君主制以及贵族君主制虽然有所不同,但同样都是一人为主而与他人及其组织共同执掌最高权力:这就是为什么它们都与一人独掌最高权力的无限君主制对立而属于有限君主制的缘故,这就是有限君主制为什么也可以叫做分权君主制、二元君主制或不完全君主制——四者是同一概念——的缘故。

这样一来,有限君主制虽然与共和制根本对立而属于君主制范畴,却与共和制一样,都是若干人共同执掌最高权力。只不过,共和制是若干人平等地共同执掌最高权力;而有限君主制是若干人不平等地共同执掌最高权力,是一人为主而与他人及其组织共同执掌最高权力。因此,共和制——寡头制和民主制——与君主制极易相互转化而并没有不可逾越的鸿沟。如果若干人平等地共同执掌最高权力就是共和制;如果平等地执掌最高权力的公民逐渐增多而达到多数,就是民主政体;如果平等地执掌最高

---

① 郑成伟主编:《外国政体概要》,江苏人民出版社2001年版,第12页。
② 同上书,第54页。

权力的公民逐渐减少而成为少数人，就是寡头政体。当寡头制或民主制出现了不平等地执掌最高权力，从而使某个人的权力逐渐增大，以致人们是以他一人为主而共同执掌最高权力时，民主制或寡头制就蜕变为有限君主制；当一人的权力越来越大，以致独掌最高权力时，民主制或寡头制就蜕变为无限君主制或君主专制。反之亦然。因此，共和制与君主制的根本区别，说到底，乃在于平等：有限君主制是若干人不平等地共同执掌最高权力，是一人为主而与他人及其组织共同执掌最高权力；共和制是若干人平等地共同执掌最高权力——寡头共和制是少数人平等地共同执掌最高权力；民主共和制是多数人平等地共同执掌最高权力。

总而言之，以最高权力执掌人数为根据，国家分为两类四种。两类：君主国与共和国。君主国是一人执掌最高权力的国家；共和国是若干人平等地共同执掌最高权力的国家。四种：君主专制（或无限君主制）与分权君主制（或有限君主制）以及寡头共和（或贵族共和）与民主共和。君主专制、专制或完全君主制是一个人独掌最高权力的国家，亦即一个人不受他人及其组织限制地执掌最高权力的国家：全权——政治权力与经济权力以及社会权力与文化权力——垄断的专制叫做极权专制或极权主义专制；非全权垄断的专制叫做非极权专制或非极权主义专制。有限君主制或分权君主制、不完全君主制是一人为主而与他人及其组织——如议会、等级会议、教会、贵族、领主或地方割据势力等——不平等地共同执掌最高权力的国家，亦即一个人受到他人及其组织限制地执掌最高权力的国家。寡头共和或贵族共和是少数人平等地共同执掌最高权力的国家；民主共和是多数人或所有人平等地共同执掌最高权力的国家。这就是西方传统意义的国家基本分类、国体基本类型。

然而，细究起来，以最高权力执掌人数作为国家分类根据是不确切的。因为以最高权力执掌人数作为国家分类根据，民主亦即多数人或所有人平等地共同执掌国家最高权力。照此说来，最典型的古代民主国家——梭伦和克里斯提时代的雅典城邦国家——也不是民主国家了。因为那时能够参政从而执掌最高权力的人也只占人口的一小部分，而多数人——奴隶和妇女——均被排除在外。因此，划分国家为民主与专制等类型的根据，真正讲来，并不是执掌最高权力的人数。是什么呢？

是执掌最高权力的公民人数！那么，国家分类的科学的依据究竟为什么是公民人数？究竟何谓公民？这样一来，便正如亚里士多德所指出，分析国家概念或探究国家类型的前提，乃是界定公民概念："如果要阐明城邦是什么，还得先行研究'公民'的本质，因为城邦正是若干公民的组合。于是，我们又该弄明白什么是公民以及谁确实可以被称为一个公民。"① 亚里士多德这里所说的"什么是公民"无疑是公民的定义；"谁可以被称为公民"则是公民身份或公民资格。

三 公民概念：国家精确分类的前提

1. 公民定义

公民一词虽然最早出现于古希腊，但公民的定义，正如亚里士多德所言，却是个众说纷纭的难题："公民的本质犹如城邦问题，也常常引起争辩；至今还没有大家公认的定义。"② 那么，公民究竟是什么？"公民"的古希腊文为 polites，源于 polis（城邦），意为"属于城邦的人"。该词的英语为 citizen，词源亦为城市：city。城邦在古希腊原本属于城市范畴，意为有设防的居民点，而与不设防的乡村相对立。直到公元前 8 世纪左右，城邦才具有政治意义而指称国家。因此，从词源来看，公民就是属于城市、城邦和国家的人。问题是，谁能够成为属于城市、城邦和国家的人？该问题在希腊文中的原意是"始分神物"：公民就是能够进入神坛、参与庆典和享用公餐的人，引申为享有从事管理社会和国家等公共事务的权利的人。

在汉语中，原本没有公民一词，直到辛亥革命前后才作为外来语而由西方传入。汉语用来表达该词的是"公"与"民"的合成词："公民"。在汉语中，"公"意为属于国家或集体的人、公务、公共："民"泛指人、人类或人民、庶人；因而二者合成"公民"一词的词义显然与西文一致，也是指从事公共事务的人，亦即享有从事管理社会和国家等公共事务的权利的人。

从概念的定义来看，公民也是指享有从事管理社会和国家等公共事务

---

① 亚里士多德：《政治学》，商务印书馆 1965 年版，第 110 页。
② 同上。

的权利的人：公民就是享有从事管理社会和国家等公共事务的权利的人，就是享有政治权利的人。这一定义在亚里士多德那里已有相当清楚确切的阐述。他一再说："全称的公民是'凡得参加司法事务和治权机构的人们．"① "凡有权参加议事和审判职能的人，我们就可以说他是那一城邦的公民。"② "照我们上述定义，那些被制成为公民的人们如果一旦参加城邦政体，享有了政治权利，他们就的确是公民了。"③

所谓政治权利，正如马歇尔所言，就是"作为政治权力实体的成员或这个实体的选举者参与行使政治权力的权利"④，说到底，也就是掌握政治权力进行政治统治的权利。这种权利，细究起来，分为两大类型：政治自由权利与政治职务权利。担任政治职务权利就是直接统治权利：担任政治职务而成为统治者，也就能够对被统治者进行直接统治了。不担任政治职务也可以执掌政治权力从而享有政治权利，这种政治权利就是所谓的政治自由。政治自由是使国家政治按照自己的意志来进行的自由，因而也就只有执掌国家最高权力才能办到：享有政治自由的权利也就是决定国家政治命运的权利，也就是执掌国家最高权力的权利。这种非政治职务的政治自由权利也就是所谓的参政权，主要包括选举、罢免、创制、复决四种权利：它显然是通过管理统治者而间接统治的权利。

因此，不论任何社会，一切当官的或担任政治职务的人，无疑都是执掌政治权力从而享有政治权利的人，都是公民。当官的或担任政治职务的人，固然都因其执掌政治权力从而享有政治权利而都是公民；但是，公民未必都是当官或担任政治职务者。没有当官或不担任政治职务的人，也可以因其与他人共同执掌最高权力而享有政治权利，从而也是公民。这个道理，亚里士多德早有论述："全称的公民是'凡得参加司法事务和治权机构的人们．……统治机构的职务可以凭任期分为两类。一类是有定期的，同一人不能连续担任这种职务，或只能在过了某一时期后，再行担任这种职务。另一类却没有时限，例如公众法庭的审判员（陪审员）和公民大会的会员。当然，人们可以争辩说，审判员和会员并未参加统治的职务，

---

① 亚里士多德：《政治学》，商务印书馆1965年版，第111页。
② 同上书，第113页。
③ 同上书，第115页。
④ 郭忠华等编：《公民身份与社会阶级》，江苏人民出版社2007年版，第8页。

不能看作治权机构的官吏。但公众法庭和公民大会实际上是城邦最高权力所寄托的地方,如果说参加这些机构的人并没有治权,这就不免可笑了。"①

担任政治职务者固然都是公民,不担任政治职务而与他人共同执掌最高权力——通过投票等——者固然都是公民,但是,公民未必都是二者;既不担任政治职务也不从事任何管理国家等政治活动的人也可以是公民:只要他享有从事管理国家等公务活动的政治权利。因为一个人是否享有某种权利,显然不是他自己能够自由选择的,而是国家分配给他的,因而与他对该权利的行使或放弃无关:他行使或放弃他所享有的权利,并不影响他对该权利的享有。这就是说,一个公民即使不关心政治,放弃他从事管理国家等公务活动的政治权利,不从事任何管理国家等公务活动,并不影响他对该权利的享有,他仍然享有从事管理国家等公务活动的政治权利,因而他仍然是公民;只不过不是个好公民罢了。

他仍然是公民,却不是好公民;因为从事管理国家等公务活动,对于每个公民来说,既是权利同时又是义务;正如受教育既是权利同时又是义务一样。一方面,从事管理国家等公务活动无疑是公民的一种重大的利益,因而属于公民权利范畴;另一方面,从事管理国家等公务活动也是每个公民对于国家和他人的贡献、付出和服务,因而又是每个公民的义务。因此,如果一个公民不关心政治,放弃从事管理国家等公务活动的政治权利,同时也就是不履行从事管理国家等公务活动的政治义务,是一个不履行义务的公民,因而不是个好公民。② 他虽然不是好公民,却依然是公民,因而公民之为公民,关键在于是否享有从事管理社会和国家等公务活动的政治权利,而与是否从事管理社会和国家等公务活动无关。

2. 公民身份:公民资格

公民是享有从事管理社会和国家等公共事务的权利的人,这是公民概

---

① 亚里士多德:《政治学》,商务印书馆1965年版,第111—112页。
② 准此观之,所谓自由主义的公民观念便是一种以偏赅全的谬误:它只看到从事管理国家等公务活动是每个公民的权利,而不知其同时也是每个公民的义务,因而以为公民不问政治仅仅是放弃权利,而不知其同时也是不履行义务,于是错误地主张公民可以不关心政治,可以不从事管理国家等公务活动。反之,亚里士多德所代表的所谓共和主义公民观念,主张公民必须且应该关心政治和积极从事管理国家等公务活动,显然是全面的、正确的。——笔者注

念的定义。它回答的问题是：公民是什么？正如亚里士多德所言，这个问题属于公民之事实如何；它势必引出另一个问题：公民应该是什么？他举例说："譬如，在雅典，克勒斯叙尼在驱逐了僭主们以后，把许多外侨以及外邦居留民中的奴隶编入雅典各部族间。在这些新增的公民方面所引起的疑难，实际上不是某人是否为公民的事实问题，而是这些事实上已是公民的人们是否应该使他们成为公民的法制问题。"① 这就是公民应该是什么人的问题，亦即什么人应该享有从事管理社会和国家等公务活动的政治权利？什么人应该成为公民？谁可以被称为公民？这就是所谓公民身份或公民资格（citizenship）问题。

然而，政治学家们大都忽略了亚里士多德的辨析，竟然将公民身份或公民资格与公民定义混为一谈。殊不知二者根本不同。公民定义回答的是：公民是什么？反之，公民身份或资格回答的是：公民应该是什么？公民定义是个超历史概念，是超时代的、永恒不变的、普遍适用的。任何时代公民都同样是享有从事管理社会和国家等公共事务的权利的人。反之，公民身份或公民资格则是个历史概念，是因时代不同、国家不同而不同的。在古希腊城邦国家中，女人和奴隶都不具有公民资格，都不是公民。古罗马最初只有贵族具有公民资格，到公元前3世纪通过霍腾西阿法案后，平民才获得公民资格。资产阶级革命取得胜利，公民资格才迅速由少数人的特权向每个国民普及；但仍然存在着性别和财产等限制。直到第二次世界大战以后，在大多数国家中，公民资格才逐渐不分性别、阶级、职业和文化程度等而为每个国民所平等拥有。这就是现代意义的公民身份概念：国籍是获得公民资格或公民身份的唯一条件。因此，公民资格从古至今经历着一个由少数人的特权到所有国民平等拥有的不断解除社会排斥或排他性的历史过程。

那么，公民身份或公民资格究竟应该为每个国民平等拥有从而不具有排他性，还是只应该为部分国民所拥有而具有排他性？亚里士多德的回答是：公民资格只应该为部分国民所拥有而具有排他性。因为在他看来，公民既然是享有从事管理社会和国家等公务活动的政治权利的人，那么，公民便必须且应该是具有从事管理社会和国家等公务活动能力的人：具有从

---

① 亚里士多德：《政治学》，商务印书馆1965年版，第115页。

事管理社会和国家等公务活动能力乃是无可争辩的公民资格。他将这一公民资格归结为:"既能被统治也能统治"或"能被统治也能统治"。① 这就是说,公民不但应该具有被统治的能力,而且应该具有进行统治的能力。但是,公民之所以为公民、公民区别于臣民等人的根本特征,显然仅仅在于统治的能力,而与被统治的能力无关。因此,"既能被统治也能统治"之为公民资格,显然意味着:公民不必是担任具体官职的人,他可以是不担当任何官职的被统治者,但他必须且应该是具有统治能力的人。

确实,公民必须且应该是具有从事管理社会和国家等公务活动能力的人:这是无可争议的公民资格。因为不具有从事管理社会和国家等公务活动能力,显然不应该从事管理社会和国家等公务活动,显然不应该享有从事管理社会和国家等公务活动的政治权利。试想,一个目不识丁足不出户、整日脸朝黄土背朝天的老农,怎么应该具有公民资格而从事管理社会和国家等公务活动?想想那些连自己的名字都不认识、一辈子生养10多个儿女、整日里养猪喂鸡侍弄庄稼地的农家女吧,让她们从事管理社会和国家等公务活动,岂不荒唐至极?由此可以理解,为什么亚里士多德认为工匠、佣工、女人和奴隶不应该享有政治权利而成为公民:"最优良的城邦型式应该是不把工匠作为公民的。在容许工匠入籍的城邦中,就不可能每一公民都具备既能被统治也能统治的良好品德。"②

然而,真正讲来,亚里士多德的这种公民资格理论是错误的。真理是:每个国民都具有公民资格,都应该是公民,都应该享有从事管理社会和国家等公务活动的政治权利。因为,一方面,政治自由权利无疑是人权,因而根据人权应该完全平等原则,每个人都应该完全平等地享有政治自由权利。换言之,每个人都应该完全平等地共同决定国家政治命运。说到底,每个人都应该完全平等地共同执掌国家最高权力:"每个人只顶一个,不准一个人顶几个。"③ 这就是政治权利完全平等原则。按照这个原则,每个人都应该享有政治权利,都应该享有从事管理社会和国家等公务活动的政治权利,因而每个人都具有公民资格,都应该成为公民。

---

① 亚里士多德:《政治学》,商务印书馆1965年版,第127页。
② 同上书,第127页。
③ 《潘恩选集》,商务印书馆1963年版,第145页。

另一方面，正如亚里士多德所指出："人类在本性上，也正是一个政治动物。"① 人是政治动物，意味着：每个人都是政治动物，每个人都具有政治能力，都具有从事管理社会和国家等公务活动的政治能力：或者是实在的或者是潜在的。亚里士多德认为不具有公民资格的那些人，那些奴隶、女人、工匠和佣工，或许确实不具有政治能力，不具有从事管理社会和国家等公务活动的能力。但是，他（她）们仅仅不具有实在的政治能力，仅仅不具有从事管理社会和国家等公务活动的实在的能力；而必定具有潜在的政治能力，必定具有从事管理社会和国家等公务活动的潜能或潜在能力；只不过他（她）们的这种潜能一直被压抑而得不到实现罢了。试想，那些目不识丁的奴隶、女人、工匠和农民，如果生活于另一种社会环境，生活于一种具有良好公民教育的自由民主的国家，怎么能不具有投票能力？怎么能不具有选举能力？怎么能不具有评价领导人好坏的能力？这些不具有政治能力的人，生活于另一种社会环境便具有了政治能力，意味着：他们必定具有政治潜能或潜在的政治能力；否则，如果像阿猫阿狗那样不具有政治能力，那么，无论他们生活于何种社会环境便都同样不可能具有政治能力。

这样，一方面，公民是享有从事管理社会和国家等公务活动权利的人：这是公民定义；另一方面，公民应该是具有从事管理社会和国家等公务活动能力的人：这是公民身份或公民资格。一方面，根据政治权利的平等原则，每个国民都应该享有政治权利，都应该享有从事管理社会和国家等公务活动的政治权利；另一方面，根据人作为政治动物之本性，每个国民都具有从事管理社会和国家等公务活动的政治能力：实在的或是潜在的。

于是，总而言之，每个国民便都应该具有公民资格，都应该成为公民，都应该从事管理社会和国家等公务活动。对于那些不具有从事管理社会和国家等公务活动能力——而仅仅具有从事管理社会和国家等公务活动的潜能——的国民，根据政治权利的平等原则，政府负有通过公民教育而使这些国民具有从事管理社会和国家等公务活动能力的义务：保障每个国民政治潜能得到实现乃是国家的义务和国民的权利。因此，杰斐逊在回答

---

① 亚里士多德：《政治学》，商务印书馆 1965 年版，第 7 页。

对民众管理国家能力的怀疑论调时这样写道:"如果我们不相信人民有足够健全的判断力来行使他们的权利,补救的办法不是剥夺他们的权利,而是引导他们的判断力。"①

四 国家精确分类

公民概念——公民定义与公民身份——正如亚里士多德所指出,乃是科学地、精确地解析国家和政体类型的前提;界定了公民概念,便可以科学地、精确地划分国家和政体了:"确定了公民的性质以后,我们接着就应当研究政体这个主题。政体只有一种类型,还是有好几种?如果有好几种,是否应当明白确定它们的数目而列举其类型,并分述各类型的差别何在?"②

公民概念之所以是国家或政体的科学的分类之前提,首先是因为公民定义是界定民主的前提;而民主无疑是最重要最高级最复杂最难界定的国家类型,无疑是科学解析其他国家类型的基础。居伊·埃尔梅(Guy Hermet)早就说过:"最难界定的术语是'民主'。"③ 萨托利的《民主新论》第一章的题目就是:"民主能确有所指吗?"他援引奥维尔的话说:"像民主这样的词不仅没有公认的定义,而且建立这种定义的企图也会遭到各方的抵抗……任何政体的捍卫者都声称他们所捍卫的是民主政体,深恐一旦民主被界定为任何一种含义,他们将无法再利用它。"④ 殊不知,界定民主以界定公民为前提;界定民主的困难缘于界定公民的困难。现在,我们终于弄清了公民的定义以及公民身份,也就不难界定民主,从而也就可以对国家进行科学分类了。

1. 民主:精确的定义

民主一词源于希腊文 demokratia,由两个字构成:一个是 demos,意

---

① 米勒等编:《布莱克维尔政治学百科全书》,中国政法大学出版社1992年版,第191页。
② 亚里士多德:《政治学》,商务印书馆1965年版,第129页。
③ 中国社会科学杂志社编:《民主再思考》,社会科学文献出版社2000年版,第1页。
④ Giovanni Sartori: *The Theory Democracy Revisited*, Chatham House Publisher, Inc. Chartham, New Jersey, 1987, p. 4.

为民、民众、平民、庶民、人民、贫民；另一个词是 kratein，意为统治或权力。这两个希腊词的合成词就是民主：demokratia。该词于十六世纪演变为拉丁文 democratia，十七世纪成为英文 democuracy。因此，民主就其词源含义来说就是民治、庶民的统治、平民的统治或人民的统治。所以，《布莱克维尔政治学百科全书》在界定"民主"词条时这样写道："古老的政治用词，意指民治政府，源于古希腊语 demos（民众的）统治。"① 然而，有研究者强调民主的确切词义是人民的统治。殊不知，从词源上看，人民在拉丁语中对应的词是 populus，意为平民群体。因此，从词源来说，人民与平民和庶民实为同一概念。只不过，人民概念多有歧义；而庶民与平民概念简单明了，就是没有官职的人的意思。所以，民主固然是人民的统治，但说到底，却是平民的统治或庶民的统治。这样一来，从词源上看，民主实有悖论的意蕴：民主就是被统治的庶民或人民的统治，就是没有官职的人的统治，就是被统治者的统治，就是老百姓的统治。

中文"民主"一词也是由"民"与"主"两个字构成，并且"民"与希腊文的 demos 含义完全相同，都是指被统治的或没有官职的庶人。《辞海》对"民"的词源含义这样写道："古代泛指被统治的庶人。《书·五子之歌》：'民惟邦本。'《孟子·尽心下》：'民为贵，社稷次之，君为轻。'"因此，就中文的词源含义来说，"民"与"官"相对，"民"相对于"官"而言：民就不是官，民就是不当官的庶人。但是，中文的"主"与希腊文的 cracy 却有很大的不同。"主"虽然也有掌握、统治之意，但它在古代"民主"一词中的含义却如同在"国主"和"家主"中的含义一样，意指君、长、主人。所以，中国古代的"民主"一词的含义就是民之主，亦即民的主人、为民做主，说到底，就是君主、官吏：君主及其各级官吏就是民主，就是没有官职的庶民的主人。如《书·多方》写道："天惟时求民主，乃大降显休命于成汤。"《三国志·吴志·钟离牧传》也这样说："仆为民主，当以法率下。"时至今日，我们仍将官吏看作民之主人，如所谓"当官不为民做主，不如回家

---

① 戴维·米勒等编：《布莱克维尔政治学百科全书》，中国政法大学出版社1992年版，第190页。

卖红薯"云云。

因此，从词源来看，中国的"民"虽然与古希腊语的 demos 含义相同，都是指没有官职的庶民或人民；但是，中国的"民主"与古希腊语的 democracy 含义相反，不是指民乃官主，而是指官乃民主。这恐怕是因为中国与西方根本不同：一方面，自大禹开创家天下的专制主义制度直至清朝，四千年来，中国一直是专制帝国；另一方面，四千年来，诸子百家——儒家、墨家、法家和道家等——无不倡导专制主义，而竟然没有一个民主主义思想家。但是，今日我们的"民主"一词的含义已经与古代"民主"根本不同。今日的民主的"民"虽然仍然与"官"相对，是指不当官的庶人；但"民主"的"主"却不是指君、长、主人，而是指执掌、统治：民主就是没有官职的庶人的统治。所以，民主一词虽然中国古已有之而不是舶来品，但今日民主的词义——民主就是没有官职的庶人的统治——却是舶来品，是西学东渐的结果。

因此，"民主"就其词义来说，虽然古代中西根本不同，但今日中西却无不同，都是指被统治者的统治，亦即没有官职的人的统治，就是老百姓的统治。那么，从概念来看，民主也可以如此定义吗？答案是肯定的：不论传统的定义还是精确的定义。按照民主的传统定义，如前所述，民主就是多数人或所有人执掌最高权力的政体，就是多数人或所有人的统治。照此说来，民主就是没有官职的庶人的统治。因为没有官职的人显然是所有人中的绝大多数人，因而按照民主所固有的多数裁定原则，民主——不论多数人执掌最高权力还是所有人执掌最高权力——必定是按照庶民的意志进行的统治。这样一来，多数人或所有人的统治，说到底，也就是没有官职的庶民统治：民主的传统定义与其词源含义完全一致。

但是，民主的传统定义是不够周全的，不具有普遍适用性。试想，如果民主亦即多数人或所有人的统治，那么，最典型的古代民主国家——雅典民主共和国——也就不是民主国家了。因为经过梭伦和克里斯提尼两次改革，雅典城邦国家所确立的民主制之所以是民主，如所周知，只是因为最高权力被全体公民执掌，亦即被所有公民都可以参加——发言和表决——的公民大会执掌；而其他各种国家机关，如五百人议事会、陪审法庭、贵族院、十将军委员会、执政官都隶属于公民大会。但是，当时雅典城邦国家的公民只占人口的一小部分，约十分之一，而多数人——奴隶、妇女和外邦人等——都不是公民。这样一来，雅典民主制虽然是全体公民执掌最高权力，却仍然是少数人执掌最高权力。这意味着，民主是所有公民——而未必是所有人——执掌最高权力的政体：这就是民主的科学的精确的定义。

然而，民主的传统定义，如前所述，实际上是两个：一个是柏拉图和亚里士多德等人的定义，亦即民主是多数人的统治，是多数人执掌最高权力的政体；另一个是西塞罗、霍布斯和边沁等人的定义，亦即民主是所有人的统治，是所有人执掌最高权力的政体。如果说所有公民执掌最高权力的政体是民主的精确定义，那么，民主是多数或所有公民执掌最高权力的政体，是否更加全面和精确？否。

因为，细究起来，最高权力执掌者只可能有两类四种情形。一类是一个公民执掌最高权力，叫做君主政体：如果他不受限制地执掌最高权力，叫做君主专制或专制；如果他受一定限制地执掌最高权力，叫做有限君主制。另一类是若干公民执掌最高权力，叫做共和政体：如果是所有公民执掌最高权力，叫做民主共和，亦即民主；如果不是所有公民——只可能是少数公民而不可能是多数公民——执掌最高权力，叫做寡头共和。那么，为什么不可能存在多数公民执掌最高权力的政体呢？

因为，权力的大小与同一权力享有者的人数成反比：如果最高权力为一个人拥有，他所拥有的政治权力无限大；如为少数公民（寡头共和政体）拥有，每个公民所拥有的政治权力也极其巨大；如为一个国家多数公民拥有，每个公民所拥有的便是最小的政治权力了，甚至比最低等的官吏所拥有的政治权力还小：它不过是亿万张选票中一张选票的权力罢了。

多数公民执掌最高权力，意味着每个人执掌最小的政治权力，也就意味着没有执掌最高权力的少数公民连最小的政治权力也没有，因而等于毫无政治权力。毫无政治权力的人不可能是公民，因为公民是享有从事管理社会和国家等公共事务的权利的人，亦即享有政治权力的权利的人。因此，多数公民执掌最高权力，说到底，意味着没有执掌最高权力的少数公民不是公民。

这样一来，多数公民执掌最高权力，实际上就等于所有公民执掌最高权力，因而也就不可能存在多数公民执掌最高权力——断言多数公民执掌最高权力是自相矛盾——而只可能存在所有公民执掌最高权力、少数公民执掌最高权力和一人执掌（无人限制地执掌与被人限制地执掌）最高权力。这就是为什么，西塞罗、霍布斯和边沁等思想家一再说，最高权力执掌者只可能有三种情形：一人执掌、少数人执掌和所有人执掌。这就是为什么，他们说民主是所有人执掌最高权力。可是，为什么柏拉图与亚里士多德却断言最高权力只可能一人执掌、少数人执掌和多数人执掌？

原来，多数裁定是民主固有的原则：没有多数裁定也就没有民主。因为民主是所有公民完全平等地共同执掌最高权力。但是，所有公民的意见不可能完全一致，而势必存在着分歧和不一致，因而所有公民完全平等地共同做出决定和选择是不可能的，于是只好少数服从多数、多数裁定：多数裁定最接近——亦即比少数裁定和一人独裁更接近——所有公民完全平等地共同做出决定和选择。

因此，民主——亦即所有公民执掌最高权力——的实现途径和形式，必定是按照多数公民的意志进行统治：获得多数选票的政党是执政党。但是，按照多数公民的意志进行统治，与多数公民执掌最高权力根本不同。因为按照多数公民的意志进行统治，乃是所有公民共同执掌最高权力的实现途径，显然并没有剥夺少数公民所执掌的最高权力；少数公民仍然与多数公民共同执掌最高权力。柏拉图和亚里士多德的错误就在于，将民主（所有公民执掌最高权力）与民主的实现途径（按照多数公民的意志进行统治）等同起来，将按照多数公民的意志进行统治，与多数公民执掌最高权力等同起来，因而误以为民主是多数人执掌最高权力。

可见，民主的定义是所有公民——而不是多数公民——执掌最高权力。因此，萨托利认为民主是多数公民的统治的定义是错误的："民主就是多数统治这一口号是错误的，只有尊重和保护少数的权利，才能维护民主的力量和机制。总之，少数的权利是民主运作本身的必要条件。如果我们坚持这一运作，我们也必须坚持受少数的权利限制的多数统治。使民主作为一个不断发展的过程运作下去，要求我们保证全体公民（多数加上少数）拥有权利，这是民主运作方法所必需的。"[①]

[①] Giovanni Sartori: *The Theory Democracy Revisited*, Chatham House Publisher, Inc. Chartham, New Jersey, 1987, pp. 33–34.

民主是所有公民执掌最高权力，这个民主的精确定义完全否定了传统定义（民主是所有人执掌最高权力）吗？显然并没有。它只是表明传统定义不具有普遍适用性："所有人执掌最高权力或所有人的统治"的民主定义，不适用于只有部分国民才是公民——因而是不应该不道德不公正不完善的——古代的民主，却适用于每个国民都是公民——因而是应该的道德的公正的完善的——现代民主或普选制民主。反之，"所有公民执掌最高权力"的民主定义，则具有普遍适用性：它既适用于每个国民都是公民的现代民主，也适用于只有部分国民才是公民的古代民主。那么，民主的这一精确的定义是否与其词源含义一致？答案是肯定的。因为按照这一定义，民主是所有公民执掌最高权力；而所有公民执掌最高权力的实现途径，必定是按照多数公民的意志进行统治，说到底，也就是按照庶民的意志——庶民的意志无疑是多数公民的意志——进行统治：民主就是庶民的统治。因此，民主的科学的精确的定义——所有公民执掌最高权力——与其词源含义完全一致。

更确切些说，如果执掌最高权力的是全体公民，那么，在这些公民中，低级官员必定多于高级官员；没有官职的庶民必定多于低级官员从而处于绝大多数状态：这是不言而喻之理。这意味着，如果执掌最高权力的是全体公民，那么，在执掌最高权力的公民中，没有官职的庶民必定居于绝大多数，因而民主就是按照庶民的意志进行统治，就是庶民的统治。因此，所有公民共同执掌最高权力，实际上就是没有官职的庶民的统治。这样一来，民主的科学的精确的定义也便与其词源含义完全一致：民主就是所有公民共同执掌最高权力，说到底，就是没有官职的庶民的统治。这就是为什么全体公民执掌最高权力叫做民主之真谛。

相反地，如果执掌最高权力的不是全体公民，而是少数公民，那么，这种少数公民，显然不可能是庶民，而势必是高官显贵精英；或者纵有庶民，也不可能起决定性作用；起决定性作用者势必是显贵精英。因此，如果少数公民执掌最高权力，那么，实际上势必是显贵精英执掌最高权力：这就是为什么少数公民执掌最高权力的政体叫做贵族或寡头共和的缘故。不过，贵族共和的称谓显然不具有普遍性。因为真正讲来，或者就贵族的本义来说，只有奴隶社会和封建社会才有所谓贵族，才有所谓贵族共和国。反之，寡头共和的称谓则无疑具有普遍性。因为不言而喻，任何社会都存在寡头，都可以有所谓寡头共和制。所以，我们毋宁干脆将少数公民执掌最高权力叫做寡头制或寡头共和制；而贵族制或贵族共和制不过是寡头制的一种特例而已。

然而，亚里士多德却本末倒置，竟然由此认为民主与寡头等政体之分别主要讲来并不在于执掌最高权力的公民人数之多少："寡头和平民政体的主要分别不在人数的为少为多。两者在原则上的分别应该为贫富的区别。任何政体，其统治者无论人数多少，如以财富为凭，则一定是寡头政体；同样地，如以穷人为主体，则一定是平民政体。"①

这是根本错误的。因为民主的词源含义与定义之辨析表明，民主与寡头等政体的分类根据只在于执掌最高权力的公民人数之多少，而与这些公民是否为庶民或贫民无关。"所有公民的统治"是民主的定义，是民主的原本定义，是民主的根本特征，是民主的一级本质；而"没有官职的庶民的统治"则是民主的词义，是民主的派生定义，是民主的派生特征，是民主的二级本质。因此，民主之所以为民主，根本说来，只在于所有公民的统治，而与这些公民是不是没有官职的庶民或贫民无关；只有全体公民的统治被叫做民主之名称，才是因为这些多数公民必定是没有官职的庶民或贫民。

如果说民主最难定义，那么，民主的类型就更加纷纭复杂，以致康德叹曰："民主政体是所有国家形式中最复杂的。"② 确实，民主类型五花八门不胜枚举，如普选制民主与限选制民主、抽签制民主与投票制民主、多数制民主与比例制民主以及混合制民主、一党独大制民主、两党制民主与多党制民主、议会制民主与总统制民主以及委员会制民主、单一制民主与联邦制民主等。不过，细究起来，可以看出，这些类型都属于民主运作范畴，亦即都属于民主的选举制度和政党制度以及政府制度范畴，因而是下卷《实现论》的研究对象。作为本卷《本性论》研究对象的民主类型，主要讲来，可以归结为三类：（1）直接民主（参与民主基本属于直接民主范畴）与代议民主以及与二者相近的政治民主与经济民主和社会民主；（2）协商民主与聚合民主（多头民主属于协商民主范畴）；（3）宪政民

---

① 亚里士多德：《政治学》，商务印书馆1965年版，第135页。
② 康德：《法的形而上学原理》，商务印书馆1997年版，第174页。

主与非宪政民主。

2. 民主类型：直接民主与代议民主以及政治民主、经济民主和社会民主

所谓直接民主，顾名思义，就是直接进行统治的民主，是庶民、人民亲自行使最高权力从而直接进行统治的民主。这种民主的典型是雅典民主。因为雅典城邦国家的最高权力机关是公民大会：它不是由公民代表组成，而是全体公民都可以参加。公民大会每年至少召开 40 次，每次一天。也就是每隔不到十天时间，雅典公民们便聚集一起，讨论并表决国家各种公共事务。每个公民在公民大会都有平等的发言权，都拥有平等的权利阐明自己的主张，平等地参与辩论和表决。这样一来，雅典公民们便是亲自行使最高权力从而直接进行政治统治，直接管理国家大事，因而叫做直接民主。所以，森口繁治说："直接民主国者，国民自身为一个之直接机关，躬自行使立法权司法权行政权之一部分之共和国也。"① 萨托利说："直接民主就是人民持续地直接行使权力。"② S.E. 芬纳说："直接民主是政治决策的权力取决于全体公民而不通过诸如党派这样的政治组织来作中介的政治形式。"③ 巨克毅说："直接民主指的是全体公民直接与持续地参与政府决策。"④

如果人民并不亲自行使最高权力，而是将其委托给政府及其官吏来代表自己进行统治，从而不是直接而是间接地统治国家，那么，这就是间接民主：间接民主亦即代议民主或代议制民主，就是间接进行统治的民主，就是人民通过其代表来进行统治——而不是自己直接进行统治——的民主，就是人民将最高权力委托给政府及其官吏来代表自己进行统治的民主。英国的议会制代议制和美国的总统制代议制堪称间接民主的典型。因为两国都是公民们将最高权力委托给他们所选出的议会及其内阁或总统和国会，让他们来代表自己进行统治：英国是选民委托所选出的议会及其内

---

① 森口繁治：《近世民主政治论》，商务印书馆 1925 年版，第 22 页。
② Giovanni Sartori: *The Theory Democracy Revisited*, Chatham House Publisher, Inc. Charthham, New Jersey, 1987, p. 280.
③ 米勒等编：《布莱克维尔政治学百科全书》，中国政法大学出版社 1992 年版，第 203 页。
④ 巨克毅：《民主与宪政》，台北高立图书有限公司 2004 年版，第 40 页。

阁进行统治；美国是选民委托所选出的总统和国会进行统治。所以，萨托利在比较直接民主与间接民主的根本区别时指出：前者是"亲自行使权力"；后者则是"把权力委托给别人"。① 森口繁治在界定间接民主时说："此种民主国之特征，在乎一切国家作用，皆由民选代表执行之。"② S. E. 芬纳说："代议制民主把政治决策权赋予代议员或公民选举出来的代表。"③ 说得最确切的还是密尔："所谓代议制政府，就是所有人或其大部分通过定期选出代表来行使最后的控制权，这种权力存在于一切组织之中。他们必须完全拥有这个最后的权力。他们必须是国家的主人，无论什么时候只要他们高兴，他们就可以支配政府一切行动。"④

因此，直接民主与间接民主或代议民主的根本区别，乃在于国家最高权力的所有与行使之关系。在直接民主中，国家最高权力的所有与行使是不分离的：最高权力既归人民所有又由人民亲自行使。人民不但是拥有最高权力的主人，而且直接行使最高权力，直接统治国家。一句话，主人与主事是不分离的。相反地，代议制民主或间接民主的根本特点则是主人与主事之分离，是国家最高权力的所有与行使之分离：最高权力归人民所有而由人民代表行使。人民拥有最高权力的所有权，拥有主权，是主人；人民代表是人民所聘用的仆人，只拥有最高权力的行使权，只拥有治权。也就是说，主权在民，而治权或主事权——亦即主权的行使权——则在人民代表。这个道理，刘军宁曾有十分精当的论述：

  在间接民主下，主人与主事是分离的，用约翰·穆勒的话说，人民应该是主人，但他们必须聘用比他们更能干的仆人。由于人民并不亲自主事，所以间接民主要求有一整套的监督机构来对人民代表及由此产生的政府进行监督和防范，以免仆人滥用权力变成主人。⑤

---

① Giovanni Sartori: *The Theory Democracy Revisited*, Chatham House Publisher, Inc. Chartham, New Jersey, 1987, p. 280.
② 森口繁治:《近世民主政治论》,商务印书馆 1925 年版,第 27 页。
③ 米勒等编:《布莱克维尔政治学百科全书》,中国政法大学出版社 1992 年版,第 203 页。
④ John Stuart Mill, *On Liberty*, *Representative government*, *Utilitarianism*, in Encyclopaedia Britannica, Inc. Chicago, 1952, p. 355.
⑤ 刘军宁编:《直接民主与间接民主》,生活·读书·新知三联书店 1998 年版,第 37—38 页。

毋庸赘述，古今中外世界上的民主国家实行的几乎都是间接民主制或代议制民主。就是直接民主制的发祥地古希腊，如今实行的也是代议制民主。但是，真正讲来，一方面，任何国家都不可能实行完全的纯粹的间接民主或代议制民主：代议制民主必定以一定的直接民主为补充；另一方面，也不可能实行完全的纯粹的直接民主：直接民主也必定以一定的代议制民主为补充。雅典是典型的直接民主，每隔10天公民们就在公民大会中亲自行使最高权力，直接决定国家大事。但是，雅典的政体仍然含有间接民主或代议制民主的成分。因为公民大会不可能天天进行。在两次大会休会期间，公民们便不得不将最高权力委托给议事会的500名议员，由他们代表公民大会行使最高权力。这样一来，议事会岂不就是地地道道的代议制机构？就是否认雅典民主存在代议制机构的王绍光教授，也不能不承认议事会是公民大会休会期间最高权力的代表："在两次大会休会期间，议事会是大会最高权力的代表。"[①]

同样，任何代议制民主也都难免直接民主成分。因为在代议制民主中，每个公民都应该享有选举权、罢免权、创制权和复议权。这四权岂不就是人民在亲自行使最高权力？岂不就是人民直接进行统治？岂不就是任何代议制民主所必定包含的直接民主成分？当然，我们绝不能说人民行使了四权的国家就是直接民主国；人民四权仅仅是代议制民主所包含的直接民主成分，而并非直接民主制："如果我们把表决权和民众的立法创制权当做直接民主的现代等价物和替代物，只不过是自欺而已。"[②]

因此，任何国家都不可能实行完全的纯粹的直接民主或代议制民主，因而衡量一个国家实行的是何种民主，是代议制民主还是直接民主，只能根据何种民主占据主导地位：直接民主国就是直接民主占据主导地位的国家；代议制民主国就是代议制民主占据主导地位的国家。准此观之，古今中外的民主国家实行的确实几乎都是代议制民主而不是直接民主。但是，这仅仅是就国家政体——而不是就村镇和公司或其他社团——来说才能成立。

[①] 王绍光：《民主四讲》，生活·读书·新知三联书店2008年版，第6页。
[②] Giovanni Sartori: *The Theory Democracy Revisited*, Chatham House Publisher, Inc. Chartham, New Jersey, 1987, p. 283.

诚然，就民主与非民主的本义来说——亦即就古希腊以来的西方传统来说——都仅仅属于政治范畴，仅仅属于国家政体范畴，都是以国家最高权力执掌人数为根据的政体分类：民主是全体公民平等执掌国家最高权力的政体；君主制是一人执掌国家最高权力的政体。然而，国家最高权力统帅和决定其他一切权力。因此，一个国家如何执掌国家最高权力，一般说来，也就如何执掌其他权力。换言之，国家最高权力的执掌方式如果是民主的，那么，其他社团权力的执掌方式也将是民主的。

这样一来，也就有了国家层面的民主和非国家层面的民主。国家层面的民主，也就是国家最高权力的民主，是古希腊以来的本来意义的民主，属于政治民主范畴。非国家层面的民主，也就是国家最高权力之外各种权力执掌方式的民主，是近百年前始有名称的经济民主与社会民主以及属于政治民主范畴的乡镇等地方政府的民主。萨托利说："民主一词出现于公元前5世纪，从那时大约一直到一个世纪之前，它始终是个政治概念。那就是说，民主只意味着政治民主。然而，今天我们也从非政治或准政治的意义上谈论民主，如我们听到的社会民主、工业民主和经济民主。虽然这些含义完全合理，但它们也对民主概念的混乱负有很大责任。因此，澄清这些民主概念的含义是很重要的。"①

首先，所谓政治民主，不言而喻，亦即政治权力的民主执掌方式，亦即政权的民主执掌方式，说到底，也就是全体公民平等执掌国家各级最高政治权力。政治民主分为两类，亦即中央政治机构的民主与地方政治机构的民主：前者是古希腊以来的本来的传统的意义上的民主。

其次，所谓经济民主，可以顾名思义，就是全体公民平等执掌各级经济组织最高权力的民主，说到底，也就是消除经济权力垄断。这样一来，经济民主便具有双重含义：一方面，消除生产资料或物质财富的垄断，说到底，亦即废除私有制而代之以公有制，但必须在生产力高度发达因而应该废除私有制的历史条件下；另一方面，在生产力尚未高度发达因而私有制不应该废除的历史条件下，雇员与雇主共同——尽可能接近平等——执掌最高经济权力。因此，萨托利说经济民主具有两个含义：

---

① Giovanni Sartori：*The Theory Democracy Revisited*，Chatham House Publisher, Inc. Chartham, New Jersey, 1987, p. 8.

经济民主的第一个定义,是指这样的民主,它的政策目标是重新分配财富以及经济机会与条件平等。这样理解的经济民主,不论如何,都可以说是政治民主的一个补充或简单扩大。然而,经济民主也从工业民主的含义上使用。就这个含义来说,它较少指财富的平等或接近平等的分配,而更多地是指劳动者对经济的控制:经济民主就是经济生产过程控制权的平等。①

令人振奋的是,欧洲各国社会民主党通过执政或参与执政已经普遍做到,使雇员与雇主共同拥有经济权力,亦即建立参与共决等经济民主制度,使雇员在劳资工资协议和企业决策等经济活动中,拥有信息权、协商权、共决权、监督权等经济权力,从而能够与雇主共同商定雇员工资、经济战略、劳动组织、职业教育等方针大计。对此,《社会党国际十八大声明》曾这样写道:

> 必须用一种不同的社会秩序来取代少数私有者集中控制经济权力的情况。在这种秩序中,每个人都有权作为公民、消费者或工薪劳动者来影响生产的方向和分配、生产资料的形态和劳动生活的条件。实现这个目标的办法是,吸引公民参与经济决策、保证工薪劳动者在工作场所的影响。②

德国实施的参与共决的经济民主制度最为完整系统;主要是推行《煤钢共决法》(1951年)、《经营组织法》(1952年)、《工作章程法》、(1972年)和《工人共同决策法》(1976年)。这些法令规定,德国的共决制分为两个层次:工厂委员会参与共决模式与雇员代表参与监事会模式。工厂委员会成员由工人代表组成,职权可以分为"施加影响"和"参与决定"。施加影响就是知情权和协商调解的权利,包括工作环境、人事计划、工作组织、企业管理、工艺流程、新技术等;参与决定包括工

---

① Giovanni Sartori: *The Theory Democracy Revisited*, Chatham House Publisher, Inc. Chartham, New Jersey, 1987, p. 10.

② 《社会党国际重要文件选编》,当代世界出版社2005年版,第15页。

作时间表、劳动报酬、休假时间表、超时工作、职业培训、企业规章制度、劳动保护、福利设施等。雇员代表参与监事会成员由劳资双方对半组成，权力相同。监事会是企业最高领导机构，决定企业预算和决算、工资与分红、批准重要的投资和战略决策、任命负责处理企业日常事务的董事会成员。①

最后，何谓社会民主？所谓社会，如前所述，亦即两个以上的人因一定联系而结合起来的共同体，这种共同体存在发展的根本条件是权力：权力与人口以及土地是构成社会的三要素。人们所构成并生活于其中的社会，并非简简单单只有一种，而是多种多样，如乡、县、市、省、国家等。这些社会不论自身内部还是相互间，不但都存在权力，而且必定都存在着统帅所有权力的最高权力。只有这样，这些社会自身和相互间才可能成为一个统一体，从而得以存在发展。一个社会，如果其最高权力为该社会所有成员平等执掌，就是社会民主：社会民主就是所有社会成员平等执掌该社会最高权力——因而每个人的社会地位完全平等——的社会制度。所以，萨托利说："社会民主是一种所有社会成员都拥有平等社会地位的社会制度。"②

然而，细究起来，政府和经济组织也属于社会范畴。可是，每个人平等执掌政府最高权力和每个人平等执掌经济组织最高权力，却分别属于政治民主与经济民主，而不属于社会民主范畴。因此，社会民主并不是任何社会的民主，而是政治组织和经济组织之外的社会的民主，说到底，也就是公民社会的民主。因为公民社会的英文是 Civil Society，又被译为"市民社会"或"民间社会"。顾名思义，这种社会的根本特点就是与"官"对立，就是"民"，就是公民性、民间性、市民性、庶民性、人民性：非官方性。因此，公民社会就是一种民间公共组织，就是一种非官方的社会，就是独立于官吏和政府的自治性公共团体。因此，公民社会不但与政府、官方根本不同，而且与经济组织根本不同。因为经济组织并不独立于官方或政府。即使是民主国家的自由市场经济，也必须遵循官方或政府所

---

① 李宏：《另一种选择：欧洲民主社会主义研究》，法律出版社 2003 年版，第 63—64 页。
② Giovanni Sartori：*The Theory Democracy Revisited*，Chatham House Publisher, Inc. Chartham, New Jersey, 1987, p. 9.

确立的经济运行规范，从而接受政府的监督和干预。因此，哈贝马斯界说公民社会或市民社会时这样写道：

> 这个词与近代"市民社会"一词不同，它不再包括控制劳动市场、资本市场和商品市场的经济领域……无论如何，市民社会的核心机制是由非国家和非经济组织在自愿基础上组成的。这样的组织包括教会、文化团体和学会，还包括了独立的传媒、运动和娱乐协会、辩论俱乐部、市民论坛和市民协会，此外还包括职业团体、政治党派、工会和其他组织等。①

这样一来，实现社会民主，主要讲来，也就是创造公民社会。因为公民社会的根本特征无疑是民主：公民社会是非官方的民主自治公共团体。因为所谓公民，如前所述，就是享有从事管理社会和国家等公共事务的权利的人。这一定义原本在亚里士多德那里已有相当清楚确切的阐述。他一再说："全称的公民是'凡得参加司法事务和治权机构的人们。'"②"凡有权参加议事和审判职能的人，我们就可以说他是那一城邦的公民。"③于是，所谓公民社会，就是这样一种社会，在这种社会中，每个成员都是公民，都是享有从事管理该社会公共事务的权利的人。每个成员都是享有从事管理该社会公共事务的权利的人，当然并不意味着每个成员都担任管理职务或政治职务，而只能意味着社会民主：每个成员都完全平等地执掌该公民社会最高权力。

不难看出，正如萨托利所言，古希腊以来的传统意义上的民主——亦即国家最高权力或中央政府的民主——是全局性的、根本性的、决定性的宏观民主；而百年前兴起的所谓经济民主和社会民主以及地方政府民主，则是局部的、非决定性和非根本性的微观民主："政治意义上的民主是大范围的宏观民主，而团体和工厂为中心的民主则是小范围的微观民主。换言之，政治民主——就这一概念2500年来一直公认的意义来说——是统

---

① 哈贝马斯：《公共领域的结构转型》，学林出版社1999年版，第29页。
② 亚里士多德：《政治学》，商务印书馆1965年版，第111页。
③ 同上书，第113页。

领性的决定性的民主，其他民主则势必是次级民主。我承认，这是对事实的简单陈述。我们虽可以高度评价微观民主而低估宏观民主，但关系依然如此。这一关系就是，如果一级实体——政体——不是民主制度，不论如何，次级实体也绝少有机会以民主方式幸存和繁荣。因此谁也不否认社会民主作为政治民主之不可缺少的基础的重要性，也不否认基层的初级民主可能比民主的任何其他方面更有价值。同样，经济平等和工业民主可能比任何其他事情对我们都更为重要。但事实依然是，政治民主是应该珍爱的无论什么民主或民主目标的必要手段。如果主要制度，即整个政治制度不是民主制度，社会民主几乎就没有什么价值，工业民主几乎没有什么真实性，经济平等可能就同奴隶之间的平等没有什么两样。这就是为什么非专指的民主代表'政治民主'，这就是为什么民主首先是个政治概念。"[1]

确实，微观民主——经济民主和社会民主以及地方基层民主——虽然不具有全局性和决定性，却并非不重要。这些微观民主的重要性，不但如萨托利所指出，乃在于其为宏观民主的基础，而且还在于其规模小而可以实行直接民主。相反地，宏观民主则因其规模大，总体说来，只能实行代议民主。问题的关键在于，直接民主是依靠自己，是人民直接行使所拥有的最高权力；代议民主则是依靠别人，是人民将所拥有的最高权力委托代表行使。显然，依靠别人不如依靠自己；最高权力委托代表行使，极易被代表篡夺——寡头统治几乎是代议民主的铁律——因而远不如自己直接行使：代议民主实乃无奈之举。因此，只要有可能，人民就应该自己直接行使最高权力，因而不但应该尽可能直接参与宏观民主，增进宏观民主的直接民主成分，而且更应该直接行使微观民主最高权力，使其完全成为直接民主：这就是卢梭、柯尔、马尔库塞、托夫勒、贝尔、奈斯比特和佩特曼等人所代表的源远流长的参与民主理论之真谛。因为正如《萨菲尔政治学词典》的解释：

> 参与制民主是新左派的一个著名口号，它意味着市民要参与影响他们工作和生活的事务，穷人进入管理财产的机关，学生进入学校管

---

[1] Giovanni Sartori: *The Theory Democracy Revisited*, Chatham House Publisher, Inc. Chartham, New Jersey, 1987, p. 11.

理机关，工人参与工厂管理部门的活动。①

这样一来，直接民主与代议民主以及政治民主、经济民主和社会民主就是具有内在联系的民主类型。因为，一方面，直接民主不但应该实行于小国寡民的全部——亦即宏观民主与微观民主——领域，而且应该实行于大国众民的微观民主领域，亦即大国的经济民主和社会民主以及属于政治民主的地方基层政府领域；另一方面，代议民主不但只应该实行于大国众民，而且只应该实行于大国的宏观民主领域，亦即国家最高权力领域，说到底，亦即中央政府领域。如下图：

民主 { 代议民主：大国宏观民主领域
       直接民主：大国微观民主领域和小国全部领域

3. 民主类型：协商民主与聚合民主

20世纪80年代以来，西方学术界兴起研究协商民主的热潮；及至90年代，俨然成了主流民主理论，以致德雷泽克写道："20世纪90年代以来，民主理论明显走向了协商。……到20世纪90年代晚期，协商民主已经成为大多数民主理论的核心。"② 协商民主理论代表人物，不胜枚举，如约瑟夫·M. 毕塞特、利基发特·阿伦、伯纳德·曼宁、乔舒亚·科恩、詹姆斯·博曼、乔恩·埃尔斯特、马克·沃伦、戴维·米勒、伊桑·J. 莱布、弗兰克·L. 米歇尔曼、苏珊·斯托克斯、迪戈·甘贝塔、约翰·S. 德雷泽克、何包钢以及英国工党领袖布莱尔的政治顾问安东尼·吉登斯等。哈贝马斯——甚至还有罗尔斯——则被认为是协商民主理论大师："约翰·罗尔斯和哈贝马斯是20世纪晚期最重要的自由主义理论家和批判理论家，他们在其主要理论著作中都把自己看作协商民主论者，他们的学术声誉对民主走向协商作出了巨大贡献。"③ 那么，究竟何谓协商民主？

---

① 徐鸿武等：《当代西方民主思潮评析》，北京师范大学出版社2000年版，第19页。
② 约翰·S. 德雷泽克：《协商民主及其超越：自由与批判的视角》，中央编译出版社2006年版，第1—2页。
③ 同上书，第2页。

协商民主的英文是 deliberative democracy。deliberative 的词义是协商、商议、商量、审议和辩论等，因而 deliberative democracy 又被译为"审议民主"或"商议民主"。协商民主概念，在主流协商民主理论看来，可以顾名思义，就是协商作出决策的民主，就是决策由公民自由而平等的协商达成的民主："当决策是通过公开讨论过程而达成，其中所有参与者都能自由发表意见并且愿意平等听取和考虑不同的意见，这个民主体制就是协商性质的。"①

照此说来，岂不只有专制等非民主制才可能独断而不协商；而任何民主岂不都是协商民主？因为专制等非民主制是一个人或几个寡头垄断最高权力，因而不必协商；相反地，民主是全体公民共同执掌国家最高权力，说到底，是人民、庶民执掌最高权力：众多庶民显然只有经过协商才能执掌和行使最高权力。因此，只要有民主就必定有协商，决策势必由公民自由而平等的协商达成；因而协商乃是民主的应有之义，任何民主或多或少都具有协商的性质。所以，博曼说："民主就意味着某种形式的公共协商。如果决策不是强加给公民的话，他们之间的协商肯定是必不可少的。"② 埃尔斯特亦如是说："协商民主概念及实践与民主本身一样古老，两者都起源于公元前15世纪的雅典。"③ 这样一来，任何民主岂不都是协商民主？可是，为什么20世纪80年代以来的协商民主理论家却都将协商民主当作一种独特的理想的民主类型？

原来，协商民主看似简单，可以顾名思义；但真正讲来，却极难定义，以致博曼叹曰："所有的人都在谈论协商，但没有人能说出它是什么。"④ 然而，细考较去，可以看出，协商民主理论的真正源头乃是民主定义（民主是所有公民平等执掌最高权力的政体）与民主实现途径（多数裁定原则）的矛盾：协商民主就是对于这一矛盾的科学解决。因为民

---

① 毛里西奥·帕瑟林·登特里维斯：《作为公共协商的民主：新的视角》，中央编译出版社2006年版，第139页。
② 詹姆斯·博曼：《公共协商：多元主义、复杂性与民主》，中央编译出版社2006年版，第4页。
③ 毛里西奥·帕瑟林·登特里维斯：《作为公共协商的民主：新的视角》，中央编译出版社2006年版，第1页。
④ 詹姆斯·博曼：《公共协商：多元主义、复杂性与民主》，中央编译出版社2006年版，第1页。

主是所有公民平等执掌最高权力,意味着:一方面,只有所有公民平等执掌最高权力才是民主,只有按照所有公民意志进行统治才具有民主的合法性;另一方面,多数公民执掌最高权力不是民主,按照多数公民意志进行统治不具有民主的合法性。可是,民主的实现途径只能是多数裁定,却意味着:民主的最高权力实际上更可能是多数人执掌,民主实际上更可能是按照多数人的意志进行统治。这样一来,民主定义与民主实现途径岂不相互否定、南辕北辙?

怎样解决这一矛盾?废除多数裁定吗?绝不可以。因为全体公民及其代表议事时,意见不可能完全一致,而势必存在着分歧和不一致,因而全体公民及其代表完全平等地共同做出决定是不可能的;于是只好少数服从多数、多数裁定:多数裁定最接近——亦即比少数裁定和一人独裁更接近——全体公民完全平等地共同做出决定。因此,废除多数裁定就意味着少数裁定或一人独裁:民主只能通过多数裁定原则才能实现。因此,解决的方法只能是既要多数裁定,又要保护少数人的权利,亦即保护少数人与多数人共同执掌最高权力的权利。怎样做到这一点呢?只有一个办法,那就是多数人必须与少数人协商,尽力达成共识:

如果能够达成共识,就意味着决策因体现所有人——多数人与少数人——的共同意志而具有民主的合法性,就意味着所有公民共同执掌最高权力,就意味着完全的真正的民主的实现;如果不能达成共识,既然所有人都同意多数裁定,那么,多数裁定的决策虽然直接说来没有得到少数人同意,却因为少数人同意多数裁定,最终还是得到了少数人的同意。

这样,只要经过多数人与少数人的平等协商,不论是否达成共识,决策便都体现了所有人的意志而具有合法性,都意味着所有人共同执掌最高权力,都意味着完全的、真正民主的实现。相反地,如果多数人仰仗多数裁定原则而拒绝与少数人协商,就使决策仅仅体现多数人的意志而不具有民主的合法性,就剥夺了少数人执掌最高权力的权利,就意味着只是多数人而不是所有人执掌最高权力,就不是完全的、真正的民主。因此,杜威反对"仅仅是多数统治",而主张多数与少数协商:

> 多数统治,如果仅仅是多数在统治,那它就恰如其批评者所指责那样愚蠢。但它永远不可能是多数统治……多数成为多数的途径是个

很重要的事情：先前的争论，修改自己的观点使之适合于少数的看法……换句话说，基本的要求是改进争论、商讨和说服的方式和条件。①

因此，协商民主原本与多数人民主对立，乃是多数派与少数派平等协商从而共同执掌最高权力的政体；相反地，多数派不与少数派协商而执掌最高权力的政体，亦即多数派仰仗多数裁定原则而剥夺少数派执掌最高权力的权利的政体，则叫做多数人民主。这就是为什么，利基发特·阿伦发表于1984年的一本专著，将协商民主与多数人民主对立起来，而名之为《民主——21国的多数人政府模式与协商政府模式》。这就是为什么，首次使用"协商民主（deliberative democracy）"一词的毕塞特的论文，题目叫做"协商民主：共和政府的多数原则"。这篇天才的论文发现，美国三权分立制衡的宪政民主的最深刻也最令人困惑的特征，其实就是所谓的协商民主；因为它既坚持多数裁定原则，又对多数裁定进行种种限制，如参议院和总统否决权对国会的限制，从而保障少数派享有与多数派共同执掌最高权力的权利：

> 实际上，所有关于宪法民主特性的分歧和困惑，都源自一个无可辩驳的事实：制宪者既将其作为多数原则的一种体现来辩护，同时也将其看作一种制度性机制，这种机制包括各种对于多数的有益限制。一方面，宪法过去完全是"严格意义上的共和制的"，而且它曾经是"共和政府的基本原则……应该流行的多数观念"。另一方面，前面所说的宪法设计了一个两院制的立法机构，对立法机构通过的法案具有有限否决权的总统，以及终身任职的高等法院成员（除非受到弹劾）。……1787—1789年间，在美国人民心目中，制宪者的观点包括两个方面：既要限制大众多数，又要使多数原则有效，二者并非不一致。本文的主题，即调和这些明显矛盾的意图的关键，存在于制宪者

---

① 詹姆斯·博曼：《公共协商：多元主义、复杂性与民主》，中央编译出版社2006年版，第1页。

建立"协商民主"的明确意图之中。①

可见,协商民主是为解决民主最深刻的本性(民主是所有公民平等执掌最高权力的政体)与民主唯一实现途径(多数裁定原则)矛盾而诞生,是既坚持多数裁定又保护少数权利从而实现所有公民平等执掌最高权力的民主,是多数派与少数派平等协商尽力达成共识从而具有民主合法性的民主,也就是多数派与少数派平等协商从而共同执掌最高权力的民主,也就是全体公民——亦即多数派与少数派以及强势群体与弱势群体等等——平等执掌最高权力的政体,因而是完全的、真正的民主;相反地,非协商民主,亦即多数人民主或聚合民主、合计民主(聚合民主或合计民主就是限于投票、选举和偏好的合计或聚合的民主),也就是造成民主本性(民主是所有公民平等执掌最高权力的政体)与民主实现途径(多数裁定原则)矛盾的民主,是只坚持多数裁定而不能保护少数派权利从而不能实现所有公民平等执掌最高权力的民主,也就是多数派不与少数派协商以及强势群体不与弱势群体协商因而不具有合法性的民主,也就是多数派或强势群体执掌最高权力的民主,因而是片面的、不完全的民主。

因此,协商民主论者几乎一致认为,协商民主具有三个核心特征,亦即包容性、理性和合法性:包容性意味着多数包容少数从而平等协商;理性意味着共识;合法性意味着所有人的同意和共同执掌最高权力——合法性是协商民主最根本的特征。对此,朱迪思·斯夸尔斯曾援引米勒的话说:

> 戴维·米勒认为理想中的民主必须满足三个核心条件:包容性、理性和合法性。协商民主的包容性是指每一个政治共同体的成员都在平等的基础上参与决策;理性指达成的决议是由协商过程中提出的各种理由决定的,而不是投票者的利益、偏好或要求的简单聚合;合法性指每一个参与者都理解决策是如何达成及达成的原因,即使他或她个人不同意决议的观点和理由。要注意的是,协商决策之所以是合法的,是因为它具有理性和包容性。协商民主理论家分别从几个不同的

---

① 陈家刚主编:《协商民主与政治发展》,社会科学文献出版社 2011 年版,第 37 页。

理论传统中汲取营养。虽然他们建构的理论各有不同,但他们都关注于发展一种具有公民合法性的理论——一种他们认为必须基于协商的理论。①

准此观之,拉斯基、特鲁曼、达尔、阿尔蒙德、奥夫和林德姆等人所代表的多元民主或多头民主,实际上也属于协商民主范畴,可以称之为"另类协商民主"。因为按照多元民主理论,所有公民都属于各种利益集团,因而所有公民代表,也就是各种利益集团的代表。因此,所谓代议民主,说到底,也就是多元利益集团的代表:代议民主就是多元利益集团代表执掌最高权力。问题的关键在于,任何一个利益集团的代表都构不成人民的多数代表,而均属于少数。这样一来,代议民主也就是多元少数派平等协商共同执掌最高权力,因而属于既能够保护少数权利又能够坚持多数裁定的协商民主范畴。因此,多元民主属于协商民主范畴。只不过,多元民主不是常态的、常规的协商民主,不是多数与少数协商的协商民主;而是另类的、变态的协商民主,是将所有公民代表化解为多元的少数因而不存在多数的协商民主,是多元少数派平等协商的协商民主。对于多元民主的这一根本特征,大卫曾有十分精当的概括:

> 民主作为制度是由多元的集团或多元的少数人的存在保证的。所以,民主可以被定义为"少数人"的政府。在民主问题上,达尔提出了这样一个观点:在有组织的利益集团结构中产生了民主制度的本质。无论多元主义者思想有多大差别,但他们都把民主理解为一套创造多元利益集团政治,并通过竞争影响和选择领袖,允许多元的少数人统治。在这些点上,他们永远是一致的。②

无论是多数与少数协商的常规协商民主,还是多元少数协商的非常规协商民主,显然都远远优良于非协商民主、多数人民主。那么,究竟如何

---

① 毛里西奥·帕瑟林·登特里维斯:《作为公共协商的民主:新的视角》,中央编译出版社2006年版,第81页。
② 黄文扬主编:《国内外民主理论要览》,中国人民大学出版社1990年版,第415页。

才能实现协商民主？制度是大体，是决定性的、根本性的和全局性的，是实质；统治和治理活动则是小体，是被决定的、非根本的和非全局性的，是现象。因此，协商民主实现的主要途径是建立协商民主制度。但是，协商民主制度究竟如何，学者众说纷纭，如建立协商投票站、公民陪审团、城镇会议、协商论坛等公民社会协商民主制度；哈贝马斯和博曼则进而提出政府机构与公民社会的双轨或二元协商民主模式。

细察这些协商民主制度设计，虽不乏真知灼见，却都忽略了一个至关重要的问题：协商者究竟是公民还是公民代表？究竟是多数公民与少数公民协商，还是多数公民代表与少数公民代表协商？答案显然是：如果是直接民主，那么，协商者无疑应该包括所有的人，不论是人民还是代表；如果是代议民主，那么，协商者就不应该也不可能是多数公民与少数公民，不应该也不可能是庶民之间的协商；而只应该也只可能是多数公民代表与少数公民代表，只应该也只可能是代表之间以及代表与人民之间的协商。对于代表与人民之间的协商民主制度，博曼的设计是每个政府机构都伴随一个公共听证会：

> 为了获得一个真正具有公共性质的行政部门，每个行政机构都要围绕自身发展出一个公共领域。这种公共领域可以包括像公共听证和地方会议等，在其中起主导作用的应该是解决问题的而非尔虞我诈的策略。这样的公共听证已经很多，但其中缺乏的是获得公共效能的方式。有了公共听证并不能保证制度中运用权力的行动者领会听证之内容。所以有必要引入各种各样的机制来保证公共效能。可以通过"公共影响声明"——声明受到影响的公民的公共理性被决策过程所领会的方式——来使行政人员具有责任性。还可以通过公民审查委员会来监督行政机构。这里问题的关键是要在行政人员与公众之间建立信任关系，而不是发展出一套反行政的机构。通过赋予公众以特定的协商地位，行政部门与公众之间就会发展出一种解决问题的合作关系，信任也就建立起来了。因而行政机构在应用它们的规定和政策的时候必须更具反思性。与过去遵循那种刻板的正式规定相反，这样的反思性行政部门会对各种各样的公共输入更具开放性。随之而来的决策也必须更具有可修正性和公共性，这也能培养出公众和行政部门之

间的合作关系,即便部分公众可能不同意这些决策。公共输入过程必须要保证,当修正决策的基本框架的时候,框架中的协商者将多种视角考虑在内,这样才能保护少数。①

博曼此见甚为精当。然而,代议制协商民主制度,主要讲来,显然并不是这种代表与人民之间的协商制度,而是代表之间的协商制度,说到底,是多数代表与少数代表之间的协商制度。对于这种协商民主制度,利基特·阿伦的《民主——21国的多数人政府模式与协商政府模式》曾有论述,而被辛向阳归结为8条:

（1）行政权的分享——大联盟。同英国把行政权集中在一党和勉强过半的内阁的模式形成对比的是,协商民主模式主张在一个广泛联盟中让所有重要的党派分享行政权。（2）形式上的与非形式上的权力分割。形式上的分权就是使行政权与立法机构更加独立,这种关系比英国的内阁议会关系更加平衡。比利时是个没有正式分权的议会制国家,但是,它的立法与行政关系可以看作是形式上的半分权。（3）互相制衡的两院制和代表制。（4）多党制。（5）多元的政党制度。（6）比例代表制。（7）地方和非地方的联邦制与地方分权制。（8）成文法和少数人表决。在阿伦看来,协商民主模式的实质是在多数与少数之间分权,在行政机构、立法机关、两院和几个少数党派之间分权,通过比例代表制选举合理地分权,通过地方的和非地方的组织集团的权力代表和少数人的表决给权力加以形式上的限制。②

除了对英国议会内阁制误解,阿伦之见甚真。协商民主制度的确存在于全部的民主制度之中而分为三大方面,亦即协商民主选举制度与协商民主政党制度以及协商民主政府制度:

首先,确如阿伦所见,协商民主选举制度是比例代表制。因为按照协

---

① 詹姆斯·博曼:《公共协商:多元主义、复杂性与民主》,中央编译出版社2006年版,第161页。

② 辛向阳:《20世纪西方民主理论析》,山东人民出版社2011年版,第351页。

商民主，多数人应该与少数人平等协商而共同执掌最高权力。因此，多数人与少数人都应该拥有发言权，都应该有自己的代表。只不过，多数人的代表应该多；少数人的代表应该少：多数人与其代表的量的比例，与少数人与其代表的量的比例应该相等。准此观之，唯有比例制符合协商民主。因为比例制就是各政党所获议席的比例与其所获选票的比例尽量吻合的当选制度，因而使少数人与多数人都有相应比例的代表，属于多数人与少数人协商的民主选举制度。相反地，按照多数代表制，只有获得多数选票的候选人才能当选代表，因而少数人没有自己的代表，所有代表都仅仅代表多数人，完全违背协商民主多数人与少数人协商原则，是非协商民主选举制度。混合制无疑介于协商民主与非协商民主选举制度之间，因为混合制是将多数制与比例制结合起来——部分议席按多数制选举而其他议席按比例制选举——的制度。

其次，阿伦认为多党制属于协商民主政党制度，也是不错的；但他将两党制划入非协商民主政党制度，却是错误的。因为按照协商民主，多数公民应该与少数公民协商而共同执掌最高权力。因此，少数公民应该与多数公民一样，都应该拥有自己的代表执政；只不过多数公民的代表应该相应地多，少数公民的代表应该相应地少罢了。准此观之，唯有一党独大制属于非协商民主政党制度。因为一党独大是一党独掌政权，意味着：政府仅由多数公民的代表组成，而少数公民没有自己的代表。相反地，两党制则基本属于协商民主政党制度。因为两党制是两党轮流（或联合）执政，意味着，政权轮流执掌于多数公民代表和少数公民代表。诚然，两党制不是完全的协商民主政党制度；完全的协商民主政党制度只有多党制。因为多党制是三个以上政党联合（或轮流）执政。这意味着，多党制与两党制有所不同：两党制是多数公民代表与第一少数公民代表轮流执政，第二少数公民以下的所有少数派都没有自己的代表执政；多党制则是多数公民代表与第一少数派以及第二少数派以下的众多少数派代表联合执政，最接近完全符合"多数公民与少数公民协商而共同执掌最高权力"的协商民主原则。

最后，阿伦认为联邦制是一种协商民主政府制度，无疑是真理。因为联邦制是中央与地方政府分享最高权力，是一种二元政府，因而能够平等协商，属于协商民主政府制度；相反地，单一制国家最高权力完全执掌于中央政府，地方政府完全从属于中央政府，不可能存在平等协商，因而不属于协商民主政府制度。但是，阿伦认为内阁制属于非协商民主政府制度，却是根本错误的。因为内阁制是议会主权；议会则是多数党与少数党协商而共同执掌主权，因而属于协商民主政府制度。诚然，议会中的反对党是少数派，似乎不起决定作用而未能与多数党共执主权。但是，正如考克瑟等人所言，内阁制的议会实乃国民辩论之舞台，少数党凭借国民的视听和参与，足以成功阻挠多数党独裁，实现分权而共执主权，最终轮流执政。① 不但此也！真正讲来，内阁制比总统制更加符合协商民主制度。诚然，正如阿伦和毕塞特所指出，总统制三权分立制衡，实现了多数派与少数派协商而共同执掌最高权力，属于协商民主政府制度。但是，协商民主的根本前提和基本精神仍然是多数裁定：协商民主乃是在多数裁定的前提下多数人与少数人协商而共同执掌主权。因为正如协商民主理论大师哈贝马斯所指出，多数裁定是民主固有的原则，没有多数裁定也就没有民主："民主立法是根据多数决定的。"②

这样一来，内阁制无疑是一种比总统制更加符合协商民主的政府制度。因为总统的权力过大，以致被称为暂时的独裁者。这意味着，总统制虽然存在着多数派与少数派的协商，但是，协商结果却可能如徐鸿武所指出，不是多数裁定，而是总统一人独裁，违背了多数裁定原则：

> 总统对国会通过的法律若不满意，便行使否决权，这已成为美国总统干预国会立法的重要手段。从1914年到1970年，美国历届总统共行使过否决权1152次，其中罗斯福一人就否决533次，而被国会以2/3多数推翻否决的只有9次。③

相反地，内阁制则是议会主权，议会主权意味着多数裁定。更何况，正如利普哈特所指出，内阁是集体的、团队式的，内阁成员实际上是平等

---

① Bill Coxall, Lynton Robins and Robert Leach, *Contemporary British Politics* (4th edition), Gosport: Ashford Colour Press Ltd., 2003, p. 240.

② 詹姆斯·博曼等主编：《协商民主：论理性与政治》，中央编译出版社2006年版，第37页。

③ 徐鸿武等：《当代西方民主思潮评析》，北京师范大学出版社2000年版，第3页。

的，在决策时总是存在着较高程度的团队合作，遵循多数裁定原则；相反地，总统制的内阁成员仅仅是总统的顾问和下级，最重要的决策都是由总统来作，充满一人独裁精神"。① 之所以如此，正如毕塞特援引的迈克尔·帕伦蒂的《少数的民主》所言，乃是因为美国国父们创造总统制的三权分立的协商民主政府制度时，往往过度限制多数人的权力和保护少数人的权利，致使少数人的权力超过了多数人的权力："设计宪法就是为了使'少数'的权力和价值超越'众人'的权力和价值。"②

因此，总统制与内阁制虽然都是多数人与少数人协商而共同执掌主权，因而都属于协商民主政府制度，但是，总统制往往违背多数裁定，而内阁制则遵循多数裁定，因而总统制是比较恶劣的协商民主政府制度；而内阁制则是比较优良的协商民主政府制度。然而，一方面，总统制并不是最恶劣的协商民主制；最恶劣的协商民主制是半总统制。因为半总统制中总统如果属于议会多数党，那么，他的权力势必超过总统制中总统的权力，以致像戴高乐那样成为独掌国家最高权力的君主。③ 另一方面，内阁制也并不是最优良的协商民主制，最优良的是委员会制。因为委员会制就是无首相的内阁制，就是废除首相特权的内阁制：委员会制是几个委员轮流担任主席而完全平等执掌最高行政权，委员们地位完全平等，集体议事，多数裁定。所以，委员会制是最充分体现多数裁定精神的协商民主制，因而堪称最优良的协商民主政府制度。

4. 民主类型：宪政民主与非宪政民主

自 20 世纪 80 年代兴起协商民主研究而到 90 年代成为一种思潮以来，协商民主理论逐渐神秘化、理想化、完美化而无所不能，以致形成一种势不可挡的协商民主拜物教：所有协商民主论者都以为协商民主是最理想最完美最优良的民主类型。殊不知，协商民主仅仅优良于非协商民主，仅仅优良于多数人民主；它不过是所有公民——多数与少数或没有多数的多元少数——平等协商共同执掌最高权力的政体罢了。这意味着，协商民主仍

---

① 阿伦·利普哈特：《民主的模式》，北京大学出版社 2006 年版，第 85 页。
② 陈家刚主编：《协商民主与政治发展》，社会科学文献出版社 2011 年版，第 37 页。
③ 罗德·黑格、马丁·哈罗普：《比较政府与政治导论》第五版，中国人民大学出版社 2007 年版，第 395 页。

然可能与多数人民主一样导致民主的暴政。只不过，多数人民主是多数暴政；而协商民主是所有人的暴政罢了。因为最高权力，就其本性来说，便倾向于被滥用而趋于腐败；最高权力则绝对趋于腐败："权力导致腐败，绝对权力导致绝对腐败。"① 因此，最高权力无论掌握在谁的手里，无论是掌握在君主手里，还是掌握在人民手里，抑或为多数与少数协商而共同执掌，都极易被滥用而沦为暴政。因此，托克维尔说：

> 当我看到任何一个权威被授以决定一切的权力和能力时，不管人们把这个权威称作人民还是国王，或者称作民主政府还是贵族政府，或者这个权威是在君主国行使还是在共和国行使，我都要说，这是给暴政播下了种子。②

避免协商民主沦为暴政的途径，无疑只有一个，那就是使协商民主受到国家制度价值标准——国家制度最高价值标准"人道与自由"和国家制度根本价值标准"公正与平等"以及国家制度终极价值标准"增减每个人利益总量"——的指导和限制，亦即使多数人与少数人及其平等协商共同执掌的最高权力受到这些国家制度价值标准的指导和限制：这种所有人及其所平等执掌的最高权力受到国家制度价值标准有效限制的民主，就叫做宪政民主（Constitutionalism）。

因为所谓宪政，顾名思义，就是立宪政体或立宪政府（Constitutional government），是一种权力有限的政府或政体，是以宪法及其所衍生的法律限制政府权力从而使之遵守宪法和法律的政体。所以，海耶克界定宪政时援引麦基尔韦恩（C. H. Mcllwain）的话说："所有立宪政府，就其定义来说，都是有限政府……宪政具有一种基本性质：它是对政府的一种法律限制；它是专横统治的反对者；它的对立面是专制政府，亦即随心所欲的政府。"③ 一句话，"宪政意指有限政府。"④ "宪政就在于以政治的永久原

---

① 阿克顿：《自由与权力》，商务印书馆 2001 年版，第 342 页。
② 托克维尔：《论美国的民主》上卷，商务印书馆 1996 年版，第 289 页。
③ F. A. HAYEK: *Law. , Legislation and Liberty*, Volume1, China Social Sciences Publishing House Chengcheng Books Ltd. , Beijing, 1999, p. 145.
④ Ibid. , p. 1.

则限制一切权力。"① 《布莱克维尔政治百科全书》的宪政词条也这样写道："立宪政体是受到常规性法律和政治约束，并对公民负责的政体。在立宪政体下，公共权力机关和公民一样，都必须服从法律和宪法。"

诚然，宪政不都是民主政体。卡斯·R. 森斯坦说："存在着截然不同的宪政形式。"② 弗里德里希也说："宪政可能是君主制的，也可能是民主制的，而且，它也确实在两种制度中都出现过。"③ 确实，除了君主专制，其他任何政体都可以是一种宪政政体。就拿立宪君主来说，无疑也是一种立宪政体，也是一种宪政。但是，宪政，就其本性来说，却似乎只能是民主政体。因为宪政的本性，如所周知，一方面在于政府的权力必须遵守宪法；另一方面则在于分权。这样，如果立宪君主政体是一种宪政，那么，一方面，君主的权力必定遵守宪法；另一方面，最高权力不可能掌握在君主一人手中。可是，君主之为君主，就在于一个人掌握最高权力：不是一个人掌握最高权力者，即非君主。所以，立宪君主政体如果真是一种宪政，那么，这种政体的所谓君主已经不是真正的君主了：他实际上只不过是行政首脑，或者只保留着各种各样形式上的和象征性的最高权力。这样，所谓立宪君主政体实际上并不是君主政体，而是一种民主政体；或者毋宁说，是一种君主政体向民主政体过渡的混合政体。否则，如果在立宪君主政体中，君主仍然一人掌握最高权力，那么，它就不是真正的立宪政体，就不是真正的宪政；而是真正的君主专制：宪政不过是其掩人耳目的空洞形式而已。

宪政，就其本性来说，是一种民主政体。由此可以理解，为什么宪政理论家们往往将宪政与宪政民主或民主宪政等同起来："宪政指的是多数派决策的一些限制，更具体地说，指的是那些在某种意义上自我施加的限制。"④ "立宪政体是平民政体的一个特定类型，即通过法律运作的政体。"⑤ 但是，反过来，民主并不都是宪政。这一点亚里士多德早已看到：

---

① F. A. Hayek: *Law, Legislation and Liberty*, Volume1, China Social Sciences Publishing House Chengcheng Books Ltd, Beijing, 1999, p. 3.
② 埃尔斯特编：《宪政与民主》，生活·读书·新知三联书店1997年版，第374页。
③ 转引自李强《自由主义》，中国社会科学出版社1998年版，第233页。
④ 埃尔斯特编：《宪政与民主》，生活·读书·新知三联书店1997年版，第2页。
⑤ 埃尔金：《新宪政论》，生活·读书·新知三联书店1997年版，第163页。

"在法律非至高无上的地方……多数并不是作为个体而是作为集体拥有最高权力的……这种民主政体根本不是宪政。"① 非宪政的民主社会,亦即权力无限的民主社会,因而势必是不自由和不公正的社会。那么,宪政的民主社会就是自由和公正的社会吗?

不言而喻,宪政民主是否自由和公正,完全取决于宪法是不是一种遵循自由和公正原则的宪法:如果遵循,宪政民主就是自由和公正的宪政民主,这种社会就是自由和公正的社会;否则便不是自由和公正的宪政民主,这种社会就仍然算不上自由和公正的社会。自由和公正的宪政民主所遵循的原则,说到底,也就是防止民主暴政或无限民主的自由和公正原则。柏林将这些原则归结为两个:个人自由等基本权利原则与自由限度原则。他这样写道:"如果连民主政体都可以在不失为民主政体的情况下压迫自由——至少是自由这个词向来所称谓的那种自由——那么究竟如何才能够使一个社会真正自由?对于贡斯当、穆勒、托克维尔和他们所属的那个自由主义传统来说,除非至少遵循两个互有关联的原则,否则绝无自由的社会。这两个原则是,第一,唯有权利——而不是权力——才可以被当作绝对的东西。这样,所有的人才拥有绝对的权利拒绝从事非人的行为,而不论他们是被什么权力所统治。第二,人在某些界限以内是不容侵犯的。这些界限不是人为划定的,而是根据长久以来就广为接受的规则确定的。这些规则乃是一个正常人必须遵守的;而违犯它们就是不人道或不正常的行为。如果认为这些规则可以由某个法庭或统治集团以某种正式的程序予以废止,那是荒谬的想法。"②

各国的宪法虽可能有遵循与违背这些自由原则和权利或公正原则之分,但是,就宪政思想的传统来说,宪法却必须遵循这些自由和公正原则;否则就不是真正的宪法。因为宪法的基本目的,正如萨托利所言,就在于保障自由和公正,限制政府权力:"随着绝对主义时代的衰落,人们开始寻找一个词,以表示用以控制国家权力之运作的种种技术……结果这

---

① F. A. Hayek: *Law, Legislation and Liberty*, Volume 2, China Social Sciences Publishing House Chengcheng Books Ltd, Beijing, 1999, p. 3.
② Isaiah Berlin: *Four Essay on Liberty*, Oxford University Press, Oxford New York, 1969, p. 165.

个词就是'宪法'。"① 法国《人权宣言》说得更明白:"凡权利无保障和分权未确立的社会,就没有宪法。"因此,就宪政思想的传统来说,真正的、名副其实的宪法主要都是由两部分构成:一是政府的组织机构法案,强调的是分权原理;一是权利法案,强调的是自由和公正等权利原理。

权利法案所体现和遵循的,显然是柏林所总结的自由和公正的宪政民主的两大原则。所以,史蒂芬·霍姆斯援引杰克逊的话说:"在1943年的Flag Salute 案中,罗伯特·杰克逊法官发表了如下经典性见解:'权利法案的真正宗旨,就是要把某些事项从变幻莫测的政治纷争中撤出,将其置于多数派和官员们所能及的范围之外,并将其确立为由法院来适用的法律原则。人的生命权、自由权、财产权、言论自由权、出版自由、信仰和集会自由以及其他基本权利,不可以受制于投票:它们不依赖于任何选举之结果。'从这个角度看,宪政实质上是反民主的。宪法的基本功能是将某些决定从民主过程中清除出去,也就是说,束缚这一共同体的手脚。"②

那么,究竟如何才能使民主政治遵循权利法案和自由的宪法,从而成为自由和公正的宪政民主、实现免于民主暴政的自由和公正社会呢?正如托克维尔所言,只有一条途径,那就是实行分权或三权分立:"假如把立法机构组织得既能代表多数又一定不受多数的激情所摆布,使行政权拥有自主其事的权利,让司法当局独立于立法权和行政权之外,那就可以建立起一个民主的政府,而又使暴政几乎无机会肆虐。"③ 阿克顿也一再说:"自由存在于权力的分立之中,专制主义存在于权力的集中营里。"④ 海耶克进而总结道:"一个在名义上无限制的议会,显然必定逐渐被驱使稳固且无休止地扩张政治权力。同样明显的是,能够阻止这种权力扩张的办法只有一个,亦即由两个不同的民主选举的团体分割最高权力,也就是对于最高权力实行权力分立原则。"⑤ 一句话,分权乃是自由的宪政之精髓:"自由主义宪政制度的奠基者为捍卫个人自由而提出的方法是权力分

---

① 萨托利:《宪政疏议》,刘军宁等编《公共论丛》系一辑。
② 埃尔斯特:《宪政与民主》,生活·读书·新知三联书店1997年版,第224页。
③ 托克维尔:《论美国的民主》上卷,商务印书馆1996年版,第291页。
④ 阿克顿:《自由与权力》,商务印书馆2001年版,第339页。
⑤ F. A. Hayek: *Law, Legislation and Liberty*, Volume 3, China Social Sciences Publishing House Chengcheng Books Ltd, Beijing, 1999, p. 104.

立。"① 这就是为什么分权乃是宪法的政府的组织机构法案的基本原理的缘故。

可见，就宪政思想的传统来说，宪法的主要法案——强调分权原理的政府的组织机构法案和强调自由等人权原理的权利法案——所体现和遵循的，乃是自由和公正等国家制度价值标准。因此，就宪政思想的传统来说，宪政民主就是限制民主的权力而使之遵循宪法的民主，说到底，就是限制民主的权力而使之遵循自由和公正等国家制度价值标准的民主；非宪政民主就是最高权力不受宪法限制因而可以不遵循宪法的民主，说到底，就是最高权力不受国家制度价值标准限制因而可以不遵循国家制度价值标准的民主。

这样一来，宪政民主便优良于协商民主等任何民主政体，乃是最优良最完善最理想的民主。因为，一方面，协商民主仅仅意味着所有公民——多数与少数或没有多数的多元少数——平等协商共同执掌最高权力，而未必是宪政民主，未必遵循宪法，未必遵循国家制度价值标准，从而仍然可能沦为民主的暴政。另一方面，宪政民主必定遵循宪法，必定遵循自由和公正等国家制度价值标准体系，从而不但必定是完善的政治民主和经济民主以及社会民主，而且必定遵循多数裁定和保护少数权利原则，必定是多数与少数平等协商而共同执掌最高权力：宪政民主必定是协商民主。因此，罗尔斯说："一个良好的宪政民主——我起初就使用过的术语——也可以被理解为协商民主。"② 西蒙·钱伯斯也这样写道："目前几乎所有人都以某些形式赞同协商理论（很难不这么做）。越来越多的人把宪政民主理解为在某些根本途径方面需要协商。"③

5. 国家类型：基本类型与混合类型

民主的概念分析告诉我们，划分国家为民主与专制等类型的科学的精确的根据，不是执掌最高权力的人数，而是执掌最高权力的公民人数：民主或民主共和是所有公民平等地共同执掌最高权力；寡头、寡头共和或贵

---

① 海耶克：《经济、科学与政治》，江苏人民出版社 2000 年版，第 412 页。
② 陈家刚主编：《协商民主与政治发展》，社会科学文献出版社 2011 年版，第 54 页。
③ 同上书，第 84 页。

族共和是少数公民平等地共同执掌最高权力；专制、君主专制或无限君主制是一个公民独掌最高权力；有限君主制或分权君主制是一人为主而与其他公民共同执掌最高权力，是一个公民受到其他公民及其组织限制地执掌最高权力。这就是国家的科学的精确的基本类型、基本分类：只有执掌最高权力的公民人数——而不是执掌最高权力的人数——才是国家分类的科学依据。

因为，如上所述，一方面，公民是享有从事管理社会和国家等公务活动权利的人：这是公民定义；另一方面，公民应该是具有从事管理社会和国家等公务活动能力的人：这是公民身份或公民资格。准此观之，岂不只有公民才可能执掌国家最高权力，而非公民不可能执掌国家最高权力？因此，所谓执掌国家最高权力的人数的"人"，岂不只可能是公民，而不可能包括非公民？于是，岂不只有执掌最高权力的公民人数——而不是执掌最高权力的人数——才是国家分类的科学依据？

然而，令人困惑的是，为什么自柏拉图和亚里士多德以降，两千年来，学者们一直将执掌最高权力的人数——而不是执掌最高权力的公民人数——作为国家分类的依据？这恐怕是因为，几乎所有学者都认为，只有民主的国家才有公民，而其他国家——特别是君主专制的封建社会——似乎不存在公民，而只有臣民和君主：君主主宰一切，而其他一切社会成员都丧失了管理国家等公务活动的政治权利，因而皆非公民。菲利普·施米特便这样写道："公民是民主政治最与众不同的要素。所有的政体都有统治者和一个公共领域，但只有在它们是民主政治的意义上它们才有公民。"①

这种观点是不能成立的。因为如前所述，公民就是享有从事管理社会和国家等公务活动权利的人，就是享有政治权利——政治自由权利和政治职务权利——的人。这样一来，不论任何社会，一切当官的或担任政治职务的人，无疑都是执掌政治权力从而享有政治权利的人，都是公民。君主专制社会——不论是君主专制的封建社会还是君主专制的资本主义社会——的官吏所丧失的只是执掌最高权力的政治权利，而仍然享有执掌其他政治权力（如宰相或县令的政治权力）的政治权利，因而仍然是享有

---

① 刘军宁编：《民主与民主化》，商务印书馆1999年版，第23页。

政治权利的人,仍然是公民。在君主专制社会,只有不当官或不担任政治职务的人,才因其毫无政治权利——既不可能享有执掌最高权力的政治权利也不可能享有执掌其他政治权力的政治权利——而皆非公民。所以,君主专制社会同样有公民。只不过,一方面,该社会的公民就是以君主为首的各级官员;另一方面,该社会只有一个公民——亦即君主——执掌最高权力。

可见,公民是普遍存在的:任何国家都有公民,任何国家享有政治权利的人都是公民,任何国家的官吏都是公民,任何国家执掌最高权力的人都是公民;只不过执掌最高权力的公民人数有所不同,因而国家类型有所不同罢了。这就是我们将执掌最高权力的公民人数——而不是执掌最高权力的人数——作为国家分类的科学依据的缘故。

那么,为什么说,君主专制与分权君主制以及寡头共和与民主共和,乃是国家、国体或政体的基本类型?原来,这四大基本类型结合起来,可以形成众多混合类型,亦即所谓混合政体或混合国体。然而,在芝诺、柏拉图、亚里士多德、西塞罗和霍布斯等思想家看来,混合政体就是君主制与贵族制以及民主制混合而成的政体,就是君主与贵族精英以及庶民共同执掌最高权力的政体。芝诺说:"最好的国家制度是民主制、君主制与贵族制的混合。"① 亚里士多德说:"的确有些思想家认为理想的政体应该是混合了各种政体的政体。因此,他们就推崇斯巴达式的制度。这些思想家都把斯巴达政体看作君主政体(一长制)、寡头(少数制)和民主(多数制)政体三者的混合组织。"② 西塞罗论及混合政体时也这样写道:"它由王政的、贵族的和人民的这三种政体适当地混合而成。"③ "它由三种良好的国家体制均衡地混合而成。要知道,最好是国家包含可以说是卓越的王政因素,同时把一些事情分出托付给显贵们的权威,把另一些事情留给民众们协商和决定。"④ 卢伊杰·拉布鲁纳在评论西塞罗的混合政体理论时说的就更明确了:"在相当大的程度上,较为可取的是'混合'政体,即同时将三种传统政体加以混杂和平衡化。只有在由先人传袭下来的罗马共

---

① 涅尔谢相茨:《古希腊政治学说》,商务印书馆1991年版,第40页。
② 亚里士多德:《政治学》,商务印书馆1965年版,第66页。
③ 西塞罗:《论共和国 论法律》,中国政法大学出版社1997年版,第43页。
④ 同上书,第44页。

和国制度中，西塞罗将这种政体形式加以确定化和具体化，把以罗马执政官为代表的君主制、以元老院议会为代表的贵族制和由民众大会及平民保民官为代表的民主制绝妙地结合起来。"①

这种君主与贵族精英以及庶民共同执掌最高权力的政体果真是混合政体吗？不是！因为君主与贵族精英以及庶民共同执掌最高权力，无非四种情形：君主、贵族精英和庶民三者同等执掌最高权力以及分别以其一占据主导地位的三种不同等执掌最高权力。首先，如果像西塞罗所说的那样，"元老院具有与民众同等的权力"，亦即执政官或君主、贵族精英与人民大众同等地执掌最高权力，那么，这并不是什么混合政体，而是全体公民执掌最高权力，是民主政体。其次，如果像西塞罗所生活于其中的罗马那样，元老院占据主导地位而与执政官和人民大会共同执掌最高权力，那么，这实际上也并不是混合政体，而是少数公民执掌最高权力的贵族或寡头共和政体。再次，如果像古希腊梭伦时代那样，公民大会占据主导地位而与贵族院、执政官等共同执掌最高权力，那么，这显然也并不是混合政体，而是全体公民共同执掌最高权力，是民主共和政体。最后，如果像封建割据时期的法兰西、德意志和俄国的一些大公国，君主占据主导地位而与贵族元老院或地方割据势力共同执掌最高权力，那么，这就是一种有限君主制，亦即所谓贵族君主制或分权君主制，而并不是什么混合政体。

诚然，这种有限君主制自柏拉图、亚里士多德以来，一直被当作混合政体：这就是为什么传统的政体基本类型并不包括有限君主制而仅为君主制、贵族制和民主制的缘故。但是，有限君主制无疑与无限君主制或专制君主制对立而同属君主制。因此，就是将这种政体看作混合政体的西塞罗，最后也不得不承认，君主占主导地位而与元老院以及人民共同执掌最高权力事实上仍然属于君主制："事实上，一个国家如果由某一个人拥有长期的权力，而且是王政性的权力，尽管这个国家有元老院，如王政时期的罗马，吕库尔戈斯时期按法律统治的斯巴达，并且尽管在这样的国家里甚至人民也享有一定的权力，如我们的国王统治时期那样，但这样的国家仍然是王政占优势，并且这样的国家不可能不是王政的和不被称为

---

① 西塞罗：《论共和国 论法律》，中国政法大学出版社1997年版，第8页。

王政。"①

可见，君主与贵族精英以及庶民共同执掌——不论是同等地还是不同等地共同执掌——最高权力的政体并不是混合政体。那么，混合政体并不存在吗？非也！但是，混合政体，大体说来，只能以两种方式存在。一种如亚里士多德所言，是拼凑、混合、兼收并蓄民主与寡头等不同政体的构建因素、特征和方法："拼凑或混合这样的政体可遵循三种不同的原则。第一种原则是同时采取平民和寡头政体的两类法规……第二种原则是把两类法规折中而加以平均……第三种原则是在寡头和平民政体中都选取一些因素而加以混合。"② 举例说，全体公民都拥有选举权与被选举权是民主制的特征；而只有部分公民拥有选举权和被选举权则是寡头制的特征。这样一来，如果一种政体，全体公民都拥有选举权，而只有部分公民——如名人富人和精英等——才拥有被选举权，那么，这就是一种民主制与寡头制的混合政体。远在原始社会就存在这样的混合政体：享有酋长选举权的是全体公民，而享有被选举权的却是极少数人，往往局限于酋长的亲戚。

另一种混合政体远为复杂、重要和普遍，可以称之为内容与形式不一致——或名义与实际不一致——的混合政体。它是不同政体在形式与内容两个层面上的混合，亦即一种政体作为形式，另一种政体作为内容。因为任何国家、国体与政体，都具有形式和内容或名义与实际的二重性；并且形式与内容或名义与实际既可能相符一致，也可能不一致不相符。就是说，一种政体名义上或形式上是民主，而实际上或内容上则既可能是民主，从而形式与内容一致；也可能是专制，从而形式与内容不一致。这种形式与内容或名义与实际不一致的政体显然是一种混合政体，亦即两种不同政体的混合：一种政体是形式，另一种政体是内容。斯大林时代的苏联政体堪称这种混合政体的典型：国家最高权力形式上、名义上由苏维埃或全体公民掌握，因而形式上、名义上是民主制；实际上却为斯大林一人独掌，因而实际上、内容上是君主专制。所以，斯大林时代的苏联政体是一种君主专制与民主共和的混合政体，亦即名义上的民主共和与实际上的君主专制的混合政体。

---

① 西塞罗：《论共和国 论法律》，中国政法大学出版社1997年版，第83页。
② 亚里士多德：《政治学》，商务印书馆1965年版，第200—201页。

内容与形式不一致——或名义与实际不一致——的混合政体在全部混合政体中，无疑是最重要也最具现实意义的类型。那么，这种混合政体是否只有民主与专制的混合？显然不是。从理论上看，名义与实际不一致的混合政体可以有 12 种之多。因为政体的基本类型有 4 种：专制君主制、有限君主制、寡头共和制与民主共和制。每一种都既可能是名义与实际——或形式与内容——一致，也可能只是个名义和形式，而实际上却以其他 3 种政体为内容。就拿民主制来说，一个国家显然既可能名义与实际一致，是名副其实的民主制；也可能名义民主制而实为寡头制、名义民主制而实为有限君主制、名义民主制而实为专制。这样 4 种政体结合起来便可以形成 16 种政体：其中 4 种是名义与实际一致的，亦即政体、国体和国家的基本类型或正宗；12 种是名义与实际不一致的，亦即混合政体或政体、国体和国家的混合类型或变体。如图表：

名义＼类型＼实际	民主共和制	寡头共和制	有限君主制	专制君主制
民主共和制	1 **名义与实际一致的民主制**	5 名义寡头制实际民主制	9 名义有限君主制实际民主制	13 名义专制君主制实际民主制
寡头共和制	2 名义民主制实际寡头制	6 **名义与实际一致的寡头制**	10 名义有限君主制实际寡头制	14 名义专制君主制实际寡头制
有限君主制	3 名义民主制实际有限君主制	7 名义寡头制实际有限君主制	11 **名义与实际一致的有限君主制**	15 名义专制君主制实际有限君主制
专制君主制	4 名义民主制实际专制君主制	8 名义寡头制实际专制君主制	12 名义有限君主制实际专制君主制	16 **名义与实际一致的专制**

该图表中黑体字部分为基本类型或正宗，其余皆混合类型或变体。对于这些混合类型，历史和现实都告诉我们，一方面，民主制是最灵活的政体形式，它最易且最多地被用来当作任何政体的外在形式；另一方面，专制是最灵活的政体内容，它最易且最多地借助任何政体形式表现出来：这就是为什么"名义民主而实为专制"乃是最常见且最重要的混合政体的缘故。但是，在政体、国体和国家的这些混合类型中，常见且重要的并不

仅仅是"名义民主而实为专制";"名义共和而实为专制"与"名义有限君主制而实为民主制"等混合类型无疑也相当重要且极具现实意义。

"名义有限君主制而实为民主制"的典型当推英国的君主立宪制。1689年《权利法案》的通过和实施,标志着英国君主立宪制的确立。确立之初,是以国王为主而与国会共同执掌最高权力,因而是名副其实的君主立宪制或有限君主制。但是,从1714年乔治一世继承王位的汉诺威王朝开始,王权急剧衰落,议会成了凌驾于国王之上的国家最高权力机关。从此,英国最高权力只是名义上、形式上由国王执掌,而实际上却执掌于议会和内阁,因而是一种名义君主立宪制或有限君主制而实为民主制的混合政体。

名义是民主或共和而实为专制的混合类型,虽然主要见之于民主已深入人心的最近百年的所谓社会主义国家,如苏联和朝鲜等国;但早在古希腊和罗马就已经存在。雅典继梭伦之后出现的庇西特拉图——梭伦的堂兄弟——之独裁,就是"名义民主而实为专制"的混合政体:"他也像奥古斯都一样,了解如何依民主的让步和形式来装饰和支持独裁。执政官照旧选举,民众大会和公共法院、四百人议会和最高法院的程序和执掌都照旧进行,唯一不同的是庇西特拉图的提议能得到特别的注意。"[①] 不过,奥古斯都还是与庇西特拉图有所不同:后者是"名义民主而实为专制";前者是"名义共和(亦即贵族共和)而实为专制"。奥古斯都虽然实际上独掌国家最高权力,却恢复和保留了贵族共和国的外在形式。对此,杜兰真可谓一言中的:"奥古斯都曾13次竞选执政官,跟别人一样去拉选票;这真是高雅的让步和戏剧性技巧的配合。"[②]

这或许正是奥古斯都比他舅舅恺撒高明之处:恺撒追求名副其实的君主专制,结果被共和派元老刺死;奥古斯都只求专制之实,牺牲专制的名义和形式,而披上共和的外衣,结果玩弄元老院和人民于股掌之上,在位44年,死后由其养子提比略继位,历经四帝。这恐怕也是斯大林高明于袁世凯之处:袁世凯追求名副其实的君主专制,结果称帝18天便在席卷全国的讨袁声浪中死于非命;斯大林只求专制之实,牺牲专制的名义和形

---

① 威尔·杜兰:《世界文明史·希腊的生活》上卷,东方出版社1999年版,第156页。
② 同上书,第283页。

式而披上民主的外衣，虽然其专制的程度堪称前不见古人后不见来者，却竟然直至今日人们还对他缅怀不已！

综上可知，以政体性质为根据的国家类型可以归结为 4 类 16 种，亦即君主专制、分权君主制、寡头共和与民主共和 4 类及其在形式与内容两个层面上结合而成的 16 种：4 种是名义与实际一致的国家之基本类型或正宗；12 种是名义与实际不一致的国家之混合类型或变体。

第四章

国家类型：以经济形态为依据

本章提要

五种社会形态是连续两次划分的结果，不但每一次划分都使用同一标准，而且穷尽了母项"社会"的全部外延，因而完全符合概念划分规则。退一步说，也许会有一天，人们发现了新的私有制或公有制社会，因而五种社会形态便没有穷尽母项"社会"的全部外延。但是，这并不会否定马克思以所有制为根据的社会分类的巨大的科学价值和实践意义，也并不会推翻——而只是发展和修正——五种社会形态分类的科学理论。因为生产资料所有制乃是任何社会和国家的最根本最重要的属性，因而以其为根据的分类具有最重要最根本最大的价值。这种分类的价值之无与伦比的根本性和重要性首先表现在：只有在这种社会形态的分类中，才能够找到自柏拉图的理想国和孔夫子的大同社会以降，二千五百年来思想家们一直追求的理想社会：共产主义社会。

一　国家六类型：五种社会形态说的诘难与辩护

1. 五种社会形态：马克思的发现

生产资料归谁所有是一切国家经济形态的根本性质，因而直接是经济形态的分类依据，最终是国家分类根据。以生产资料归谁所有为根据，经济形态分为公有制经济形态与私有制经济形态。私有制经济形态依其私有者的性质不同可以进一步分为三类：奴隶制经济形态（生产资料归奴隶主所有的经济形态）、封建制经济形态（生产资料归地主所有的经济形态）和资本主义经济形态（生产资料归资本家所有的经济形态）。公有制经济形态以历史发生顺序为根据分为原始公有制经济形态与非原始公有制经济形态；后者又分为社会主义公有制经济形态与共产主义经济形态。

这样一来，经济形态便可以归结为六大类型：原始公有制经济形态、奴隶制经济形态、封建制经济形态、资本主义经济形态、社会主义经济形态和共产主义经济形态。因此，以经济形态类型为根据——最终以生产资料所有制性质为根据——国家或社会也就相应地分为六大类型：原始国家或原始社会（原始公有制国家）、奴隶制国家或奴隶社会、封建制国家或封建社会、资本主义国家或资本主义社会、社会主义国家或社会主义社会和共产主义国家或共产主义社会。

显然，这就是马克思主义"五种社会形态说"所揭示的五种社会类型：原始社会、奴隶社会、封建社会、资本主义社会与共产主义或社会主义社会（社会主义是共产主义的低级阶段）。所谓五种社会形态说，如所周知，原本包括两部分内容：五种社会形态类型问题与五种社会形态依次更替问题。如果撇开五种社会形态依次更替问题而仅就其类型问题来说，那么毫无疑义，五种社会形态类型的明确表述虽然来自斯大林，但说到底，原本是马克思的发现。因为马克思在《雇佣劳动与资本》中这样写道："各个人借以进行生产的社会关系，即社会生产关系，是随着物质生产资料、生产力的变化和发展而变化和改变的。生产关系总和起来就构成所谓社会关系，构成所谓社会，并且是构成一个处于一定历史发展阶段上的社会，具有独特的特征的社会。古典古代社会、封建社会和资产阶级社会都是这样的生产关系的总和，而其中每一个生产关系的总和同时又标志着人类历史发展中的一个特殊阶段。"① 在《政治经济学批判序言》中，马克思又进一步总结说："大体说来，亚细亚的、古代的、封建的和现代资产阶级的生产方式可以看作是经济的社会形态演进的几个时代。"②

马克思这里所说的"古代的生产方式"和"古典古代社会"，如所周知，无疑是指奴隶制社会。这一点，恩格斯已经讲得很清楚："奴隶制是古代世界所固有的第一个剥削形式；继之而来的是中世纪的农奴制和近代

---

① 《马克思恩格斯选集》第1卷，人民出版社1995年版，第345页。
② 《马克思恩格斯选集》第2卷，人民出版社1995年版，第33页。

的雇佣劳动制。"① 但是，马克思这里所说的"亚细亚生产方式"却比较复杂。因为马克思所谓的"亚细亚生产方式"原本有两种含义，或者说，马克思有两种亚细亚生产方式概念：作为"东方专制主义理论"基本概念的"亚细亚生产方式"与作为"人类社会发展起点"的"亚细亚生产方式"。作为"东方专制主义理论"基本概念的"亚细亚生产方式"是指"印度、中国和俄国所特有的亚细亚生产方式"或"东方所特有的亚细亚生产方式"，亦即在中国、印度和俄国等东方原始社会向阶级社会的转化和过渡过程中所形成的独特的生产方式。这种生产方式最根本的特点，就是以土地"公有"或"国有"为其形式的"国王所有制"。因为从外表和名义上说，亚细亚生产方式仍然与原始社会一样，土地属于公社所有，不存在土地私有制。然而，实际上，土地的真正所有者却是能够代表公社的个人，亦即公社首脑人物："土地所有者，可以说代表公社的个人，在亚洲在埃及地方就是如此。"② 说到底，土地的真正所有者乃是凌驾于一切公社之上的"总合共同体"——亦即国家——的首脑人物、专制君主；而公社和它的首脑人物以及每个人只不过是土地的占有者和使用者："国王是国中全部土地的唯一所有者。"③

这样，亚细亚生产方式的根本特点，便是保留原始社会土地"公有"的躯壳和形式，而改变其灵魂和实质，代之以土地"国王和官僚所有制"；说到底，便是以"国有"为形式的"国王所有制"。因此，亚细亚生产方式这种原始社会向阶级社会的转化过程中所形成的独特的生产方式是"旧瓶装新酒"："旧瓶"就是原始公社公有制；"新酒"就是官僚所有制，就是国王所有制。因此，作为"东方专制主义理论"基本概念的"亚细亚生产方式"，就其实质来说，固然属于私有制社会形态范畴，并且属于前资本主义社会私有制社会形态；却并不属于五种社会形态之一，不属于奴隶社会或封建社会：它既可能是一种奴隶制社会，也可能是一种封建制社会。

相反地，作为"人类社会发展起点"的"亚细亚生产方式"，亦即

---

① 《马克思恩格斯选集》第4卷，人民出版社1972年版，第172页。
② 马克思：《资本论》第3卷，人民出版社1973年版，第828页。
③ 《马克思恩格斯资本论通信集》，人民出版社1976年版，第79页。

"世界各地的亚细亚生产方式",则是五种社会形态之一,也就是五种社会形态的第一个社会形态:原始公社生产方式、原始公社所有制、公社所有制、原始社会。因为马克思的《政治经济学批判》有一条这样的注释:"仔细研究一下亚细亚的尤其是印度的公社所有制形式,就会得到证明,从原始的公社所有制的不同形式中,怎样产生出它的解体的各种形式。例如,罗马和日耳曼的私人所有制的各种原型,就可以从印度的公社所有制的各种形式中推出来。"① 10年之后,马克思致恩格斯的一封信中又这样写道:"我提出的欧洲各地的亚细亚的或印度的所有制形式都是原始形式,这个观点在这里再次得到了证实。这样,俄国人甚至在这方面要标榜其独创性的权利也彻底消失了。他们所保留的,即使在今天也只不过是老早就被他们的邻居抛弃了的形式。"②

马克思说:"大体说来,亚细亚的、古代的、封建的和现代资产阶级的生产方式可以看作是经济的社会形态演进的几个时代。"这里的"亚细亚生产方式",显然是作为"人类社会发展起点"的"亚细亚生产方式",因而正如郭沫若、何兹全、童书业、田昌五、学盛和林志纯等人所言,是指原始公社生产方式、原始公社所有制、原始公有制社会:"他这儿所说的'亚细亚的',是指古代的原始社会。"③"按照马克思的原意,亚细亚生产方式指的是一切民族在其历史初期都曾有过的原始时代的形式。"④"马克思和恩格斯所说的亚细亚社会形态,作为一种特定的生产者和生产资料所有制的结合方式而论,无论在逻辑中或在历史中,都是指的原始共产主义,意味着完全成熟而具有典范形式的原始社会形态。"⑤ 这样一来,结合《哥达纲领批判》等论著中对于未来共产主义社会的大量论述,马克思关于人类社会形态演进的类型便可以归结为:原始社会、奴隶社会、封建社会、资本主义社会和共产主义社会。因此,五种社会形态原本是马克思的发现,而斯大林不过是将这些社会形态简单明确地排列起来罢了。

---

① 《马克思恩格斯全集》第13卷,人民出版社1974年版,第22页。
② 《马克思恩格斯全集》第32卷,人民出版社1974年版,第43页。
③ 林甘泉等:《中国古代史分期讨论五十年》,上海人民出版社1982年版,第27页。
④ 林志纯主编:《世界上古史纲》下册,天津教育出版社1998年版,第222页。
⑤ 林甘泉等:《中国古代史分期讨论五十年》,上海人民出版社1982年版,第155页。

2. 五种社会形态：诘难与辩护

五种社会形态说，近年来却遭到冯天瑜、袁林、季正矩和叶文宪等学者质疑和驳斥；其中较有学术分量而需要认真对待者，正如冯天瑜所言，可以归结为三大诘难。第一，他们认为"五种社会形态"违背了概念分类规则。袁林写道："从概念划分的角度看，五种社会形态说有两个缺陷：一、违反了概念划分中每一次划分应当使用同一个划分标准的规则，将不等位概念并列于同一等级；二、违反了概念划分中各子项必须穷尽母项的规则，误将各社会形态间的对立（反对）关系视为矛盾关系，忽视了它们之间中间类型或过渡时期的存在。"①

这种驳斥是不能成立的。因为五种社会形态是对社会进行两次连续划分的结果，每一次都使用同一划分标准。第一次划分，是以生产资料是否公有的性质为标准，将母项"社会"分为"公有制社会"与"私有制社会"两个子项：二者显然穷尽了"社会"的全部外延。第二次是分别对两个子项进行划分。一方面，以历史发生顺序为标准，将子项"公有制社会"分为"原始公有制社会"与"非原始公有制社会"；后者又分为"社会主义社会"与"共产主义社会"：三者无疑穷尽了"公有制社会"的全部外延。另一方面，以生产资料私有者的性质为标准，将子项"私有制社会"分为奴隶社会、封建社会和资本主义社会三类：奴隶社会是生产资料主要归奴隶主所有的社会；封建社会是生产资料主要归地主所有的社会；资本主义社会是生产资料主要归资本家所有的社会。试问，除了奴隶社会、封建社会和资本主义社会，还有什么私有制社会吗？没有了。所以，这三种社会也穷尽了"私有制社会"的全部外延。

可见，五种社会形态是连续两次划分的结果，不但每一次划分都使用同一标准，而且穷尽了母项"社会"的全部外延，因而完全符合概念划分规则。退一步说，也许会有一天，人们发现了新的私有制或公有制社会，因而五种社会形态便没有穷尽母项"社会"的全部外延。但是，这并不会否定马克思以所有制为根据的社会分类的巨大的科学价值和实践意义，也并不会推翻——而只是发展和修正——五种社会形态分类的科学理

---

① 袁林：《两周土地制度新论》，东北师大出版社2000年版，第38—52页。

论。因为生产资料所有制乃是任何社会和国家的最根本最重要的属性,因而以其为根据的分类具有最重要最根本最大的价值。这种分类的价值之无与伦比的根本性和重要性首先表现在:只有在这种社会形态的分类中,才能够找到自柏拉图的理想国和孔夫子的大同社会以降,二千五百年来思想家们一直追求的理想社会:共产主义社会。更何况,确有一些极具科学价值和现实意义的概念划分,如马斯洛的需要类型论,并不完全符合概念划分的规则。因为按照这个理论,人的需要从低级到高级顺次排列为五类:生理需要、安全需要、爱的需要、自尊需要和自我实现需要。这五种需要合起来显然并不能包括人的全部需要,如不包括游戏需要、健康需要、权力欲、自由需要等。但是,谁能否定马斯洛这种需要划分的巨大科学价值和实践意义呢?

第二,他们认为五种社会形态说误以单线历史观描述多线历史过程,将多样化的历史发展纳入单一、机械的模式之内。冯天瑜写道:"将'五种社会形态'概括西欧历史,本身即值得商榷,而其更大的失误在于,将自然环境、社会条件、文化传统复杂多样的人类诸民族的历史进程单一化、模式化,将西欧这一'特殊性'视作'普遍型',从而把包括中国在内的诸多国度纷纭错综的历史轨迹,一概套入一个简约化的公式,不免牵强附会。"① 季正矩写道:"'五种社会形态说'无法解释这样一个历史事实,即除了西欧之外,几乎没有一个民族的发展是依次经历'五种社会形态'的。对历史的深入考察使我们得知,奴隶社会、封建社会、资本主义社会都被不同的民族在不同的历史条件下超越过。"②

这种驳斥,就其否定五种社会形态分类的科学性来说,也是不能成立的。因为,一方面,我们不能根据五种社会形态依次更替并非人类社会发展变化的普遍规律,就否定五种社会形态是对社会的普遍的科学的划分;正如君主国与共和国依次更替并非普遍规律,并不能否定其为国家普遍的科学的划分一样。五种社会形态依次更替究竟是不是人类社会发展变化的普遍规律,固然是"五种社会形态说"应有之义,却与五种社会形态类

---

① 冯天瑜:《封建考论》,武汉大学出版社2006年版,第301页。
② 季正矩:"关于'五种社会形态说'的若干论争",《北京日报·理论周刊》2003年5月5日。

型能否成立的问题无关。这一点，就是否定"五种社会形态说"的叶文宪自己也承认："它们并不是一个民族按内在逻辑顺序发展的几个形态，而是几个民族分别建立的不同形态的社会。"① 另一方面，任何一种社会形态类型的成立，也并不需要它必须普遍存在于一切国家或一切社会。即使中国不存在奴隶社会和封建社会，我们也不能因此就否定奴隶社会和封建社会是一种类型的社会形态。问题的关键显然在于，是否有这样一种社会，这种社会在五种社会形态之外？如果中国或其他任何国家存在一种五种社会形态之外的社会，那么，五种社会形态就没有穷尽母项"社会"的全部外延，因而便违背了概念分类规则，是不科学的社会分类。但是，如上所述，五种社会形态乃是对母项"社会"连续两次划分的结果，穷尽了母项"社会"的全部外延：在世界的任何地方都不可能存在五种社会形态之外的社会。

然而，否定论者认为殷周社会并不是五种社会形态之中的任何一种，而是存在于五种社会形态之外的社会：既不是奴隶社会也不是封建社会。在他们看来，只有土地所有者才是地主，因而殷周社会不但不是奴隶社会；而且也不是封建社会，因为诸侯、封臣或领主不是地主，不是土地的所有者，而只是土地的占有者：他们受封的土地不可买卖。即使果真如此，也不足以否定殷周社会的生产资料的主要所有者是地主，也不足以否定殷周是五种社会形态中的封建社会。因为五种社会形态中的封建社会就是生产资料主要归地主所有的社会。这就是说，不论地主是多少，不论地主只是皇帝一个人抑或是无数可以自由买卖自己土地的私有者，只要全国的生产资料主要归地主所有，就是封建社会；只不过全国土地归皇帝一人所有的社会是属于所谓"亚细亚生产方式"的封建社会罢了。因此，殷周社会二者必居其一：皇帝仅仅是大地主，因而是封建社会；或者皇帝是大奴隶主，因而是奴隶社会。殷周乃至任何私有制社会都不可能逃出奴隶社会、封建社会和资本主义社会。因为任何私有制社会的生产资料，主要讲来，岂不是不归奴隶主所有，就是归地主所有抑或归资本家所有？

第三，他们认为五种社会形态以生产关系——归根结底以生产资料所有制——为根据划分社会形态，忽略了非经济的社会形态，因而将社会形

---

① 叶文宪：《重新解读19世纪前的中国》，中国文史出版社2005年版，第92页。

态等同于社会经济形态:"五种社会形态说将社会形态等同于社会经济形态,例如斯大林就是根据物质生活资料的生产方式——一定的生产力和与其相适应的一定生产关系的总和——的不同,将整个人类社会历史划分为五种社会形态。这种学说把生产关系即经济的关系作为社会唯一的基础性关系,认为不同社会形态的根本区别在于生产关系的不同,而生产关系的核心内容就是生产资料的所有制,即'生产资料归谁所有,生产资料由谁支配'。"①

这种驳斥虽然荒唐无稽,但持此见者却多有学者,如袁林、冯天瑜和黄敏兰等。这种驳斥似乎不懂得概念分类的逻辑常识,因为照此说来,根据某种性质对任何事物所进行的分类,就都忽略了该事物的其他性质,都是将该事物等同于该性质了。然而,我们不能说,根据性别将人分为男人与女人,就忽略了人的其他性质,就将人与性别等同起来。同样,我们也不能说:根据生产关系将社会形态分为五种,就忽略了社会形态的其他性质,就将社会形态与社会经济形态等同起来。

二 原始国家

1. 游群国家

考古学和人类学的研究表明,原始社会按其历史发展的一般顺序,呈现三种性质不同的社会形态:游群(bands,也译为游团、队群或群队)、部落(tribe)和酋邦(chiefdom)。游群是人类最早社会形态,因而与人类同时诞生,大约出现于二三百万年前,终结于一万年前,历时约二三百万年:人类的游群时代也就是旧石器时代。因此,在人类历史的百分之九十九以上的时间里,人们都是生活在游群社会。在这漫长的二三百万年中,社会经济处在狩猎—采集阶段,人类完全依靠采集和狩猎为生,因而到处游荡,没有固定居所,以致其独立自主的社会形态——游群——的规模相当小,实在与猿群、猴群或狼群差不多,少则几人、几十人,多则几百人。

因此,所谓游群,可以顾名思义,就是四处游动的小型自主社会,就

---

① 袁林:《两周土地制度新论》,东北师大出版社2000年版,第38—52页。

是人类处于狩猎—采集阶段因而四处游动的独立自主社会。哈维兰说："队群是一种小型的自主群……队群成员主要是狩猎采集者，他们往往必须四处游动，寻找食物资源，所以，一般说来一年中多数时间都在随动物群和收获期迁移。这种流动性的生存模式与群队的第二个重要特征——规模小——有关系。群队的人口密度相当低，从几人到几百人，人数不等，其规模依它所运用的采集食物的方法而定。"①

恩伯也这样写道："有些社会是由若干相当小的、通常是游动的群体组成。我们习惯于称每个这样的群体为队群，它在政治上有自主权。这就是说，在这种社会中，队群是最大的政治单位。鉴于大多数近代的食物采集者都曾经有过队群组织，一些人类学家认为，在农业产生以前，或者一直到大约一万年以前，队群这种类型的政治组织几乎是所有社会的特征。"②

游群的社会构成，亦如哈维兰所言，极其简单，原本是一种血缘家族群，是一种核心家庭的联合："队群是亲属群，由具有亲属关系的男人和妇女以及他们的配偶及未婚的儿女组成。队群的特点可以归结为，它是有亲属关系的一些家庭的联合，这些家庭占据一块共同的领土，只要生存环境有利，就一起生活在那里。"③ 一句话，游群是一种血缘社会。

一般说来，游群实行公有制、平均分配和民主制，没有独立的、专门的、正规的政治组织。哈维兰说："群队一般说来是相当民主的：任何群队成员都不会告诉别的人去干什么、怎么狩猎、跟谁结婚。不存在私人所有制（除了几件武器和工具），野兽肉和其他食物由该群队所有成员共享。等级（非指年龄与性别的地位差别）、劳动专门化，以及正规的政治组织在这种社会中都没有发现。"④ 赛维斯也这样写道："游团文化的经济、政治和意识形态都是非专业化的和非正式的；简而言之，都仅仅是'家庭式'的。"⑤

---

① 哈维兰：《当代人类学》，上海人民出版社1987年版，第468页。
② Carol R. Ember, Mevin Ember, *Cultural Anthropology*, Ninth Edition, Prentice Hall, Inc. 1999, p. 222.
③ William A. Haviland, *Anthropology*, NinthEdition, Harcourt College Publishers, New York, 2000, p. 655.
④ 哈维兰：《当代人类学》，上海人民出版社1987年版，第468页。
⑤ 转引自易建平《部落联盟与酋邦》，社会科学文献出版社2004年版，第162页。

总而言之，游群属于国家范畴，是一种国家，可以称之为"游群国家"：游群国家就是人类处于狩猎—采集阶段的四处游动的自主的血缘社会。因为如前所述，一方面，国家属于社会范畴，是一种特殊的社会；一种社会是不是国家，与其是否拥有独立的、专门的、正规的政治组织无关：国家是拥有最高权力的社会，是独立自主的社会，而不必是拥有独立的、专门的、正规的政治组织的社会。另一方面，"游群"虽然可能只有几十个人，没有独立的、专门的、正规的政治组织，却正如恩伯所言，乃是一种独立自主的社会，是最高且最大的社会，不受其他权力领导和支配，拥有独立自主的权力①，亦即拥有主权或最高权力，因而也就是一种国家，只不过是人类最原始最古老最简单的国家罢了。

2. 部落国家

部落继游群而起，原本在旧石器时代和中石器时代就已经存在，但只有到新石器时代，亦即距今约八九千年，才广泛地散布于世界各地。部落的形成，说到底，源于社会经济由狩猎—采集阶段向农耕—畜牧阶段的转化：部落是人类处于农耕和畜牧阶段因而趋向定居的社会。对此，恩伯讲得很清楚："具有部落组织的社会一般都是食物的生产者。耕作和饲养牲畜一般都比狩猎和采集的生产力高，因而与狩猎—采集社会相比，部落社会的人口密度一般更高，地方性群体也更大，生活方式也更倾向于定居。"②

部落虽然与游群一样，也是一种血缘社会，但是，正如恩伯所指出，部落存在——游群却没有——一种泛部落组织，如氏族、年龄群、社团组织等："部落政治组织同队群政治组织的区别在于，前者具有某种泛部落社团（像氏族和年龄群），这些泛社团有潜力将当地一定数量的地方性群体整合为一个规模更大的整体。"③ 塞维斯也认为这种泛部落组织的存在乃是部落区别于游群的根本特征：

---

① Carol R. Ember, Mevin Ember, *Cultural Anthropology*, Ninth Edition, Prentice Hall, Inc. 1999, p. 222.

② Ibid., p. 224.

③ 恩伯：《文化的变异》，辽宁人民出版社1988年版，第400页。

泛部落组织使得部落成其为部落。如果没有这种组织，那么，除了一系列游团之外别无其他，虽然人们生活得比狩猎采集者更为富足，但仍然是游团，联系某些团体之间的手段只有相互婚姻。换句话说，泛部落组织的发展是新出现的特征，它使得游团成为过去，使得社会文化的整合进入一个新阶段，由此使得一个新的文化类型出现。①

氏族无疑是泛部落组织的核心，因而也就是部落社会的基础和中心："作为社会机体的基本单元，氏族自然就成为社会生活和活动的中心。"② 那么，究竟何谓氏族？摩尔根答道："氏族是一个由共同祖先传下来的血亲所组成的团体。"③ 因此，一般说来，同一氏族内部不可以通婚："氏族组织之最普遍的特色之一便是外婚制。"④ 这样，任何氏族便都不可能单独存在，而至少必定伴有另一个可以通婚的氏族：两个氏族在通婚关系基础上结合起来就构成了最初的部落。所以，摩尔根在考察美洲和希腊以及罗马的部落时一再说："部落是一些氏族结成的集团。"⑤ "部落是同一种族的若干氏族按胞族组织而结成的集团。"⑥

氏族是一个由共同祖先传下来的血亲所组成的团体，因而其为部落的基础和核心，便决定了部落与游群一样，实质上仍然是一种"家庭式"的平等社会："具有部落政治组织的社会与队群社会相似，都是平等的社会。"⑦ 这种平等，一方面，是经济平等，主要是共产制："家庭经济都是由若干个家庭按照共产制共同经营的，土地乃是全部落的财产，仅有小小的园圃归家庭经济暂时使用。"⑧ 就是怀疑部落实行共产制的罗纲，也不

---

① 转引自易建平《部落联盟与酋邦》，社会科学文献出版社2004年版，第163页。

② Lewis H. Morgan, *Ancient Society*, The Belknap Press of Harvard University press Cambridge, 1964, p. 203.

③ Ibid., p. 61.

④ 罗纲：《初民社会》，江苏教育出版社2006年版，第67页。

⑤ Lewis H. Morgan, *Ancient Society*, The Belknap Press of Harvard University press Cambridge, 1964, p. 63.

⑥ Ibid.,

⑦ Carol R. Ember, Mevin Ember, *Cultural Anthropology*, Ninth Edition, Prentice Hall, Inc. 1999, p. 224.

⑧ 《马克思恩格斯选集》第四卷，人民出版社1972年版，第92页。

得不承认："虽然排除一切私人所有权的全盛的共产制，或许从未发现过，不一定为全社会所有而只为某种团体所有的集体所有权则很普通。正如婚姻一事，在某方面看，是两个亲属群间的一种协定，财产也常常与团体相联系而不与个人相联系。"①

部落是一种平等的社会之另一方面，表现为政治平等：民主是部落政治的主流；专制等非民主政体不过是偶尔出现的特例。对于这一点，摩尔根曾这样写道："不论在地球上任何地方，不论在低级、中级或高级野蛮社会，都不可能从氏族制度自然生出一个王国来……君主政体与氏族制度是矛盾的，它发生于文明社会比较晚近的时期。处于高级野蛮社会的希腊部落曾出现过几次专制政体的事例，但那都是靠篡夺建立起来的，被人民视为非法，实际上与氏族社会的观念也是背道而驰的。"②

部落虽然是一种基本定居的社会，社会规模远远大于游群，却同样没有独立的、专门的、正规的政治组织："像在群队中一样，部落中的政治组织也是非正规和暂时性的。"③ 但是，部落也与游群一样，是一种"最高政治整合体"④，拥有最高权力，对各氏族选出来的首领和酋帅有授职、罢免之权，设有一个由酋长会议组成的最高政府等。因此，恩格斯说："凡是部落以外的，便是不受法律保护的……部落始终是人们的界限。"⑤ 一言以蔽之，部落是一种拥有最高权力的社会，因而也就是一种国家，可以称之为"部落国家（tribal state）"：部落国家就是人类处于农耕和畜牧阶段因而趋向定居的拥有最高权力的血缘社会。

3. 酋邦国家

赛维斯和弗里德等现代人类学家认为，在平等的部落社会与阶级社会之间，存在一个过渡的等级氏族社会："如果我们认为，等级氏族社会不

---

① 罗纲：《初民社会》，江苏教育出版社 2006 年版，第 123 页。
② Lewis H. Morgan, *Ancient Society*, The Belknap Press of Harvard University press Cambridge, 1964, pp. 110 – 111.
③ William A. Haviland, *Anthropology*, NinthEdition, Harcourt College Publishers, New York, 2000, p. 657.
④ Carol R. Ember, Mevin Ember, *Cultural Anthropology*, Ninth Edition, Prentice Hall, Inc. 1999, p. 224.
⑤ 《马克思恩格斯选集》第四卷，人民出版社 1972 年版，第 94 页。

同于平等氏族社会，而且晚于平等氏族社会，处于平等氏族社会和政治文明社会的中间阶段，那么，许多悬而未决的问题将得到解决。"① 这种等级氏族社会就叫做酋邦：酋邦就是处于平等的部落社会向阶级社会过渡阶段的等级社会。

酋邦与部落一样，仍然处于农耕和畜牧阶段，但其生产专门化的程度较高，出现较多剩余产品，因而从部落的实物和劳役的互惠原则，转化为行政性的再分配制度："酋邦是有着常设中心协调机构的一种再分配社会。这样，这个中心机构不仅起着经济作用——不管在这种社会起源时这一因素是多么基本——而且另外还拥有社会、政治和宗教的职能。"②

这样一来，便产生了专门的、正式的、独立的、常设的官僚管理机构和政治组织。哈维兰和恩伯等人称这种酋邦社会为"酋长社会"或"酋长领地"："在酋长社会中，有一种公认的官僚机构，它由控制着酋长领地中较大区域和较小区域的主要和次要官员组成。这一安排实际上是一个控制链，它把各级管理领导联系起来。它的作用是把中心地带的部落群体与酋长中心指挥部紧密结合在一起。"③

这种正式的、常设的官僚管理机构无疑使酋长的权力和地位极大提高，甚至可能使他独掌最高权力而成为专制君主："这种正式结构……大多数情况下总有一个人——酋长，他同其他人比起来，拥有更高的地位和权威。处于酋长领地政治发展阶段的社会可能在政治上完全统一于酋长的统治之下，但也可能不完全是这样。"④

即使酋长的统治不是专制的而是民主的，毕竟也使酋长家庭成员及其亲族群家庭成员的地位高于普通家庭成员，从而处于社会的中心位置，最终形成一种不平等的等级制社会。所以，哈维兰说："酋长社会是一种等级社会。在这种社会中，每个成员在等级制度中都有一个地位。在这种共同体中，个人的地位是由他在一个继嗣群中的成员资格决定的；那些在最高层与酋长有最密切关系的人官位就高，而且较低等级人对他们还要毕恭

---

① 转引自易建平《部落联盟与酋邦》，社会科学文献出版社2004年版，第152页。
② 同上书，第339页。
③ 哈维兰：《当代人类学》，上海人民出版社1987年版，第476页。
④ 恩伯：《文化的变异》，辽宁人民出版社1988年版，第406页。

毕敬。"①

不过,一方面,这种不平等的社会分层和等级只在政治和社会方面,而并不在经济方面。酋邦社会各个不同的社会阶层和等级之间,并无截然不同的经济差异,并没有生产资料私有制,并没有那样的经济地位不同的集团,以致某些集团依靠生产资料的独占而能够剥削另一些集团所创造的剩余价值。因此,赛维斯一再说:酋邦社会"拥有显著的社会分层和阶等,但是没有真正的社会经济阶级。"②"我并不同意那种意见,认为那些种不平等是一种占据优势者对于处于劣势者赤裸裸的剥削。"③"在哪里也没有基于财产分化、所有权形式或者'使用战略资源的不同权利'意义上的那种社会阶层。"④

另一方面,酋邦社会虽然存在正式的、独立的、专门的、常设的政治组织和管理机构,却没有正式的合法的暴力镇压工具:"酋邦拥有集中的管理,具有贵族特质的世袭的等级地位安排,但是没有正式的、合法的暴力镇压工具。组织似乎普遍是神权性质的,对权威的服从,似乎是一种宗教会众对祭司—首领的服从。"⑤

总而言之,赛维斯十分精辟地将酋邦社会的特点概况为一句话:"大体上说,酋邦是家庭式的,但是不平等;它没有政府,但是拥有权威与集中管理;它没有资源上的私有制,没有经营性质的市场贸易,但是在对物品与生产的掌控方面,却是不平等的;它有阶等区分,但是没有明显的社会经济阶级,或者政治阶级。"⑥

然而,赛维斯等现代人类学家却由酋邦没有正式的合法的暴力镇压工具而断言酋邦仍然是一种亲族社会而并非国家。这是不能成立的。因为国家之所以为国家只在于是否拥有最高权力,而与是否存在正式的合法的暴力镇压工具无关:正式的合法的暴力镇压工具只是阶级社会或文明社会的国家之特征。问题的关键在于,正如恩伯所言,酋邦无疑与游群和部落一

---

① 哈维兰:《当代人类学》,上海人民出版社1987年版,第476页。
② 转引自易建平《部落联盟与酋邦》,社会科学文献出版社2004年版,第123页。
③ 同上书,第342页。
④ 同上书,第123页。
⑤ 同上书,第197页。
⑥ 同上书,第207页。

样,是一种"最高政治整合体"①,是一种拥有最高权力的社会。因此,酋邦仍然属于国家范畴,属于原始国家范畴,可以称之为酋邦国家:酋邦国家就是处于平等的部落社会向阶级社会过渡阶段的拥有最高权力的等级社会。

综上可知,原始国家按其历史演进的一般顺序,分为三类:游群国家和部落国家以及酋邦国家。这些原始国家不论如何不同,却都实行生产资料公有制,因而都属于公有制国家范畴,可以称之为原始公有制国家:原始国家与原始公有制国家是同一概念。原始公有制国家与私有制或阶级社会国家同样是拥有最高权力的社会,因而同样是国家,同样属于国家范畴。只不过,私有制或阶级国家拥有正式的、独立的、专门的、常设的政治组织和合法的暴力镇压工具;原始国家则没有合法的暴力镇压工具,整体说来,也没有正式的、独立的、专门的、常设的政治组织。酋邦国家不过是原始国家向阶级国家的过渡阶段,因而兼具二者特征:有正式的政治组织却没有合法的暴力镇压工具。

三 奴隶制与封建制国家:两种封建概念

1. 奴隶制

当原始国家由游群进化到部落,复由部落达于酋邦时,虽然仍处于农耕和畜牧阶段,但其生产专门化的程度较高,以致出现第一次社会大分工和金属劳动工具,提高了劳动生产率,从而能够生产较多剩余产品,形成一种财产私有和不平等的等级制社会。这样一来,战争的胜利者便不再屠杀俘虏,而使他们成为自己的一种私有财产,亦即能够生产剩余价值的奴隶;尔后,一些债务人也沦落为债权人的奴隶。这就是所谓的奴隶制:"生产力达到使人们能够生产比维持他们的生存所必需的东西为多的水平(即出现剩余产品),以及财产不平等现象和生产资料私有制的产生,是奴隶制出现的基本经济前提。"②

---

① Carol R. Ember, Mevin Ember, *Cultural Anthropology*, Ninth Edition, Prentice Hall, Inc. 1999, p.224.
② 《苏联大百科全书选译·奴隶制》,生活·读书·新知三联书店 1956 年版,第 13 页。

奴隶制虽然与原始国家一样，属于自然经济范畴；但其根本特征，如所周知，乃是奴隶主占有全部生产资料和奴隶，奴隶与牲畜一样，不过是奴隶主的私有财产。因此，马克思在论及奴隶制时曾这样写道："按照古人的恰当的说法，劳动者在这里只是会说话的工具，牲畜是会发声的工具，无生命的劳动工具是无声的工具。"① 一言以蔽之，奴隶制就是使一些人成为另一些人的财产的自然经济形态或自然经济制度。所以，《布莱克维尔政治学百科全书》奴隶制词条的定义是："一人是另一人的财产的制度。"②

因此，奴隶主对奴隶便如同对其牲畜等财产一样，可以随意使用、买卖乃至处死奴隶。奴隶的价格也很便宜，在古代的巴比伦，一个奴隶的价格与租用一头牡牛的价钱相等。这样一来，奴隶主对奴隶的剥削便是人世间最为残酷的剥削：奴隶主不但占有奴隶的全部剩余劳动，而且还占有奴隶部分必要劳动：分配给奴隶消费的那部分产品，仅能维持奴隶生命，使奴隶能继续劳动，因而使奴隶常因饥饿和过度劳累而死。奴隶对于自己所受到的非人待遇，满怀仇恨，因而经常消极怠工，甚至破坏劳动工具。所以，马克思说："这种生产方式的经济原则，就是只使用最粗糙最笨重因而很难损坏的劳动工具。"③

2. 封建制：封建概念的原初含义与后来含义

"封建社会"恐怕是人类所创造的争议最大且最难界定的概念。它曾经是 20 世纪二三十年代中国社会史论战的焦点。半个世纪后，亦即 80 年代末 90 年代初，论战的波澜再起；而争论的核心问题仍然是：如何看待封建概念及其演变？中国秦汉以后是否属于封建社会？仅就"封建"的概念辨析，冯天瑜教授就写了一本近 40 万字的专著：《"封建"考论》。封建社会概念争议之大，不独中国，西方亦然。马克·布洛赫在其巨著《封建社会》第 32 章"作为一种社会类型的封建主义"中写道："今天，有关封建主义的各种各样充满异国色彩的说法，似乎充斥着世界历

---

① 《马克思恩格斯全集》第 23 卷，人民出版社 1974 年版，第 222 页，注 17。
② 戴维·米勒等编：《布莱克维尔政治学百科全书》，中国政法大学出版社 1992 年版，第 700 页。
③ 《马克思恩格斯全集》第 23 卷，人民出版社 1974 年版，第 222 页，注 17。

史……这个词语在世界上一直歧义纷呈，经历了许多曲解。"① 那么，究竟何谓封建？

"封"字在甲骨文中状如"植树于土堆"，本义是堆土植树、划分田界。唐代考据家颜师古说："封，谓聚土以为田之分界也。"从此出发，进而引申为帝王将土地分赐给亲戚或功臣作领地、食邑。所以，《说文解字》写道："封，爵诸侯之土也。从之，从土，从寸，守其制度也。公侯百里，伯七十里，子男五十里。"组成"封建"的"建"字，起配搭作用，与"封"义近，本义为"立"。唐人孔颖达说："建是树立之义。"

"封"与"建"合为"封建"一词，意为"封土建国"、"封爵建蕃"。《左传》曰："故封建亲戚，以蕃屏周。"孔颖达疏："故封立亲戚为诸侯之君，以为藩篱，屏蔽周室。"这也就是"封建"概念的原初含义："封建"就是帝王以土地爵位分赐亲戚或功臣，使他们在该地建立邦国或拥有某种最高权力的社会：邦国就是拥有某种最高权力的社会。所以，杨伯俊说："封建，以土地封人使之建国。"顾颉刚说："国王把自己的土地和人民分给他的子弟和姻戚叫做'封建'，封是分划土地，建是建立国家。"

因此，"封建"概念的原初含义与其词源含义完全相同，亦即以土地封人而使之建立拥有某种最高权力的社会，因而属于政体或政府制度范畴，与"郡县"相对立；二者之优劣，遂成为秦汉以降列朝政论的大问题，历经千百年而不衰：郡县制的特征是地方没有主权，主权完全执掌于中央政府，因而属于单一制政府制度；封建制的特征是宗主国与诸侯国分享主权，是中央与地方政府分享主权，因而属于联邦制政府制度。因此，就封建概念的原初含义来说，秦汉至明清便不是封建社会，而只有商周才堪称封建社会：这种社会划分的根据是某种政体或政府制度的性质。

以中文"封建"对译的英文 feudalism 一词，从拉丁文 feodum（采邑、封地）演化而来，原本指封土封臣、采邑庄园，因而与中文"封建"概念的含义相同，都是以土地封人使其在该封地建立拥有某种最高权力的社会：诸侯邦国与领主庄园。所以，西欧 feudalism 概念的原初含义，正

---

① 马克·布洛赫：《封建社会》下卷，商务印书馆 2007 年版，第 697—698 页。

如布洛赫所言，也不是指社会经济形态；而是与中国"封建"概念的原初含义一样，指一种与中央集权相反的分权政体："最初的命名者们在他们称作'封建主义'的社会制度中，所意识到的主要是这种制度中与中央集权国家观念相冲突的那些方面。"① 马克尧将这些方面归结为三："第一，封建主之间形成了特有的封君封臣关系；第二，形成了与封君封臣关系相适应的封土制度；第三，国家权力衰落，各封君在其领地内取得了独立的行政、司法权力。"②

显然，中西封建概念的原初含义完全相同，都是指一种政体、政府制度，都属于政体范畴，因而所谓封建社会便都是以政体的某种性质——单一制还是联邦制——为根据而对于社会的分类。但是，这只是封建社会的原初含义；封建概念后来是指一种经济形态："无论中国和西欧，对自己的封建的理解，都有一个把它先当作法律、政治制度，后当作社会经济形态的发展过程。"③ 那么，它指的究竟是一种怎样的经济形态呢？这种后来大行其道而今成为主流意识形态的封建概念，如所周知，指的就是封建主占有绝大部分土地而农民或农奴却完全没有土地或只有极少土地的自然经济形态，就是生产资料主要归地主所有的自然经济形态。1989年出版的《辞海》的"封建制度"词条便这样写道："以封建地主占有土地、剥削农民（或农奴）剩余劳动为基础的社会制度……在封建制度下，封建地主阶级拥有最大部分的土地。农民（或农奴）完全没有土地或只有很少的土地。他们耕种地主的土地，对地主阶级有不同程度的人身依附，受其剥削和压迫。"

封建概念的这种含义，固然与其原初含义大相径庭，却同样源于其词源而有其词源依据。因为"封建"的词源，不论中西，都是"封土"、"封地"；因而从其词源看，"封建制"的根本特征就是土地的所有制。所以，《云五社会科学大辞典》的"封建制度"词条写道："英文 feudalism 一字来自德语 fehu-od（英文 fief 一字又由此而来），原指牲口财产，后来指地产，强调土地享有权及其所属的权利义务。"英国《简明不列颠百

---

① 马克·布洛赫：《封建社会》下卷，商务印书馆2007年版，第697页。
② 马克尧：《中西封建社会比较研究》，学林出版社1997年版，第4页。
③ 同上。

科全书》词条"封建主义"也这样写道:"封建主义是一种以土地占有权和人身关系为基础的关于权利和义务的社会制度。"费正清亦如是说:"封建主义这个词就其用于中世纪的欧洲和日本来说,所包含的主要特点是同土地密不可分。"①

因此,从"封建"的词源含义不仅引申出"以土地封人而使之建立拥有某种最高权力的社会"的封建概念的原初定义,而且引申出"封建制以土地所有制为根本特征"的封建概念的后来定义:封建制就是封建主占有绝大部分土地而农民或农奴却完全没有土地或只有极少土地的制度,就是生产资料主要归地主所有的制度。对于这个封建概念的后来定义,瞿同祖曾有十分精辟的论述;虽然他坚持封建概念的原初定义,因而认为秦汉以降并非封建社会。首先,他引证梅因的观点:"亨利·梅因从所有权来看,特别着重于土地所有权的不平等一点上。以为两重所有权——主人封邑的优越和农夫财产的卑微——为封建主义的主要特征。"②接着,他引证维纳格鲁道夫:"他也着重于土地的所有权,和梅因差不多。以为有优越和卑微两种。前者有所有权,而后者只有使用权。不但一切人的地位都以土地的有无来决定,土地的所有并且能决定政治上的权利和义务。"③ 最后,他得出结论说:

(一)土地所有权的有无。(二)主人与农民的相互关系。前者实系封建社会的基本特征,为封建社会的中心组织;后者只是当然的现象,有土地者为主人,无土地而耕种他人的土地者为农民。这样便形成了特权与非特权阶级,而确定了两阶级间的权利义务关系。换言之,特权阶级的一切权利义务都以他的封土为出发点,他对于在上的封与者有臣属的义务,特别是兵役的供给。他对在下的臣民有治理的权利,最重要的是可以从他们那里得到各种义务的供给。从非特权阶级来看,因为他没有土地所有权,所以不是特权阶级,而必须对于给他耕地的主人忠诚地供给各种役作的义务。根据以上所述,更简要而

---

① 费正清:《美国与中国》,商务印书馆1987年版,第26页。
② 瞿同祖:《中国封建社会》,上海世纪出版集团2006年版,第7页。
③ 同上。

言之，封建社会只是以土地组织为中心而确定权利义务关系的阶级社会而已。①

于是，中文"封建"与英文 feudalism 不但词源含义相同，都是"封土"、"封地"的意思，而且两词所称谓的概念的定义也相同："原初定义"都是指以土地封人而使之建立拥有某种最高权力的社会；"后来定义"都是指土地所有制，亦即生产资料主要归地主所有的制度。因此，严复以中文"封建"对译英文 feudalism 是完全正确的。问题显然并不在于翻译，而在于不论中西原本就同样有两种根本不同的"封建"概念，原本就有两种根本不同的"封建"定义。一种是原初的封建概念，是指以土地封人而使之建立拥有某种最高权力的社会，是指一种政体，属于政体范畴，因而所谓封建社会便是以政体的某种性质——单一制还是联邦制——为根据而对于社会的分类。准此观之，殷周是封建社会；而秦汉至明清则是非封建社会。另一种是后来大行其道的封建概念，是指生产资料主要归地主所有的制度，是一种经济制度，属于自然经济形态，因而所谓封建社会是以经济形态的某种性质——所有制——为根据对于社会的分类。准此观之，秦汉至明清无疑是封建社会。

3. 两种封建概念的矛盾：取舍原则

这样一来，两种封建概念或封建概念的两种定义便造成了概念的混乱和矛盾：同一种社会——秦汉至明清——是封建社会又不是封建社会。彻底消除混乱和矛盾的解决方法，无疑是冯天瑜的方法：统一封建概念的定义或只要一个封建概念。这样，对于封建概念的两个定义就只能保留一个而清除另一个。应该保留哪一个，清除哪一个？冯天瑜等众多资深学者认为应该保留封建概念的原初定义（以土地封人而使之建国），而清除其后来定义（生产资料主要归地主所有的制度）。②

这是极为不当的。因为，倘若非要二者择一不可，那么，显然应该保留价值较大的。原初的封建概念，是以政体的某种性质——中央与地

---

① 瞿同祖：《中国封建社会》，上海世纪出版集团 2006 年版，第 8 页。
② 冯天瑜：《封建考论》，武汉大学出版社 2006 年版，第 327—366 页。

方的集权还是分权——为根据的分类。这种分类不但仅仅属于政体分类范畴，而且远不是根本的主要的政体分类。根本的主要的政体分类，如所周知，乃是以政体的根本的主要的性质——亦即执掌最高权力的人数——为根据的四大类型：专制君主制、有限君主制、寡头共和制与民主共和制。相反地，原初的封建概念则是以政体的非根本非主要的性质——单一制还是联邦制——为根据的分类，显示的仅仅是中央政府与地方政府执掌最高权力的关系，隶属于"联邦制"或"邦联制"范畴。西周的封建社会是中央、宗主国与地方政府或诸侯邦国分享国家主权，是一种专制国家的联邦，属于"联邦制"；春秋战国则是主权完全执掌于各诸侯邦国而中央机关或宗主国没有主权，是一种专制国家的邦联，属于"邦联制"。

冯天瑜等学者以为只有中央集权的秦汉至明清才是专制社会，而封建就不是专制，因而讥笑"封建专制"、"封建专制帝王"、"封建专制皇权"等短语概念实属内在抵牾、自相矛盾的"封建箩筐"。① 殊不知，封建制与郡县制或中央集权制之分，与专制还是民主根本无关。因为专制与民主是以执掌最高权力的人数为根据的政体分类：一人独掌最高权力就叫做专制政体或君主专制政体。与此根本不同，封建制与郡县制或中央集权制则是以中央与地方的集权还是分权为根据的政体分类：中央集权可能是民主国家；非中央集权或封建制反倒可能是专制国家。中国殷周封建制社会的各宗主国和诸侯国的最高权力，正如梁启超所言，同样都是一人——皇帝或王侯——独掌，因而都属于专制或无限君主制国家，只不过不是中央集权的专制国家罢了："封建者，天子与诸侯俱据土而治……诸侯与天子同有无限之权，故谓之多君。"②

可见，原初的封建社会概念，虽然属于政体分类，却是以政体的非根本性质——中央集权与否——为根据的分类，远非根本的政体分类，实在无足轻重。相反地，后来的封建社会概念，则是以社会最根本最主要最重要的性质——生产资料所有制——为根据的分类，是五种社会形态（原始社会、奴隶社会、封建社会、资本主义社会和共产主义社会）之一，

---

① 冯天瑜：《封建考论》，武汉大学出版社2006年版，第228页。
② 《梁启超全集》第1册，北京出版社1999年版，第97页。

无疑是最根本最重要的社会分类。赖有对封建社会的这种理解，赖有这五种社会形态，我们才可能理解人类社会的深层本质，才能够把握历史最根本的内在联系，才能够求索和实现人类的理想社会：共产主义社会。更何况，冯天瑜承认，20世纪中叶以来，对于封建社会的这种理解已经普被国中而成为主流历史理念。因此，两利相权取其重，如果非要二者择一，显然应该保留后来的封建概念，淘汰原初的封建称谓而代之以"分封制"、"分封社会"、"分封制社会"：殷周是分封制社会；秦汉至明清是非分封制社会、郡县制社会或中央集权制社会。

但是，更为稳妥可行的方法恐怕应该像对待"人道主义"和"形而上学"等概念那样尊重约定俗成、顺其自然：保留其两种根本不同的含义。大卫·戈伊科奇说："罗马帝国的格利乌斯时代，曾经对两类人道主义做出重要区分：一类意指'善行'，另一类意指'身心全面训练'。"①更确切些说，原本有两种人道主义概念：一种是视人本身为最高价值的博爱人道主义；另一种是视人本身的自我实现为最高价值的自我实现人道主义。我们并没有因为这两种人道主义概念有时会造成概念的混乱和矛盾，而一定要保留一个而清除另一个。在多数场合，人道主义究竟所指何义，从这个概念出现的语境中就可以显示出来；而在一些特殊场合，也不妨分别二者为"博爱人道主义"与"自我实现人道主义"。同理，我们岂不也应该同样保留封建概念的两种定义，岂不应该仍然使用同一名词称谓两种封建概念？在大多数场合，封建概念所指何意，从这个概念出现的语境中就可以显示出来；在某些场合，也不妨分别二者为"分封或联邦制封建社会"与"非分封或单一制封建社会"：西周和东周是分封或联邦制封建社会；秦汉至明清是非分封或单一制封建社会。

总而言之，应该尊重约定俗成，继续使用两种封建概念。但是，后来的封建概念不但远远重要于原初的封建概念，而且20世纪中叶以来对于封建社会的这种理解已经普被国中而成为主流历史理念。因此，一般说来，我们所谓封建社会都是指这种封建概念，而原初的封建概念则只在某些相当特殊和极其必要的场合——如论及封建制与郡县制——才会使用。本书研究的国家类型，其划分的根据是执掌最高权力的公民人数和生产资

---

① 大卫·戈伊科奇等编：《人道主义问题》，东方出版社1997年版，第2—3页。

料所有制，因而与封建制的原初定义无关，而是指后来的封建概念，亦即"五种社会形态"中的封建社会概念。

这种封建制的根本特征，如上所述，就是封建地主阶级占有绝大部分土地和生产资料，农民或农奴虽然拥有部分生产资料，如农具、牲畜、种子等，却完全没有土地或只有极少土地。这样一来，农民便不得不使用地主土地，而地主则向农民收取地租，从而占有农民剩余劳动：封建制就是封建主占有绝大部分土地而农民或农奴却完全没有土地或只有极少土地的自然经济制度，就是生产资料主要归地主所有的自然经济制度，就是地主依靠拥有土地而占有农民（或农奴）剩余劳动的自然经济制度。因此，恩格斯说："在整个中世纪，大土地占有制是封建贵族借以获得代役租农民和徭役租农民的先决条件。"①

然而，在这种经济制度下，农民和农奴毕竟可以用自己的农具在归自己支配的小块土地上耕作，"独立地经营他的农业和与农业结合在一起的农村家庭工业"②，从而拥有了自己的小私有经济。不过，这种小私有经济并不具有完全的独立性。因为农民和农奴为了从地主那里取得土地，不但必须交纳地租，而且还必须接受某种超经济强制，亦即丧失自己的人身自由而依附于地主，不能离开本土和户籍：这就是所谓的人身依附。人身依附是地主从拥有自己小私有经济的农奴或农民身上榨取地租等剩余价值的超经济强制手段。

因此，马克思说："要能够为名义上的地主从小农身上榨取剩余劳动，就只有通过超经济强制，而不管这种强制采取什么形式……所以这里必须有人身依附关系，必须有不管什么程度的人身不自由和人身作为土地的附属物对土地的依附，必须有真正的依附制度。"③ 人身依附是封建制的显著特征。因为封建制与奴隶制虽然同属于超经济强制的自然经济制度，但奴隶主占有全部生产资料和奴隶，因而其超经济强制是人身占有；而地主阶级只占有绝大部分生产资料，并不占有农奴和农民，因而其超经济强制是人身依附。

---

① 《马克思恩格斯全集》第3卷，人民出版社1974年版，第225页。
② 马克思：《资本论》第3卷，人民出版社1975年版，第890页。
③ 《马克思恩格斯全集》第25卷，人民出版社1974年版，第891页。

四 资本主义国家

何谓资本主义？资本主义与封建一样，无疑是人类所创造的争议最大且最难界定的概念之一，以致布罗代尔在界说资本主义时曾这样写道："自从本世纪初和1917年俄国革命以来，该词不断在增加新的含义，因而它使太多的人感到为难。杰出的历史学家赫伯特·希顿主张予以绝对排斥，他说：'在所有以主义结尾的词中，资本主义一词最容易招惹是非。它的含义和定义是如此混杂，因而一切懂得自重的学者应该把它同帝国主义一起从词汇中摈弃。'吕西安·费弗尔也认为该词已用的太滥，主张把它取消。如果我们听从这些合理建议，取消该词当然未尝不可，但是真的取消了以后，我们立即会感到缺憾。安德鲁·松费尔特（1971年）说得对，'继续使用该词的一个很好的理由是，任何人都没有提出一个更好的词来代替它，包括对它批评最严厉的人在内。'"①

殊不知，真正讲来，不但资本主义和封建概念，而且每门科学的重要范畴大都难以定义、众说纷纭；不但没有比资本主义更好的名词来代替它，而且资本主义是人类所能创造的最恰当最名副其实的名词。那么，资本主义这个名词所表达的概念的定义究竟是什么？界说资本主义，正如布罗代尔所指出，首先必须界说资本："'资本'和'资本家'是'资本主义'的支架并赋予其含义。若仅仅用于历史探索，只有当你把'资本主义'一词认真地用'资本'和'资本家'两个词套起来的时候，你才能界定其义……在这里，关键的字眼是资本。"② 确实，界说资本主义的困难，说到底，难在界说"资本"：资本概念的定义是个众说纷纭的难题。谈及此，庞巴维克曾如是叹曰："资本这一概念本身已经成为理论家们争论的根源。分歧的解释多得令人惊诧，并且这些解释互相对抗，这种恼人的争论阻挡了资本理论的研究。"③ 那么，资本究竟是什么？

---

① 布罗代尔：《15至18世纪的物质文明、经济和资本主义》第二卷，生活·读书·新知三联书店1993年版，第243页。

② 布罗代尔：《资本主义动力》，生活·读书·新知三联书店1997年版，第32页。

③ Eugen V. Böhm–Bawerk, *The Positive Theory of Capital* [M]. New York: G. E. Stechert & Co., 1930, p. 22.

1. 资本和财富：概念分析

中文"资"，义为财货、财物。《说文解字》："资，货也，从贝。""本"，义为根、根源、根基。《国语·晋语一》曰："伐木不自其根，必复生。"因此，资本与本钱、本金同义，就其词源含义来说，就是财货或金钱的根源、源泉，就是能够产生和带来财货的财货，就是能够产生和带来钱财的钱财。元曲《萧得祥杀狗劝夫》便这样写道："从亡化了双亲，便思营运寻资本，怎得分文。"清平山堂话本《错认尸》亦如是说："这在乔俊看来，有三五贯资本，专一在长安崇德收丝，往东京卖了。"

西文"资本"的词义，据庞巴维克考证，也是能够产生和带来财货的财货："起初，资本（Capitale 源出于 Caput）一词，用来表示货款的本金，和利息相对而言。这种用法原本是希腊字的意思，后来为中世纪的拉丁语所固定，并且流行很长时间，直到新时代还是常用的。因此，资本在这里和'生息金额'是同一概念。"① 布罗代尔也这样写道："资本（源自拉丁语 Caput 一词，作'头部'讲）于十二至十三世纪出现，有'资金'、'存货'、'款项'或'生息本金'等含义。"②

可见，不论中西，资本的词源含义都是指能够产生和带来财货的财货。那么，资本的概念是否可以如此定义？答案是肯定的。因为资本概念的根本特征，正如庞巴维克所言，乃是生利、增值，亦即产生和带来财富："资本具有生利增值的能力，能够带来财货。"③ 他还援引库纳斯特的定义"资本是……物质财货的具有的生殖能力的价值。"④ 斯密也曾这样写道："资金只有给自己的所有者带来收入或利润的时候，才叫资本。"⑤ 生利、增值或产生和带来财富之为资本的特征是如此根本，以致凡是能够生利、增值或产生和带来财富的东西都可以叫做资本，如所谓道德资本、

---

① Eugen V. Böhm-Bawerk, *The Positive Theory of Capital*, New York: G. E. Stechert & Co., 1930, p. 24.
② 布罗代尔：《15 至 18 世纪的物质文明、经济和资本主义》第二卷，生活·读书·新知三联书店 1993 年版，第 236 页。
③ Eugen V. Böhm-Bawerk, *The Positive Theory of Capital*, New York: G. E. Stechert & Co., 1930, p. 25.
④ Ibid., p. 34.
⑤ Adam Smith, *The Wealth of Nations*, Books I-III, England Penguin Inc, 1970, p. 193.

人文资本、人力资本、自然资本等。这种资本概念，正如庞巴维克所指出，乃是广义的资本概念："意义最广的资本概念是指一切获利手段：不仅包括物质而且也包括人。"①

但是，经济学的资本范畴显然不是这种广义资本概念。经济学是关于物质财富的生产、交换、分配和消费的科学，因而其资本概念必定不能超出物质财富或财货——物质财富与财货实为同一概念——范畴。换言之，资本的最邻近的类概念是物质财富或财货。这个道理，庞巴维克在考究资本概念的历史发展时曾有极为透辟的分析，并得出结论说："刚才提到的许多解释，虽然对资本包括哪些财货有分歧，但无论如何，却一致认为资本这个名称是用来称谓财货的。"② 这样一来，经济学所谓的资本，就是能够产生或带来财货的财货，就是能够产生或带来物质财富的物质财富。可是，为什么马克思等经济学家宁愿用"价值"——而不是财货或财富——来界定资本？

原来，所谓财富，正如色诺芬所指出，就是能够满足人的需要的、有用的、有价值的东西："凡是有利的东西都是财富。""财富首先是具有使用价值的东西。一支笛子对于会吹它的人是财富，而对于不会吹它的人，则无异于毫无用处的石头。与此同时，财富还必须具有交换价值。对于不会使用笛子的人们来说，一支笛子只有在他们卖掉它时是财富，而在保存着不卖时就不是财富。"③ 财富是具有价值的东西，因而一般说来，就是可以买卖的东西，就是可以当作商品进行交换的东西。因此，霍布森写道："财富这个名词，按照现在一般的习惯用法，是指能够买卖的东西，所代表的财富的多少，是用它们在市场上能换得的钱数来计量的……财富就是这些价值的总和。"④ 西尼尔也这样写道："这个名词包括所有下列事物，也只包括这些事物：可以转移的、其供给有定限的，可以直接或间接地产生愉快或防止痛苦的；或者换个说法，是可以交换的；或者再换个说

---

① Eugen V. Böhm-Bawerk, *The Positive Theory of Capital*, New York: G. E. Stechert & Co., 1930, p. 50.

② Ibid., p. 33.

③ 色诺芬：《经济论·雅典的收入》，商务印书馆1961年版，第3页。

④ 霍布森：《财富的科学》，上海人民出版社1958年版，第3页。

法，是有价值的。"① "财富所包括的是一切有价值的事物，也就是可以购买或租借的事物，也只包括这些事物。"②

财富就是有价值的东西。因此，资本是能够产生或带来物质财富的物质财富，便意味着：资本是能够增值的物质财富，是能够增值的价值。这就是为什么马克思等经济学家用"价值"来界定资本的缘故。但是，马克思认为资本是能够带来剩余价值的价值："一定的价值额，只有在它利用自己造成剩余价值时，才变成资本。"③ 显然，这并不是"资本"的定义，而是"资本主义的资本"或"资本家的资本"的定义。因为，如上所述，资本概念，不论是狭义的或经济学的资本概念，还是所谓道德资本等广义的资本概念，其根本特征就是生利、增值或产生和带来财富。只要是能够生利、增值或产生和带来财富的东西，就是资本。只不过，能够生利、增值或产生和带来财富的非物质财富，是广义的资本概念；能够生利、增值或产生和带来财富的物质财富，是经济学的资本概念；能够带来剩余价值的价值、财货或物质财富则是资本主义资本概念。因此，经济学所谓的资本，亦即能够增值的物质财富，正如李嘉图所言，是任何社会都存在的："即使是在亚当·斯密所说的那种早期状态中，一些资本虽然可能是由猎人自己制造和积累的，却是他捕猎鸟兽所必需的。没有某种武器，就不能捕猎海狸和野鹿。所以这些猎物的价值不仅要由捕猎所需的时间和劳动决定，而且也要由制造那些使猎人能够有效捕猎的资本——武器——所需的时间和劳动决定。"④

2. 资本主义

所谓资本，如上所述，是能够产生或带来财货的财货，是能够产生或带来物质财富的物质财富，是能够增值的物质财富，是能够增值的价值。那么，顾名思义，所谓资本主义，也就是一种使资本增值的经济形态或经济制度，是一种使财货能够产生或带来财货的经济形态或经济制度，是使

---

① 西尼尔：《政治经济学大纲》，商务印书馆1997年版，第17页。
② 同上书，第41页。
③ 《马克思恩格斯选集》第3卷，人民出版社1995年版，第550页。
④ Divid Ricardo, *Principles of Political Economy and Taxation*, London: George Bell and Sons, 1908, p.17.

物质财富能够产生或带来物质财富的经济形态或经济制度，是使物质财富增值的经济形态或经济制度，是使价值能够增值的经济形态或经济制度。然而，这是资本主义的定义吗？答案是肯定的：资本主义就是直接目的在于使投入的资本或物质财富增值——而不是满足消费需要——的经济形态或经济制度，就是直接目的在于获得利润或更多的交换价值——而不是使用价值或直接消费——的经济形态或经济制度。

因此，桑巴特在界说资本主义时一再强调，资本主义是受营利原则支配的经济制度："营利原则的特性所表现的是，在它的支配之下，经济的直接目的不复是一个生存的人的满足需要，专在增值货币的额数。此项目的设定是资本主义组织的观念所固有的；所以人们可以指获取利润（即由经济的活动使最初的金额增大起来）为资本主义经济客观目的。"① 马克思论也这样写道："我们的资本家所关心的是下述两点。第一，他要生产具有交换价值的使用价值，要生产用来出售的物品、商品。第二，他要使生产出来的商品的价值，大于生产该商品所需要的各种商品即生产资料和劳动力——为了购买它们，他已在商品市场上预付了真正的货币——的价值总和。"②

这样，一方面，资本主义便与封建制以及奴隶制经济形态根本不同。奴隶制和封建制经济形态都是自然经济，目的都是为了直接满足生产者个人或经济单位的需要，而不是为了交换，不是为了更多的交换价值或获得利润。相反地，资本主义则是交换经济，是商品经济，目的是为了交换价值，是为了获得更多的交换价值，而不是为了直接满足生产者个人或经济单位的需要。更确切些说，资本主义乃是一种商品普遍化的经济制度，在这种制度下，商品成为一切经济活动的普遍的和统治的形式。所以，马克思《资本论》的第一句话就是："资本主义生产方式占统治地位的社会的财富，表现为'庞大的商品堆积'。"③ 伊曼纽尔·沃勒斯坦也这样写道："资本主义历史发展的冲动是把万物商品化。"④

另一方面，资本主义与社会主义根本不同。虽然社会主义也应该是商

---

① 伟·桑巴特：《现代资本主义》第一卷，商务印书馆1958年版，第206页。
② 马克思：《资本论》第1卷，人民出版社1975年版，第211页。
③ 马克思：《资本论》第1卷，中国社会科学出版社1983年版，第11页。
④ 转引自白永秀等主编《现代政治经济学》，高等教育出版社2008年版，第35页。

品经济，但是，社会主义是公有制的商品经济；相反地，资本主义则是私有制商品经济。鲍尔斯称之为资本主义第二个特征："资本主义的第二个本质特征（商品生产是第一个本质特征）在于，生产中所使用的资本品是资本家的私人财产。"① 因此，布罗代尔在界说资本主义时曾援引路易·勃朗和普鲁东的定义："我所说的资本主义，是指一些人在排斥另一些人的情况下占有资本""资本主义是一种经济和社会制度，根据这种制度，作为收入来源的资本一般说来不属于通过自己劳动使资本发挥效用的人。"② 更确切些说，资本主义是一种生产资料与劳动者相分离的经济制度，在这种制度下，生产资料被资产阶级占有，成为雇用劳动者的资本；劳动者有人身自由而没有生产资料，成为只能靠出卖劳动力过活的雇用劳动者："这里所说的自由，具有双重含义：一方面，工人是自由人，能够把自己的劳动力当作自己的商品来支配，另一方面，他没有别的商品可以出卖，自由得一无所有，没有任何实现自己的劳动力所必需的东西。"③

因此，所谓资本主义，说到底，也就是资本拥有者雇用没有资本的劳动者从而使投入的物质财富或资本增值的经济形态，是资本通过雇用劳动而增值的经济制度。所以，鲍尔斯说："资本主义是这样一种特定的经济制度，雇主为了获取利润，使用其私人占有的资本品，雇用工人生产商品。"④ 马克思也这样写道："资本主义生产是这样一种社会生产方式，在这种生产方式下，生产过程从属于资本，或者说，这种生产方式是以资本和雇佣劳动的关系为基础，而且这种关系是起决定作用的、占支配地位的生产方式。"⑤

综上所述，资本主义可以归结为一个中心和两个基本点。一个中心：使资本或财货能够增值。两个基本点：商品经济和雇佣劳动。合而言之，资本主义乃是一种交换经济、商品经济或市场经济，是一种使资本或财货

---

① Samuel Bowles, Richard Edwards and Frank Roosevelt, *Understanding Capitalism*: *Competition*, *Command*, *and Change*, Third Edition, New Yok Oxford University Press, 2005, p. 135.
② 布罗代尔：《15 至 18 世纪的物质文明、经济和资本主义》第二卷，生活·读书·新知三联书店 1993 年版，第 242 页。
③ 《马克思恩格斯全集》第 23 卷，人民出版社 1972 年版，第 192 页。
④ Samuel Bowles, Richard Edwards and Frank Roosevelt, *Understanding Capitalism*: *Competition*, *Command*, *and Change*, Third Edition, New Yok Oxford University Press, 2005, p. 129.
⑤ 《马克思恩格斯全集》第 47 卷，人民出版社 1972 年版，第 151 页。

能够增值的商品经济形态或经济制度，是目的在于资本或物质财富增值而不是满足消费需要的商品经济形态或经济制度，说到底，是资本通过雇佣劳动而增值的商品经济制度。因此，桑巴特在总结资本主义的定义时这样写道："我们所谓资本主义是指一种一定的经济制度，具有以下的特征：它是一种交通经济的组织，在此项组织中，通常有两个不同的人口集团对峙着：即生产手段的所有人和无产的纯粹工人，前者具有指导权，为经济主体，后者则为经济客体，他们经过市场，互相结合，共同活动，此项组织并受营利原则与经济的合理主义的支配。"① 鲍尔斯说得更为简明："资本主义可以通过其劳动过程的三个特征来定义。第一，生产部门的大多数劳动过程生产的是商品。第二，生产过程所使用的资本品属于私人所有。第三，生产商品所需要的劳动时间是在劳动市场上购买的。在劳动的每次市场交易中，某人同意在某段时期为雇主劳动以换取工资（或薪酬）。因此，资本主义劳动形式是'雇佣劳动'。"②

3. 私有制国家：奴隶制国家和封建制国家以及资本主义国家

奴隶制、封建制和资本主义都属于经济形态、经济制度范畴，而不属于国家范畴。那么，何谓奴隶制、封建制和资本主义国家？如前所述，人们大都将"国家"与"国家政权"等同起来，因而大都以为奴隶主阶级执掌政权的国家就是奴隶制国家、地主阶级执掌政权的国家就是封建制国家、资产阶级执掌政权的国家就是资本主义国家。这是一种似是而非的观点。因为奴隶制、封建制和资本主义国家都是以经济形态——而不是政权或政体——为划分根据的国家分类，因而原本与政权如何无关。一个国家，只要其基础的、核心的、支配的或主导的经济形态是资本主义，那么，即使资产阶级还没有执掌政权，即使政权仍然执掌于封建地主阶级或人民大众、无产阶级，它也已经是资本主义国家，而不再是封建制国家或社会主义国家。这就是为什么，资本主义国家诞生的标志并不是政治革命而是工业革命的缘故。

---

① 伟·桑巴特：《现代资本主义》第一卷，商务印书馆1958年版，第265页。
② Samuel Bowles, Richard Edwards and Frank Roosevelt, *Understanding Capitalism: Competition, Command, and Change*, Third Edition, New Yok Oxford University Press, 2005, p. 129.

准此观之，一个国家存在奴隶制，未必就是奴隶制国家；只有当奴隶制是一个国家的基础的、核心的、支配的或主导的制度时，该国才堪称奴隶制国家：奴隶制国家就是奴隶制自然经济居于支配地位的国家，就是一些人成为另一些人之财产的制度居于支配地位的国家；封建制国家就是封建制自然经济居于支配地位的国家，就是地主依靠土地而占有农民（或农奴）剩余劳动的经济制度居于支配地位的国家；资本主义国家就是资本主义经济制度居于支配地位的国家，就是商品经济或市场经济居于支配地位的国家，就是一种使资本或财货能够增值的商品经济形态或经济制度居于支配地位的国家，是目的在于资本或物质财富增值而不是满足消费需要的商品经济形态或经济制度居于支配地位的国家，说到底，是资本通过雇佣劳动而增值的商品经济制度居于支配地位的国家。

因此，奴隶制国家最早形成于公元前4000年和3000年之间，如埃及、米索不达米亚等奴隶制国家，约诞生于公元前3500年。但是，最发达的奴隶制国家，是公元前5世纪至4世纪的古希腊奴隶制国家和公元前2世纪至公元1世纪的古罗马奴隶制国家。在西欧，奴隶制国家一直存在到公元3世纪至5世纪才被封建制国家取而代之。封建制国家存在的时间也比较长，从公元5世纪罗马帝国灭亡开始，最迟到18—19世纪英、法等国发生工业革命，而终于被资本主义国家所取代，经历了1000余年。中国的封建制国家比西欧长得多，一直到1840年鸦片战争以后，随着外国资本主义的侵入，才开始解体而沦为半殖民地半封建国家。

奴隶制国家、封建制国家和资本主义国家都属于私有制国家或阶级国家范畴，它们与原始国家或原始公有制国家——游群国家和部落国家以及酋邦国家——的显著区别乃在于，原始国家没有合法的暴力镇压工具，如警察、监狱和军队等；整体说来，也没有正式的、独立的、专门的、常设的政治组织，其治理主要以血缘为基础；并且民主是主流，而专制等非民主政体不过是偶尔出现的特例。[①]相反地，私有制国家则拥有正式的、独

[①] 游群国家和部落国家没有正式的、独立的、专门的、常设的政治组织，而酋邦国家则或多或少已经拥有一定正式的、独立的、专门的、常设的政治组织。但是，酋邦国家乃是原始国家向阶级国家的过渡阶段。因此，就原始国家的整体来说，没有正式的、独立的、专门的、常设的政治组织；而就其向阶级国家的过渡阶段来说，还是拥有一定正式的、独立的、专门的、常设的政治组织的。——笔者注

立的、专门的、常设的政治组织和合法的暴力镇压工具，其治理完全以地域为基础；并且其政体拥有广泛的可能性：既可能是民主也可能是专制还可能是君主立宪或寡头共和等。因此，恩格斯论及阶级国家与原始社会的根本区别时，曾这样写道：

> 国家和旧的氏族组织不同的地方，第一点就是它按地区来划分它的国民……第二个不同点，是公共权力的设立，这种公共权力已不再同自己组织为武装力量的居民直接符合了……构成这种权力的，不仅有武装的人，而且还有物质的附属物，如监狱和各种强制机关，这些东西都是以前的氏族社会所没有的。①

---

① 《马克思恩格斯选集》第四卷，人民出版社1972年版，第167页。

第五章

国家类型：共产主义与社会主义

本章提要

人性之事实如何与国家制度应该如何之价值标准，乃是共产主义制度科学假设的两个前提："爱有差等"的人性定律是共产主义制度科学假设的依据；公正与平等以及人道与自由等国家制度价值标准是共产主义制度科学假设的标准。从此出发，便可以科学假设：共产主义经济制度除了具有公认的公有制和高度发达的生产力特征之外，必定还具有两个特征，亦即按劳分配和没有政府指挥的市场经济。因为，一方面，"爱有差等"的人性定律，决定了共产主义仍然是一种以利益为基础的社会，因而实行按需分配——而不是按劳分配——必定导致经济不公，违背经济公正的国家制度价值标准。另一方面，如果废除市场经济，必定违背经济自由的国家制度价值标准。因为人类社会只有一种经济形态，亦即没有政府指挥——但有政府适当干预——的市场经济，符合经济自由原则；其他一切经济形态（计划经济和自然经济以及存在政府指挥的市场经济或混合经济）都或多或少违背经济自由原则。

一 共产主义科学假设的两个前提：人性与国家制度价值标准

1. 理想社会的标准：国家制度价值标准

与奴隶制、封建制或资本主义社会根本不同，共产主义社会乃是一种未来的、理想的社会，是人类的一种美好理想。因此，关于什么是共产主义社会，难免仁者见仁、智者见智、众说纷纭、莫衷一是。特别是，共产主义理想源远流长、流派众多、歧义丛生，堪称富有争议的人类思想理论之最。从柏拉图的理想国和孔夫子的大同社会，到今日世界各国的社会主义理论，对共产主义社会的构想真可谓五花八门、形形色色。那么，共产主义究竟是什么？为什么历代都不乏思想巨匠心向往之？

原来，社会或国家制度与个人行为一样，都有一个好坏、善恶、对错或应该不应该的价值问题：符合国家制度价值标准的社会制度，就是好的、应该的、正确的、善的和具有正价值的社会制度；违背国家制度价值标准的社会制度，就是坏的、不应该的、错误的、恶的和具有负价值的社会制度。国家制度根本价值标准是正义或公正。柏拉图说："当我们建立这个城邦时，从一开始我们就已经确定了一条普遍原则。我想，这条原则，或这条原则的某种形式，就是正义。"① 亚里士多德说："城邦以正义为原则。由正义衍生的礼法，可凭以判断人间的是非曲直，正义恰正是树立社会秩序的基础。"② 罗尔斯说："公正是社会制度的首要善。"③ 但是，社会或国家制度根本的价值标准，说到底，乃是平等。因为平等是最重要的公正。亚里士多德说："所谓公正，它的真实意义，主要在于平等。"④

国家制度好坏的价值标准，无疑还有人道与自由。潘扎鲁说："人道主义已经获得了一种政治纲领的意义……一种组织和管理社会的标准和法则。"⑤ 但丁说："好的国家是以自由为宗旨的。"⑥ 人道不如公正根本，却显然高于公正；社会或国家制度最高价值标准是人道，说到底，是自由。因为自由是最根本的人道。保罗·库尔茨说："人道主义的基本原则

---

① 柏拉图：《理想国》，商务印书馆1994年版，433A–D。
② 亚里士多德：《政治学》，商务印书馆1996年版，第9页。
③ John Rawls: *A Theory of Justice* (Revised Edition) The Belknap Press of Harvard University Press Cambridge, Massachusetts 2000, p. 3.
④ 亚里士多德：《政治学》，商务印书馆1996年版，第153页。
⑤ 沈恒炎、燕宏远主编：《国外学者论人和人道主义》第三辑，社会科学文献出版社1991年版，第37页。
⑥ 周辅成编：《从文艺复兴到十九世纪资产阶级哲学家政治思想家有关人道主义人性论言论选辑》，商务印书馆1973年版，第21页。

是保卫个人自由。"① 所以，哈耶克说："自由是一个国家的最高善。"②

但是，自由与平等以及人道与公正等任何价值标准相互间都可能发生冲突而不能两全。那么，在它们相互冲突、不能两全的情况下，应该如何取舍？应该诉诸国家制度终极价值标准，亦即道德终极标准：增减每个人利益总量。因此，科恩说："政策是否明智，最终要依据所有社会成员的利益来判断。"③

可见，公正与人道以及道德终极标准，看似任意排列，实为一有机整体：它们构成了国家制度价值标准体系：公正——特别是平等——诸原则是国家制度的最根本且最重要的价值标准；人道——主要是自由——诸原则是国家制度的最高且最完美的价值标准；道德终极标准——增减每个人利益总量——则是衡量国家制度好坏的终极价值标准。这些国家制度价值标准就是评价任何一种社会或国家好坏的标准：符合这些制度价值标准的社会，就是好的、应该的、善的和具有正价值的社会；违背这些制度价值标准的社会，就是坏的、不应该的、恶的和具有负价值的社会；完全符合这些制度价值标准的社会，就是最好的社会，就是人类的理想社会了。因此，理想社会的标准就是国家制度价值标准：公正——特别是平等——诸原则是理想社会的最根本且最重要的价值标准；人道——主要是自由——诸原则是理想社会的最高且最完美的价值标准；道德终极标准——增减每个人利益总量——则是理想社会的终极价值标准。这个道理，柏拉图似已知晓。因为，如所周知，他的《理想国》首先研究的就是最根本且最重要的国家制度价值标准：正义；尔后，便根据正义，构建了一个自以为完全符合正义以及由正义所统摄的价值标准的理想国家：理想国。因此，科学地构建和设想理想社会，便必须以国家制度价值标准为标准：公正与人道以及道德终极标准就是理想社会或理想国的构建标准。

2. 共产主义科学假设的标准：国家制度价值标准

自文明社会以降，自从私有制和阶级诞生以来，任何一种社会制

---

① 保罗·库尔茨：《保卫世俗人道主义》，东方出版社1996年版，第78页。
② F. A. HAYEK, Law, Legislation and Liberty, Volume1, China Social Sciences Publishing House Chengcheng Books Ltd, Beijing, 1999, p. 94.
③ 科恩：《论民主》，商务印书馆2004年版，第215页。

度——不论是奴隶制还是封建制抑或资本主义——无疑都存在着种种严重违背国家制度价值标准的不公正和非人道之罪恶；譬如阶级和剥削或经济异化、经济不公，经济不自由和不平等，政治不自由、政治不平等和政治异化，机会不平等和思想不自由等。因此，两千多年来，历代都有思想家批判以往和当下社会制度，而追求和呼唤符合国家制度价值标准的理想社会："'为别人工作'这一事实的存在，剥削的存在，永远会在被剥削者本身和个别'知识分子'代表中间，产生一些对抗这一制度的理想。"①这就是为什么历代都不乏思想巨匠向往共产主义的缘故；共产主义无非是一种符合国家制度价值标准——公正与人道以及道德终极标——的理想社会而已。

这种符合国家制度价值标准的理想社会之所以叫做共产主义社会，就是因为这种社会制度最根本的特征，乃是消除阶级和剥削或经济异化——剥削与经济异化是同一概念——实现经济公正和经济自由，因而必须废除私有制而代之以公有制：生产资料私有制或经济权力垄断是阶级和剥削之根源。因为正如赖特所言，阶级乃是人们因权力垄断所导致的剥削关系而分成的不同群体："以剥削为基础的阶级概念把我们的注意力指向这么一个事实，即阶级关系是权力关系，而不仅仅是特权。"②

因此，哪里实行生产资料私有制和非民主政体，哪里就有权力垄断——生产资料或经济权力垄断和政治权力垄断——哪里就分为无权群体与有权群体，哪里就必定存在压迫与剥削。没有权力——经济权力或政治权力——的群体，必定遭受相应的有权群体的压迫和剥削，因而叫做被压迫和被剥削阶级；垄断权力——经济权力或政治权力——的群体，必定压迫和剥削相应的无权群体，因而叫做压迫和剥削阶级。只有在共产主义社会才因实行生产资料公有制和普选制民主政体，每个人都完全平等地执掌生产资料和国家最高权力，每个人都完全平等地拥有经济权力和最高政治权力，从而消除了权力——经济权力和政治权力——垄断，因而也就消除了阶级和剥削，最终实现经济公正和经济自由。

因此，对于共产主义社会的构想不论如何众说纷纭，有一点却是毫无

---

① 《列宁全集》第 1 卷，人民出版社 1971 年版，第 377 页。
② 赖特：《后工业社会中的阶级》，辽宁教育出版社 2004 年版，第 36 页。

疑义的共识：共产主义社会制度必定符合社会或国家制度应该如何之价值标准；说到底，共产主义社会也就是社会制度消除了阶级和剥削因而符合公正和平等以及人道和自由等国家制度价值标准的理想社会。这就是为什么两千年来，历代共产主义思想家们无不承认共产主义是真正公正和平等以及人道和自由的社会的缘故：国家制度价值标准是对未来共产主义社会制度进行科学假设的标准。

这就是为什么马克思也曾一再说：共产主义社会是"自由人的联合体"①，是"以每个人的全面而自由的发展为基本原则的社会形式"。②"共产主义是私有财产即人的自我异化的积极的扬弃……这种共产主义，作为完成了的自然主义，等于人道主义。"③《共产党宣言》也曾这样宣告："代替那存在着阶级和阶级对立的资产阶级旧社会的，将是这样一个联合体，在那里，每个人的自由发展是一切人的自由发展的条件。"④ 恩格斯的《家庭、私有制和国家》也十分赞许摩尔根对未来共产主义社会的如是评断，以致将其作为全书结语："这将是古代氏族的自由、平等和博爱的复活，但却是在更高形式上的复活。"⑤

诚然，"共产主义社会"与"完全符合国家制度价值标准——公正与平等以及人道和自由——的理想社会"并非同一概念。因为一个社会只要实行了生产资料公有制，就堪称共产主义社会：共产主义社会就是实行生产资料公有制的社会。列宁说："共产主义社会就是土地、工厂都是公共的，实行共同劳动——这就是共产主义。"⑥ 确实，原始共产主义社会和未来共产主义社会无疑根本不同，却为什么都叫做共产主义？岂不就是因为二者都是公有制？社会主义与原始共产主义以及未来共产主义除了公有制，还有什么重要的共同点可言？但社会主义无疑属于共产主义范畴，叫做共产主义低级阶段："马克思把通常所说的社会主义称作共产主义社会的'第一'阶段或低级阶段。既然生产资料已成为公有财产，那么

---

① 《马克思恩格斯全集》第 23 卷，人民出版社 1971 年版，第 95 页。
② 同上书，第 649 页。
③ 《马克思恩格斯全集》第 25 卷，人民出版社 1971 年版，第 77 页。
④ 《马克思恩格斯选集》第 1 卷，人民出版社 1972 年版，第 273 页。
⑤ 《马克思恩格斯选集》第 4 卷，人民出版社 1972 年版，第 175 页。
⑥ 《列宁选集》第 3 卷，人民出版社 1972 年版，第 356 页。

'共产主义'这个名词在这里也是可以用的，只要不忘记这还不是完全的共产主义。"①

可见，公有制是共产主义的充分且必要条件：生产资料公有制社会与共产主义社会是同一概念。但是，公有制却仅仅是完全符合国家制度价值标准的理想社会的必要条件：没有公有制，必非完全符合国家制度价值标准的理想社会；有了公有制，却未必就是完全符合国家制度价值标准的理想社会。社会主义和原始共产主义都是公有制，却显然都不是完全符合国家制度价值标准的理想社会；因而可以像列宁那样，称之为不完全、不完善的共产主义社会。因此，完全符合国家制度价值标准的理想社会乃是一种特殊的或更为高级的共产主义社会，亦即所谓"完善"的或"完全"的共产主义社会或共产主义高级阶段。于是，说到底，只有完善的、完全的共产主义社会或共产主义高级阶段才是完全符合国家制度价值标准的理想社会："完善的完全的共产主义社会"、"共产主义高级阶段"与"完全符合国家制度价值标准的理想社会"是同一概念。那么，这种"完善的完全的共产主义社会"、"共产主义高级阶段"或"完全符合国家制度价值标准的理想社会"的社会制度究竟如何？这个难题的解析必须依据人性：人性是共产主义科学假设的依据。

3. 共产主义科学假设的依据：人性

马克思恩格斯与众多空想社会主义论者一样，认为共产主义社会乃是这样一种理想社会：按需分配、计划经济、消除了商品和货币等。这种共产主义制度的设想虽然源远流长、深入人心，但真正讲来，却是很成问题的。乔纳森·沃尔夫将这个问题当作他质疑共产主义的第一个难题："第一个难题是最为人所知的。人们常说，马克思描述的共产主义即使实现了也必然会垮台，因为我们生来就是自私的。我们根本不可能像马克思要求我们做的那样去执行。"②

确实，共产主义经济制度究竟是按劳分配还是按需分配？究竟是废除

---

① 《列宁选集》第3卷，人民出版社1972年版，第255页。
② 乔纳森·沃尔夫：《当今为什么还要研读马克思》，高等教育出版社2006年版，第37页。

还是完善商品经济或市场经济？这首先取决于共产主义社会人性究竟如何。试想，如果共产主义社会人们相互间仍然计较利益得失，那么，按需分配就必定会剥夺需要少而贡献大者按照公正原则应该多得的权利，因而是不公正的。这样一来，共产主义社会就不可能实行按需分配了。反之，如果共产主义社会人们相互间不计较利益得失，那么，按需分配就无所谓公正不公正，而是超越公正的仁爱原则了。这样一来，共产主义社会就可能实行按需分配了。

因此，人性乃是对未来共产主义社会制度进行科学假设的依据，是科学地构建和确立理想社会制度的基础。18世纪唯物主义者和19世纪空想社会主义者均将人性作为理想社会制度的基础。对于这一点，普列汉诺夫曾有极为精辟的概括："假如人的天性是不变的，以及假如知道了基本属性，就可以从中数学地引申出在道德和社会科学领域中的可靠的原理；那么，就不难想出那种完全适合人的天性要求的社会制度，正是因为这样，这种社会制度将是理想的社会制度。十八世纪的唯物主义者，已经喜欢作关于完美的立法这一题目的研究……本世纪上半期所有的无数的乌托邦不过是以人的天性为最高准绳而设想完美立法的企图。例如，傅立叶以分析人的热情为出发点；例如欧文在其《合理的社会体系概论》中，从'关于人的天性的基本原则'出发，而断言合理的政府应该首先'决定人的天性是什么'；例如，圣西门主义者声言，他们的哲学建立在关于人的天性的新概念上。"①

然而，普列汉诺夫却从历史唯物主义出发，断言这种将理想社会基于人性之上的方法是错误的："既然十九世纪的空想社会主义者持有人的天性的观点，因之，他们只是重复了十八世纪思想家的错误。"② 殊不知，生产力决定生产关系以及经济基础决定上层建筑的历史唯物论并不能包打天下，并不能够解释共产主义理想社会的全部东西。确实，历史唯物论科学地解释了共产主义社会的实现条件，说明了共产主义的历史必然性。但是，它不能够说明共产主义具体的社会制度究竟如何；这些东西只能由人

---

① 普列汉诺夫：《论一元论历史观之发展》，生活·读书·新知三联书店1965年版，第27—29页。
② 同上书，第29页。

性和国家制度价值标准来科学地解释和说明。国家制度价值标准是共产主义制度科学假设的标准或尺度；人性是共产主义制度科学假设的依据或基础：二者是对未来共产主义制度进行科学假设的两个前提。因此，十八世纪唯物主义者和十九世纪空想社会主义者将共产主义制度建立在人性的基础上是不错的。他们的错误不在这里。他们的错误乃在于对人性的误解以及建立在这种误解上的共产主义制度假设：按需分配、计划经济、消除了商品和货币等。

二 爱有差等：共产主义制度基础

毫无疑义，十八世纪唯物主义者和十九世纪空想社会主义者的错误不在于将共产主义制度建立在人性的基础上，而在于对人性的误解。因为在他们看来，共产主义社会是人类最理想最美好的社会，因而那里人们的道德觉悟程度极高，相互间充满了爱，都积极为社会和他人谋利益，而绝不计较自己的利益得失，甚至毫不利己、专门利人。果真如此，确实应该废除市场经济，应该按需分配。其实不然。因为共产主义社会的人仍然是人，因而绝不可能违背爱有差等的人性定律：自爱必多于爱人；为己必多于为人。

1. 爱：原因与结果

人生在世，恐怕没有什么比爱和恨更熟悉的了。可是，爱与恨究竟是什么，却很难说清。不过，遍查典籍，推敲生活，可以看出，洛克、斯宾诺莎、休谟、费尔巴哈、弗洛伊德的阐释较为真切："我们的爱恨观念，一般说来，不过是快乐和痛苦所引起的一些心理特质而已。"[①] "爱不是别的，乃是为一个外在的原因观念所伴随着的快乐。恨不是别的，乃是对一个外在原因的观念所伴随着的痛苦。"[②] "谁喜欢帮助我们，我们就爱他……谁企图损害我们，我们就恨他。"[③] "任何人都知道，通过他的服

[①] John Locke, An Essay Concerning Human Understanding, Oxford At The Clarendon Press, 1975, p. 230.
[②] 斯宾诺莎：《伦理学》，商务印书馆1962年版，第102页。
[③] 周辅成编：《西方伦理学名著选辑》下卷，商务印书馆1987年版，第120页。

务、他的美貌或他的献媚,从而使他对于我们是有利的或令人愉快的,就一定会得到我们的爱;而在另一方面,任何人伤害我们或使我们不快,就必定会引起我们的愤怒或憎恨。"① "对现在或后来成为愉快的感觉的原因的东西的爱也是人的本质。反过来,对不愉快的感觉的原因的仇恨也同样。"② "爱就是自我与其快乐之源的关系。"③ "恨原本表示自我与异己的、给他以痛苦的外部世界之关系。"④

总之,爱与恨乃是一种心理反应,它们与快乐、利益与痛苦、损害有必然联系:爱是自我对其快乐之因的心理反应,是对给予自己利益和快乐的东西的心理反应;恨是自我对其痛苦之因的心理反应,是对给予自己损害和痛苦的东西的心理反应。可是,这个定义能成立吗?

父母之爱似乎与这个定义相连。因为按照这个定义,爱与恨都是有条件的:爱以快乐和利益为条件;恨以痛苦和损害为条件。可是,根本说来,正如弗洛姆和蔡元培所言,母爱乃是一种无条件的、生而固有的本能:"母爱,就其真正的性质来说,是无条件的。"⑤ "父母之爱其子也,根于天性,其感情之深厚,无足以尚之者。"⑥ 然而,这种无条件的本能形成的原因是什么?细究起来,其原因恐怕正如无数先哲所说,乃在于:人生的最重大、最根本的苦痛和不幸,无过于意识到自己总有一天要死亡;而人生的最重大、最根本的渴望便是永生。父母爱其子女的感情之所以"无足以尚之者",说到底,岂不就是因为子女给了父母最重大最根本的利益和快乐:满足了父母永生的渴望?因此,柏拉图说:"不要为所有的人都爱自己的子孙而感到惊奇,因为这普遍的关切和爱都是为了通向永生。"⑦ 这就是说,父母之爱的本能是无条件的;但产生这种本能的原因却是有条件的:给予父母以利益和快乐。所以,父母之爱的本能,说到底,也是对于子女所给予的利益和快乐的心理体验;只不过这种心理体验

---

① David Hume, A Treatise of Human Nature, At The Clarendon Press Oxford, 1949, p. 348.
② 《费尔巴哈哲学著作选集》上卷,生活·读书·新知三联书店1959年版,第430页。
③ Sigmund Freud Collected Papers, volumn 4, Basic Books, Inc. Publishers, New York, 1959, p. 78.
④ Ibid., p. 79.
⑤ Erich Fromm, The Art of Love, Harper Colophon Books Harper & RoW Publishers, New York and Evanston, 1962, p. 41.
⑥ 蔡元培语,转引自《人生哲学宝库》,中国广播电视出版社1992年版,第620页。
⑦ 柏拉图:《柏拉图"对话"七篇·会饮篇》,辽宁教育出版社1998年版,第198页。

代代相传因而进化为先天的、无意识的罢了。

不过，全面地看，父母之爱显然不仅仅是先天固有的本能，而且还有后天习得的部分。先天固有的父母之爱，如上所述，乃是对子女给予的利益和快乐的无意识的心理反应。反之，那后天习得的父母之爱，则是对子女给予的利益和快乐的有意识的心理反应。茅盾先生在谈到这种后天习得的父母之爱时，便这样写道："凡母亲爱子的感情，总是和一个强烈的快感相连的。做母亲者当偎抱子女柔软的身体时，简直可以使自己忘却种种愁苦，而只觉得快感。"① 如果子女不是给父母以利益和快乐，而是给父母以痛苦和损害，那么，父母便不会爱而会恨子女了。那些控告子女于法庭，甚至亲手勒死子女的父母，为什么对自己的子女那么恨？岂不就是因为这些子女给他们父母以极大的痛苦和损害？反过来，子女之所以爱父母，也是因为父母给了自己莫大的利益和快乐："父母之恩，世岂有足以比例之者哉！"② 如果父母给予子女的不是快乐而是痛苦，那么，子女也不会爱而会恨父母。那个控告母亲而使她被判处无期徒刑的儿子，为什么这样恨自己的母亲？岂不就是因为她奸杀了自己的父亲而给自己以莫大的痛苦和损害？

可见，父母之爱，不论就其先天固有的本能还是就其后天习得的部分来说，都是对于子女给予的快乐和利益的心理反应：爱就是对给予自己利益和快乐的东西的心理反应。这个道理，在其他类型的爱中就更加直接、简单、一目了然了。试想，我为什么爱国？岂不就是因为祖国生我、养我、育我，给了我巨大的利益？相反，如果祖国压迫我、剥削我、折磨我、蹂躏我，我还会爱国吗？穆勒甚至说："在独裁统治下最多只有一个爱国者，那就是独裁者本人。"③ 试想，我为什么会博爱而爱一切人？岂不就是因为"除了人，没有别的东西对于人更为有益"？④ 相反，如果张三诬陷我、损害我、欲置我于死地而后快，我又怎么会不恨他呢？同理，我爱狗爱猫，是因为它们给我的生活带来了情趣；可是，如果它们每天咬

---

① 《茅盾全集》第14卷，"爱伦凯的母性论"，转引自《人生哲学宝库》，中国广播电视出版社1992年版，第598页。
② 蔡元培语，转引自《人生哲学宝库》，中国广播电视出版社1992年版，第620页。
③ 《西方思想宝库》，中国广播电视出版社1991年版，第250页。
④ 斯宾诺莎：《伦理学》，商务印书馆1962版，第170页。

我一口，我还会爱它们吗？试问，谁会爱给他痛苦的东西，而恨给他快乐的东西？给谁快乐谁不爱、给谁痛苦谁不恨？

因此，就像铁遇氧必然生锈、水加热必然蒸发一样，人遭受损害和痛苦必恨、而接受利益和快乐必爱：爱是一个人对给予他利益和快乐的东西的必然的、不依人的意志而转移的心理反应；恨是一个人对给予他损害和痛苦的东西的必然的、不依人的意志而转移的心理反应。

这样一来，每个人，不管他多么自私，必定都或多或少地存在着无私利他的行为。因为每个人，不管多么自私，必定都或多或少会从他人那里得到快乐和利益，从而必然或多或少有爱人之心：爱人之心是对于成为自己快乐之因的他人的心理反应。爱人之心这种对于成为自己快乐之因的他人的心理反应，便会驱使自己相应地为了他人的快乐和利益而劳作：爱人之心会导致无私利人的行为。

举例说，据1993年《印度斯坦时报》报道，在印度西部古吉拉特邦的哈特米塔雅纳村，一名小童希什在他家附近玩耍时，被一头雌狮攻击压倒在地。他27岁的母亲拉娜闻声出来看见，便飞身撞向狮子，大声呼叫。村民赶到，吓跑母狮。母亲身受重伤，儿子化险为夷。试问，这位母亲的行为是不是无私利他、自我牺牲？有人说不是，因为她救的是她自己的儿子。照此说来，一个人为了他的朋友也是为了自己，因为那是他自己的朋友；他只有为了路人才是无私利他。即使为了路人也是为自己，因为那是他自己的同胞；他只有为外国人才是无私利他。即使为外国人也是为自己，因为那是他自己的同类；他只有为了驴马、狮虎，才堪称无私利他。难道还有比这更荒唐的吗？所以，一个人只要不为自己，那么，不管他所为的别人离他多么近，都是无私利他。只不过他所为的别人离他越近，他的无私利他的境界便越低；离他越远，他的无私利他的境界便越高罢了。所以，这位母亲撞狮救子是一种无私利他、自我牺牲的行为。

那么，驱使她如此无私利他、自我牺牲的根本原因究竟是什么？无疑是对儿子的爱，是母爱。"一个年轻胆小的母亲"，达尔文说，"在母爱的驱策下，会毫不犹豫地为了救自己的婴儿而甘冒天大的危险。"[①] 任何一

[①] Charles Darwin: *Descent of Man and selection In Relation to Sex*, John Murray, Albemarle Street, W. London, 1922, p.168.

位深爱自己子女的母亲,受着爱的驱使,为了救她所爱的子女出危难,岂不都可能牺牲自己的幸福乃至生命吗?爱人便会无私利人乃至自我牺牲的道理,先哲论述颇多。孔子曰:"爱之能勿劳乎?"① 孟子亦曰:"爱之,欲其富也。"② 斯宾诺莎说:"假如一个人爱另一个人,他将努力设法为后者谋幸福。"③ 休谟也说:"爱总是跟随着一种使被爱者幸福的欲望。"④ 弗洛伊德多次说:"不管是性爱还是升华了的爱,它都会发展到牺牲自己的地步。"⑤ 弗洛姆也一再说:"爱,原本是给予,而不是接受。"⑥

可见,爱的本性乃在于利益交换,因而爱的原因与结果相反相成:爱的原因是从他人那里获得了快乐和利益,因为爱是自我对于给予自己的快乐和利益的东西的心理反应;爱的结果则是为所爱的人谋取快乐和利益,爱人之心会导致无私利人的行为。

2. 爱有差等:最深刻的人性定律

爱的因果关系实已蕴涵爱有差等之人性定律。因为爱是自我对于给予自己的快乐和利益的东西的心理反应,显然意味着:谁给我的利益和快乐较少,谁与我必较疏远,我对谁的爱必较少,我必较少地为了谁谋利益;谁给我的利益和快乐较多,谁与我必较亲近,我对谁的爱必较多,我必较多地为了谁谋利益。

试想,为什么我会觉得自己的祖国比他人的祖国对我更亲近?为什么我对自己祖国的爱多于对他人祖国的爱?为什么我无私为自己祖国谋利益多于无私为他人祖国谋利益?岂不仅仅是因为自己的祖国给我的利益多于他人的祖国?否则,如果我自幼及老一直生活于他人的祖国,从而他人的祖国给我的利益多于自己的祖国,那么,他人的祖国必亲近于自己的祖国、对他人祖国的爱必多于对自己祖国的爱、无私为他人祖国谋利益必多于无私为自己祖国谋利益。为什么自己的父母更亲近于他人的父母、对自

---

① 《论语·里仁》。
② 《孟子·公孙丑章句上》。
③ 斯宾诺莎:《伦理学》,商务印书馆1962年版,第120页。
④ David Hume: *A Treatise of Human Nature*, At The Clarendon Press Oxford, 1949, p. 367.
⑤ 弗洛伊德:《弗洛伊德自传》,上海人民出版社1987年版,第81页。
⑥ Erich Fromm: *The Art of Love*, Harper Colophon Books Harper & RoW Publishers, New York and Evanston, 1962, p. 22.

己父母的爱多于对他人父母的爱、无私为自己父母谋利益多于无私为他人父母谋利益？岂不仅仅是因为自己的父母给我的利益多于他人父母？否则，如果我不幸被父母遗弃而被他人的父母收养，从而他人父母给我的利益多于自己父母，那么，他人父母必亲近于自己父母、我对他人父母的爱必多于对自己父母的爱、我无私为他人父母谋利益必多于无私为自己父母谋利益。

人生在世，为什么我最亲近的人是自己的父母、配偶、儿女、兄弟、姐妹？为什么我对他们的爱最多、为他们谋利益最多？岂不仅仅是因为他们给我的利益和快乐最多？否则，如果父母遗弃我、妻子背叛我、儿女虐待我、兄弟姐妹敲诈我，从而他们给我的利益和快乐少于朋友给我的利益和快乐，那么，朋友对于我必亲近于父母、妻子、儿女、兄弟，我对朋友的爱必多于对父母妻儿兄弟姐妹的爱，我为朋友谋利益必多于为父母妻子儿女兄弟姐妹谋利益。

可见，谁给我的利益和快乐较少，谁与我必较远，我对谁的爱必较少，我必较少地为了谁谋利益；谁给我的利益和快乐较多，谁与我必较近，我对谁的爱必较多，我必较多地为了谁谋利益。于是，说到底，我对我自己的爱必最多，我为了我自己谋利益必最多，亦即自爱必多于爱人、为己必多于为人，说到底，每个人必定恒久为自己，而只能偶尔为他人：恒久者，多数之谓也，超过一半之谓也；偶尔者，少数之谓也，不及一半之谓也。这就是"爱有差等"之人性定律。这个定律可以用若干同心圆来表示：

圆心是自我，圆是他人。离圆心较远的圆，是给我利益和快乐较少因而离我较远的人：我对他的爱必较少，我必较少地无私为他谋利益。反之，离圆心较近的圆，是给我的利益和快乐较多因而离我较近的人：我对他的爱必较多，我必较多地无私为他谋利益。因此，我对圆心即自我本身的爱必最多，我为自己谋利益的行为必最多，亦即自爱必多于爱人、为己必多于为人：每个人必定恒久为自己，而只能偶尔为他人。

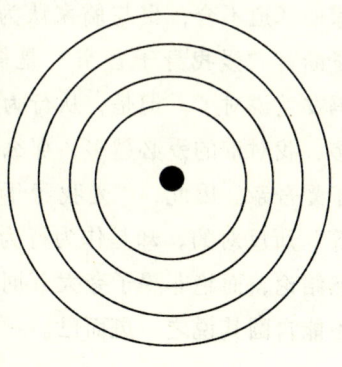

然而，发现这一人性定律的最早理论，恰恰是反对"为自己"的利他主义开创者孔子提出的。这个理论就是儒家那顶顶有名的"爱有差等"。何谓爱有差等？《论语》等儒家典籍对此解释说：

爱父母，是因为我最基本的利益是父母给的；爱他人，是因为我的利益也是他人给的。但是，父母给我的利益多、厚、大；而他人给我的利益少、薄、小。所以，爱父母与爱他人的程度便注定是不一样的，是有多与少、厚与薄之差等的：谁给我的利益较少，我对谁的爱必较少；谁给我的利益较多，我对谁的爱必较多。因此——墨子进而引申说——我对我自己的爱必最多。《墨子》"耕柱"篇便借用巫马子的口，对孔子的爱有差等这样概述道：

> 巫马子谓子墨子曰："我与子异，我不能兼爱。我爱邹人于越人，爱鲁人于邹人，爱我乡人于鲁人，爱我家人于乡人，爱我亲人于我家人，爱我身于吾亲，以为近我也。"

对于这段话，冯友兰说："巫马子是儒家的人，竟然说'爱我身于吾亲'，很可能是墨家文献的夸大其词。这显然与儒家强调的孝道不合。除了这一句以外，巫马子的说法总的看来符合儒家精神。"①

其实，冯友兰只说对了一半。他忽略了"爱有差等"具有双重含义：一是作为行为事实如何的客观规律的"爱有差等"；一是作为行为应该如何的道德规范的"爱有差等"。从道德规范看，"爱我身于吾亲"确与儒家的孝道不合，也与儒家认为"为了自己即是不义"的义利观相悖。墨子断言"爱我身于吾亲"是儒家的主张，无疑是夸大、歪曲。这一点，冯友兰说对了。但是，从行为规律来说，既然谁离我越近、给我的利益越多，我对谁的爱必越多，那么，我对我自己的爱无疑必最多：爱我身必多于爱吾亲。因此，"爱我身于吾亲"虽是作为儒家道德规范的"爱有差等"所反对的，却是作为行为规律的"爱有差等"的应有之义，是其必然结论，而绝非墨子夸大其词。儒家回避这个结论，适足见利他主义体系不能自圆其说之一斑而已。

---

① 冯友兰：《中国哲学简史》，北京大学出版社1985年版，第87页。

这个爱有差等之人性定律，无疑是极其重要的人性定律。然而，耐人寻味的是，西方对于这一定律的研究，主要讲来，并不是伦理学，而是其他的人性科学：心理学、社会心理学和社会生物学。心理学家弗洛伊德和社会生物学家威尔逊以及社会心理学家埃尔伍德（Charles A. Ellwood），通过大量论述都得出结论说，仅仅看到每个人既有利己目的，又有利他目的，是肤浅的；问题的本质乃在于：每个人的主要的、经常的、多数的行为目的必定是自爱利己；而无私利他只可能是他的次要的、偶尔的、少数的行为目的。①

当然，不能说西方伦理学家们没有研究这一人性定律。但是，恐怕一直到十九世纪，边沁才看破了这一点："每个人都是离自己最近，因而他对自己的爱比对任何其他人的爱，都是更多的。"② 包尔生则将这个规律叫做"心理力学法则"："显然，我们的行为实际上是由这样的考虑指导的：每个自我——我们可以说——都以自我为中心将所有其他自我安排到自己周围而形成无数同心圆。离中心越远者的利益，它们引发行为的动力和重要性也就越少。这是一条心理力学法则（a law of psychical mechanics）。"③ 比包尔生小33岁的"厚黑教主"李宗吾，似乎由此受到启发，进而贯通中西，颇为机智地阐释了这一定律。通过这些阐释，他得出结论说：

> 吾人任发一念，俱是以我字为中心点，以距我之远近，定爱情之厚薄。小儿把邻人与哥哥相较，觉得哥哥更近，故小儿更爱哥哥。把哥哥与母亲相较，觉得母亲更近，故小儿更爱母亲。把母亲与己身相较，自然更爱自己。故见母亲口中糕饼，就取来放在自己口中。……由此知人之天性，是距我越近，爱情越笃，爱情与距离，成反比例，与磁电的吸引力相同。④

---

① Edward O. Wilson, On Human Nature, Bantam Books, New York, 1982, p. 160.

② Ignacio L. Gotz：Conceptions of Happiness University Press of America, Inc. Lanham New York 1995, p. 287.

③ Friedrich Paulsen, System of Ethics, Translated By Frank Thilly, Charles Scribner's Sons New York 1908, p. 393.

④ 李宗吾：《厚黑学续编》，团结出版社1990年版，第108页。

3. 共产主义：一种以利益为基础的社会

爱有差等是人性定律，意味着，它是一切人——不论是古代人还是现代人抑或将来人——的共同的普遍的本性，因而也同样是共产主义社会人的本性。因为无论如何，共产主义社会的人也同样是人，因而人所固有的，他们无不具有。无论如何，他们逃脱不了人性定律，更逃脱不了爱有差等的人性定律：自爱必多于爱人、为己必多于为人。

诚然，共产主义社会人的道德觉悟极大提高，人们相互间的爱和无私利他行为远远多于今日的我们。但是，口之于味，有同嗜焉。无论他们道德觉悟何等高，无论他们的爱何等多，他们的爱也不能不是对快乐和利益的心理反应：给他们快乐和利益，他们不能不爱；给他们痛苦和损害，他们也不能不恨。

既然对于共产主义社会的人来说，爱也是对给予自己利益和快乐的东西的心理反应，那么，谁给他的利益和快乐较少，他对谁的爱必较少，谁给他的利益和快乐较多，他对谁的爱必较多，说到底，他对他自己的爱必最多：自爱必多于爱人。

不论共产主义社会人的道德觉悟如何高，充其量，也只可能完全实现或接近完全实现善的人性：一方面，不断扩充自己的爱人之心、同情心和报恩心等善的人性，使其成为自己的人格和个性；另一方面，不断消减、灭除自己的恨人之心、嫉妒心和复仇心等恶的人性，使其不致成为自己的人格和个性。他们不论如何实现善的人性和消减恶的人性，不论如何接近完全实现善的人性，甚至完全实现了善的人性；也不论如何消减恶的人性，甚至接近完全消除恶的人性；充其量，也只可能实现人性而绝对不可能违背人性，绝对不可能违背人性定律，绝对不可能违背爱有差等之人性定律。

我们甚至可以假定或承认，共产主义社会人们都像我们历代的最伟大的道德楷模一样，他们无私利他行为极其众多，因而使无私利他的道德原则内化为自己的人格和个性。他们的爱人之心、同情心和报恩心等善的人性极其丰富，因而也已经成为自己的人格和个性。然而，他们对他人的爱再多，也必定少于他们对自己的爱。他们无私利他的行为最多也只能接近而绝不可能达到自己行为总和之一半，更不可能超过自己行为总和之一半从而恒久无私利他乃至完全无私利他。否则，他们就背离了"爱有差等"之人性定律，他们就不是人了。

共产主义社会每个人必定自爱必多于爱人、为己必多于为人，显然意味着：共产主义社会，不论人们如何相爱，也必定是一种以利益为基础的社会，而不可能是以爱为基础的社会。所谓"以爱为基础的社会"，乃是这样一种社会，这种社会的全体成员相互间的基本的、主要的和起决定性作用的联系是爱而不是利益，因而该社会的全体成员便都不会计较利益得失，不会计较自己的贡献与所得是否相等、公正。相反地，所谓"以利益为基础的社会"，乃是这样一种社会，这种社会成员相互间的基本的、主要的和起决定性作用的联系是利益而不是爱，因而该社会的成员相互间不论如何相爱，也会计较利益得失，计较自己的贡献与所得是否相等、公正。

人类绝大多数的社会无疑都属于以利益为基础的社会。因为在人类所缔结的大大小小、形形色色的社会中，不论生活于其中的成员是多么相爱，只要有一些成员计较相互间的利益得失，就属于以利益为基础——而不是以爱为基础——的社会。因此，只有极小的社会，如家庭，才可能是以爱为基础的社会；而且，毫无疑义，并非所有家庭都是这样的社会。那种数代同堂、几辈人组成的大家庭往往就会有一些成员计较利益得失，因而就算不上是以爱为基础的社会了。即使是两人世界的小家庭，甚至还有热烈的情爱，却也可能计较利益，实行所谓 AA 制，因而也不是以爱为基础——而是以利益为基础——的社会。

显然，任何较大的社会，任何国家——国家是最大的社会——都只能是以利益为基础的社会，而不可能是以爱为基础的社会。国家的发展规律是越来越少，因而也越来越大。共产主义国家将是人类历史上最大的国家——亦即只有一个王权和世界政府的全球国家——它不可能像莫尔设想的那样，是个以爱为基础的大家庭。那终生不会相见的广大社会成员相互间怎么能够像家庭成员那样恩恩爱爱呢？怎么能够像夫妻父母子女那样不计较利益呢？共产主义社会只是生产资料公有，而消费资料却仍然私有制、个人所有制，是"在协作和共同占有包括土地在内的一切生产资料的基础上，重新建立劳动者的个人所有制。"① 试问，这样一种消费资料

---

① 马克思：《资本论》第一卷，中国社会科学出版社 1983 年版，第 523 页。

个人所有制的社会怎么可能不是以利益为基础呢？以爱为基础的社会岂不只可能存在于那种共有消费资料的家庭式的极小的社会单位吗？因此，马克思恩格斯将那种认为共产主义社会是以爱为基础的观点叫做"爱的呓语"：

"我们一方面想离一切粗制滥造体系的行为和庸俗的共产主义远一点，另一方面又想避开多愁善感的共产主义者关于爱的粗俗无聊的爱的呓语。""在共产主义社会中……个人关于个人间的相互关系的意识也将完全是另外一回事。因此，它既不会是爱的原则或自我牺牲，也不会是利己主义。"①

我们确证了共产主义制度科学假设的两个前提：人性之事实如何与国家制度应该如何之价值标准。"爱有差等"的人性定律是共产主义制度科学假设的基础和依据；公正与平等以及人道与自由等国家制度价值标准是共产主义制度科学假设的标准：这两个前提构成了共产主义制度科学假设的充分且必要条件。从此出发，便可以科学假设：共产主义经济制度除了具有公认的公有制和高度发达的生产力特征之外，必定还具有两个特征，亦即按劳分配和自由且公正的商品经济或市场经济。因为共产主义仍然是一种以利益为基础的社会，蕴涵着：如果实行按需分配而不是按劳分配必定导致经济不公，如果废除商品经济或市场经济必定违背经济自由标准，从而违背公正与平等以及人道与自由等国家制度价值标准。公有制和高度发达的生产力之为共产主义特征，无人否认，毋庸赘言；反之，按劳分配和市场经济之为共产主义特征，有悖众见，因而必须详尽论证。

三　按劳分配：经济公正和经济平等原则的实现

1. 按需分配：共产主义社会不公正的分配原则

按照马克思科学社会主义观点，完全的、完善的共产主义社会的分配原则是按需分配。诚然，真正讲来，按需分配原本是绝大多数空想社会主义者所确立和主张的未来共产主义社会分配原则。莫尔曾这样描述共产主义社会："每家家长到这儿申请他自己以及全家所需用的一切，不付钱，

---

① 《马克思恩格斯全集》第3卷，人民出版社1971年版，第275页。

也不付任何代价,他可以领到他所申请的样样东西。"① 卡贝也这样写道:"人人都有义务按自己能力每天从事同等小时的劳动;又有权根据自己的需要从各种产品中领取平等的份额。"② 德萨米亦如是说:在未来社会,每个人都"本着自己的能力、知识、需要和个人才能参加共同劳动,并同样按着自己的全部需要来享用社会产品。"③ 布朗则把共产主义社会的分配原则归结为一句话:"尽他的能力生产,依他的需要消费。"④

马克思科学社会主义与空想社会主义的区别,如所周知,主要在于如何实现以及依靠谁来实现社会主义和共产主义,而并不在于共产主义分配原则。所以,斯大林说:在共产主义社会,"产品将按旧时法国共产主义者的原则实行分配,就是'各尽所能,按需分配'"⑤。《哥达纲领批判》表明,马克思对于共产主义分配原则与欧文、卡贝、德萨米、布朗的见地确实完全一致:"在共产主义社会高级阶段上,在迫使人们奴隶般地服从分工的情形已经消失,从而脑力劳动和体力劳动的对立也随之消失之后;在劳动已经不仅仅是谋生的手段,而且本身成了生活的第一需要之后;在随着个人的全面发展生产力也增长起来,而集体财富的一切源泉都充分涌流之后,——只有在那个时候,才能完全超出资产阶级法权的狭隘眼界,社会才能在自己的旗帜上写上:各尽所能,按需分配!"⑥

可是,每个人的需要是不同的,如果按需分配权利,岂不意味着每个人的权利应该是不平等的吗?是的。因为每个人的需要不同,如果同等地、平等地分配权利,那么,需要较多的人所得到的满足就会较少,而需要少的人所得到的满足就会较多,因而事实上是不平等的。欲使每个人的需要同等得到满足,从而达到事实上的、真正的平等,就应该按照每个人的不同需要分配给每个人以不平等的权利:权利应该不平等而不应该平等。对此,马克思曾这样写道:

---

① 莫尔:《乌托邦》,商务印书馆1956年版,第78页。
② 卡贝:《伊加利亚旅行记》第二、三卷,商务印书馆1978年版,第367页。
③ 德萨米:《公有法典》,生活·读书·新知三联书店1958年版,第10页。
④ 哈里·雷岱尔:《社会主义思想史》,黎明书局1934年版,第352页。
⑤ 《斯大林全集》第11卷,人民出版社1954年版,第117页。
⑥ 《马克思恩格斯选集》第三卷,人民出版社1972年版,第12页。

一个劳动者已经结婚，另一个则没有；一个劳动者的子女较多，另一个的子女较少，如此等等。在劳动成果相同、从而由社会消费品中分得的份额相同的条件下，某一个人事实上所得到的比另一个人多些，也就比另一个人富些，如此等等。要避免所有这些弊病，权利就不应该是平等的，而应该是不平等的。①

按需分配的事实平等违背了权利平等原则，果真是一种真正公正的分配原则吗？否！按需分配绝对不是一个公正的分配原则。因为每个人的需要与其贡献往往是不一致的：贡献多者可能需要少；贡献少者却可能需要多。试想，张三能力较强，贡献较大；可是他的子女却较少，因而需要较少。反之，李四能力较差，贡献较小；可是他的子女却较多，因而需要较多。这样一来，按需分配便会导致贡献多者所得到的权利却较少、贡献少者所得到的权利却较多的不公正结果。那么，由此是否可以说按需分配是不公正的？不一定。按需分配绝对不是个公正原则，却未必是不公正原则；而或者是个不公正原则，或者是个仁爱原则：它究竟是个什么原则，取决于实行它的社会究竟是一个什么样社会：是"以爱为基础的社会"还是"以利益为基础的社会"？

如果是一个以利益为基础的社会，那么，社会的全体成员相互间的基本的、主要的和起决定性作用的联系便是利益而不是爱，因而该社会的成员便会计较利益得失。这样一来，贡献较多而需要较少者也就不会把自己按照公正原则所应分有的较多权利自愿转让、馈赠给贡献较少而需要较多者。因此，如果实行按需分配便是对贡献多而需要少者所应多得的权利的强行剥夺，便侵犯了贡献多需要少者的权利，因而是不公正的。所以，按需分配如果实行于以利益为基础的社会，便是个不公正的原则。

如果是以一个爱为基础的社会，那么，该社会成员相互间的基本的、主要的和起决定性作用的联系是爱而不是利益，因而该社会的成员便都不会计较利益得失，而会心甘情愿按需分配。这样，虽然贡献多需要少者分有较少权利，而贡献少需要多者却分有较多权利，却并非不公正。因为贡献多需要少者是出于对贡献少需要多者的爱，而完全自愿按

---

① 《马克思恩格斯选集》第三卷，人民出版社 1972 年版，第 12 页。

需分配,因而也就是自愿把自己按照公正原则所应多得的权利转让、馈赠给了贡献少需要多者。反之,贡献少需要多者也就只是接受而并未侵犯贡献多需要少者所转让、馈赠的权利。因此,按需分配如果实行于以爱为基础的社会,便是个高于公正、超越公正而无所谓公正不公正的人道或仁爱原则。

因此,问题的关键全在于:共产主义社会究竟是以爱还是以利益为基础?如果共产主义社会是以爱为基础的社会,那么,共产主义社会确实应该实行按需分配的事实平等原则:按需分配乃是共产主义社会的高于公正、超越公正而无所谓公正不公正的人道或仁爱的分配原则。然而,遗憾的是,共产主义社会不可能以爱为基础。因为如前所述,"爱有差等"之人性定律决定了:在共产主义社会,每个人都自爱必多于爱人、为己必多于为人,因而必定仍然是一种以利益——而不是以爱——为基础的社会。既然如此,那么,按需分配便会侵犯、剥夺需要少而贡献多者按照公正原则所应该多得的权利,因而便是个不公正的原则了。诚然,如果共产主义社会产品极大丰富,以致谁需要什么,便可以分配给他什么,而绝不会因此影响别人需要的满足,每个人的需要都可以得到充分的完全的满足,那么,实行按需分配确实不会侵犯和剥夺需要少而贡献多者的权利,不会侵犯和剥夺任何人的权利,因而也就不会是不公正的。就像今日社会,虽然以利益为基础,但空气极大丰富,谁需要呼吸多少就可以呼吸多少,而绝不会侵犯和剥夺别人呼吸的权利,每个人的呼吸空气的需要都可以得到充分的完全的满足,因而"按需要呼吸空气"也就不会是不公正的。

莫尔、摩莱里、欧文和马克思所设想的正是这样的共产主义社会:"这种社会的成员将通过简易、正常、健康和合理的工作,生产出满足其消费欲望还有余的为数极多的剩余产品。因此,可以让每个人都随便到公社的总仓库去领取他要领的任何物品。"[①] 然而,这样的共产主义社会纯属空想,是不可能存在的。不可能存在每个人的需要都得到充分、完全满足的社会,更不用说充分满足之后还有极多的剩余产品了。因为需要是生产的动因,是社会发展的动因。生产的发展永远落后于需要的增长,每个

---

① 欧文:《欧文选集》第一卷,商务印书馆1979年版,第355页。

人的需要注定都永无充分、完全满足之时；否则，社会便不可能发展了。共产主义社会产品固然极大丰富，财富的一切源泉都充分涌流，但水涨船高，每个人的需要也极大提高，因而永远不可能得到完全满足。

既然共产主义社会每个人的需要绝不可能完全满足，广大社会成员相互间的基本联系又仍然是利益而不是爱，那么，实行按需分配便会侵犯和剥夺需要少而贡献多者按照公正原则所应得的较多的权利，因而便是不公正的。因此，共产主义社会绝不应该实行按需分配：按需分配在共产主义社会是一种不公正不道德的恶的分配原则。那么，共产主义社会究竟应该实行怎样的分配原则？应该按劳分配！

2. 按劳分配：共产主义社会公正的分配原则

分配原本属于经济范畴。所谓经济，如所周知，也就是关于物质财富的活动，亦即对物质财富的生产、分配、交换和消费：生产是对物质财富的创造；分配和交换是对生产出来的产品的分配和交换；消费则仅仅是对产品中的消费品的消费。因此，所谓分配，也就是对于物质财富的分配，说到底，是对产品的分配。不言而喻，每个人只有为社会贡献产品，社会才有产品分配给每个人；社会分配给每个人的产品，无非是每个人所贡献的产品，无非是每个人所贡献的产品之交换而已。准此观之，便应该按照每个人所贡献的产品的交换价值，而分配给他含有等量交换价值的产品，亦即等价值分配、等价分配或等值分配：等价分配是分配领域的公正原则。

因为，正如柏拉图所指出，善有善报和恶有恶报便是所谓的公正："正义就是'把善给予友人，把恶给予敌人。'""假使朋友真是好人，当待之以善，假如敌人真是坏人，当待之以恶，这才算是正义。"① 善有善报是等利交换；恶有恶报，是等害交换：公正就是等利交换与等害交换，就是等利害交换，就是同等利害相交换的行为。这就是公正的定义吗？

是的。因为公正无疑属于伦理行为范畴。所谓伦理行为，如所周知，亦即受利害人己意识支配的行为。因此，一切伦理行为无非两类：利害自

---

① 柏拉图：《理想国》，商务印书馆1994年版，第8、13页。

己与利害他人。利害自己显然无所谓公正不公正;公正和不公正必定完全存在于利害他人的伦理行为之中。所以,亚里士多德一再说:"公正并不是自己对自己的关系。"① "公正是相关于他人的。"② 那么,公正和不公正究竟是一种怎样的利害他人的行为呢?

不难看出,一切利害他人的行为只有两种行为是善的、道德的:一种是等利(害)交换的行为;另一种是仁爱和宽恕,属于不等利(害)交换的善行。公正当然是一种善而非一种恶。因此,公正必居于这两种善行之中。但是,仁爱与宽恕无所谓公正不公正,而是高于公正的分外善行。所以,公正只能是等利(害)交换的善行;不公正也就只能是不等利(害)交换的恶行。如图:

$$
\text{伦理行为}\begin{cases}\text{利害他人}\begin{cases}\text{等利(害)交换}=\text{公正}\\ \text{不等利(害)交换}\begin{cases}\text{恶的不等利(害)交换的行为}=\text{不公正}\\ \text{善的不等利(害)交换}=\text{仁爱和宽恕}\end{cases}\end{cases}\\ \text{利害自己:无所谓公正不公正}\end{cases}
$$

公正是等利害交换,显然意味着,公正有正反两面:等利交换是正面的、肯定的、积极的公正;而等害交换则是反面的、否定的、消极的公正。这样一来,等价交换与等价分配显然不过是等利交换的公正原则在交换和分配两大领域的表现和实现:等价交换是商品交换的等利交换原则,是物质财富或产品交换领域的等利交换原则,是交换的公正原则;等价分配是物质财富或产品分配领域的等利交换原则,是分配的公正原则。

问题的关键在于,共产主义社会生产资料公有,因而劳动便是创造和决定交换价值的唯一源泉或实体。因为生产资料——资本和土地等自然资源——公有制,显然意味着:每个人使用资本和土地等自然资源,就如同使用自己的东西一样,都无需代价,都是无偿的;只有劳动才是个人私有的,因而只有劳动才是有偿的,才是需要支付代价的。这样一来,资本、

---

① 《亚里士多德全集》第八卷,中国人民大学出版社1997年版,第119页。
② 同上书,第97页。

土地和劳动固然是创造产品价值——使用价值与交换价值——的三个源泉和实体，① 但在共产主义社会，产品的交换价值却显然与资本和土地等无需支付代价的公有物无关，而仅仅取决于需要支付代价的劳动：劳动是创造和决定交换价值的唯一的源泉或实体。

产品的交换价值实体是产品中所凝结的一般人类劳动，意味着：产品的交换价值量取决于产品的创造所需要的社会必要劳动时间。于是，在共产主义社会，最终说来，一方面，便应该按照每个人所提供的产品的社会必要劳动时间进行交换：等劳交换。所以，马克思说："依照价值法则，互相交换的是等价物，是等量劳动与等量劳动。"② 另一方面，则应该按照每个人所提供的产品的社会必要劳动时间，分配给他含有等量社会必要劳动时间的产品：按劳分配。

因此，正如等价交换说到底就是等劳交换一样，等价分配说到底也就是按劳分配，也就是按照每个人所提供的产品的社会必要劳动时间而分配给他含有等量社会必要劳动时间的产品：等价分配与按劳分配是同一概念。因此，分配领域的公正原则，说到底，乃是按劳分配，亦即按照每个人所提供的产品的社会必要劳动时间而分配给他含有等量社会必要劳动时间的产品。马克思论及这一原则时便这样写道：

"这里（即按劳分配——引者）通行的是商品等价物的交换中也通行的同一原则，即一种形式的一定量的劳动可以和另一种形式的同量劳动相交换。"③ 于是，"每一个生产者……以一种形式给予社会的劳动量，又以另一种形式全部领回来。"④

这样，按劳分配或等价分配便使每个人贡献了包含多少社会必要劳动时间的产品，最终就可以得到包含多少社会必要劳动时间的产品，便使每个人创造了多少价值的财富，最终就可以得到多少价值的财富。因此，按劳分配是丝毫不存在所谓的剩余价值和剩余劳动——亦即剩余价

---

① 商品中所凝结和耗费的生产三要素——劳动、资本和土地——是交换价值的源泉和实体；它们是使用价值的直接的源泉和实体，是交换价值的间接的、终极的源泉和实体，从而也就是商品一切价值的源泉和实体（见本书第十二章"商品价值"）。——笔者注
② 马克思：《剩余价值学说史》第1卷，第118页。
③ 《马克思恩格斯选集》第三卷，人民出版社1972年版，第11页。
④ 同上。

值和剩余劳动丝毫也不会被别人无偿占有——的分配，是完全和彻底消除了剥削和经济异化的分配，是人类社会唯一的公正分配制度：公正分配与等价分配以及按劳分配三者完全是同一概念。不论任何社会，真正公正的分配制度只能是按劳分配；非按劳分配绝非公正的分配制度或真正可以实现的公正分配制度，而或者是不公正制度和不可能真正实现的公正分配制度，或者是超越公正的人道或仁爱制度。因为，一方面，按需分配虽然可以实现，却是超越公正不公正的人道或仁爱的分配制度；另一方面，按生产要素分配虽然是私有制社会公正的分配原则，却必定因生产资料和经济权力垄断而导致事实上的剥削、经济不公正，因而不可能真正实现。

即使按生产要素分配——亦即按资本和土地以及劳动分配——的公正原则不导致剥削，从而能够得到实现，严格说来，也是不应该的。诚然，就事实来说，在私有制社会，劳动、资本和土地等自然资源三大生产要素是创造和决定交换价值的三个源泉或实体。但是，事实未必应该。因为所谓资本，亦即用作投入的劳动产品，如工厂、机器、设备等，原本是劳动与土地等自然资源的产物或结合物，是由劳动与自然资源两种生产要素创造的。因此，创造交换价值的源泉最终便可以归结为劳动和土地。这就是说，归根结底，只有劳动和土地等自然资源才是创造和决定一切交换价值的源泉或实体。问题的关键在于，土地等自然资源显然应该是人类共同拥有的东西，应该是人类公有的东西。因此，每个人使用土地等自然资源，就应该像使用自己的东西一样，应该是无需代价的，应该是无偿的；只有劳动才应该是个人私有的，因而只有劳动才应该是有偿的，才应该是需要支付代价的。交换价值显然与土地等无需支付代价的公有物无关，而仅仅取决于需要支付代价的劳动：劳动在任何社会都应该是创造和决定交换价值的唯一源泉或实体。

因此，按劳分配超阶级、超社会、超历史，是人类任何社会唯一的公正分配制度。只不过，并非任何社会都可能实行这种制度；而唯有公有制社会才可能实行这种制度。因为按劳分配的前提，如所周知，乃是生产资料公有制。相反地，私有制必定导致按照私有者所拥有的生产资料等生产要素分配，必定导致按照资本和土地分配，从而必然因资本、土地和经济权力垄断而导致剥削、经济异化和经济不公：劳动者剩余劳动所创造的剩余价值势必被私有者依靠生产资料或经济权力的垄断所榨取。只有在公有制社会，才可能因不存在生产资料私有而消除按照资本和土地等生产要素分配，从而才可能实行按劳分配。那么，是否一切公有制社会都应该实行按劳分配？共产主义社会应该实行按劳分配吗？

答案是肯定的。共产主义社会应该实行按劳分配而不是按需分配：按劳分配是共产主义社会分配原则。诚然，按劳分配并不是人类社会最高级最美好的分配原则。按需分配高于按劳分配：按劳分配是分配的公正原则；按需分配则可能是分配领域超越和高于公正的人道或仁爱原则。但是，如上所述，按需分配只应该实行于像家庭那样极小的、以爱为基础而不计较利益得失的社会，而绝不应该实行于像国家那样大的、计较利益得失的、以利益为基础社会：按需分配是以爱为基础的社会的人道原则，是家庭或家庭式的极小社会的仁爱原则，是以利益为基础社会的不公正原则，是任何国家的不公正的分配原则。在共产主义社会，如上所述，每个人的需要绝不可能完全满足，广大社会成员相互间的基本联系又仍然是利益而不是爱。这样一来，按需分配如果实行于共产主义社会，就是一个不公正的、不道德的、恶的分配原则。因此，按劳分配在共产主义社会不但是公正的分配原则，而且是唯一道德的、善的、应该的分配原则，因而也就是共产主义社会最高级最美好的分配原则，是一切以利益为基础的社会的最高级最美好的分配原则，是一切国家最高级最美好的分配原则。

3. 驳论：按劳分配所体现的资产阶级法权

按劳分配超阶级超社会超历史，是一切国家或以利益为基础的社会的公正的和唯一道德的、善的、应该的分配原则，是一切国家或以利益为基础的社会的最高级最美好的分配原则，是共产主义社会公正的、平等和唯一道德的、善的、应该的分配原则，是共产主义社会最高级最美好的分配原则。然而，马克思却认为按劳分配体现的是资产阶级法权。果真如此，按劳分配就既不是超阶级超社会超历史的，更不是共产主义社会最高级最美好的分配原则了。那么，马克思此见的根据究竟是什么？

原来，马克思认为，按劳分配所体现的原则与商品等价交换中所体现的原则一样，都是等量劳动相交换；这种等量劳动相交换的平等权利仍然是资产阶级法权："至于消费资料在各个生产者中间的分配，那么这里通行的是商品等价物的交换中也通行的同一原则，即一种形式的一定量的劳动可以和另一种形式的同量劳动相交换。所以，在这里平等的权利按照原则仍然是资产阶级的法权。"①

按劳分配所体现的原则，确如马克思所言，与商品等价交换中所体现的原则一样，都是"等量劳动相交换"。但是，马克思由此断言这种等量劳动相交换的平等权利仍然是资产阶级法权，是不能成立的。确实，资产阶级法律规定和承认商品的自由的、平等的和等价的交换关系，规定和承认等量劳动相交换的平等权利。但是，不能因为资产阶级法律承认等量劳动相交换的平等权利，就说等量劳动相交换的平等权利是资产阶级法权；正如不能因为资产阶级法律承认杀人偿命的平等权利，就说杀人偿命的平等权利是资产阶级法权一样。

资产阶级法律承认的权利可以分为两类。一类是资产阶级的特殊权利，如资产阶级私有财产不可侵犯，是资产阶级法权。另一类是人类普遍的权利，如人权，就不可以称之为资产阶级法权。因此，资产阶级法律所承认的权利并不都是资产阶级法权；资产阶级法权仅仅是资产阶级法律所承认的资产阶级所特有的权利。等量劳动相交换的平等权利显然并不是资产阶级的特殊权利，而是普遍存在于人类一切社会劳动交换的公正权利，至少也是无产阶级的权利，因而虽然被资产阶级法律承认，也绝不可以称之为资产阶级法权。如果因为等量劳动相交换的平等权利为资产阶级法律所承认，就断言它是资产阶级法权，那么，岂不也可以称之为无产阶级法权？因为无产阶级法律或社会主义法律不也同样承认等量劳动相交换的平等权利吗？

因此，等量劳动相交换的平等权利虽然被资产阶级法律所承认，却并不是资产阶级权利。那么，究竟为什么马克思和列宁将等量劳动相交换的平等权利叫做资产阶级法权？马列将等量劳动相交换的平等权利叫做资产阶级法权，不仅因为它是资产阶级法律所承认的权利，更重要的，是因为

---

① 《马克思恩格斯选集》第三卷，人民出版社1972年版，第11页。

"这个平等权利还仍然被限制在一个资产阶级的框框里"①，亦即具有资产阶级的特点，属于资产阶级所特有的平等权利。这种资产阶级平等权利的特点就在于，它不是事实平等，不是真正的平等，不是实际的、实质的平等，不是内容的平等，而只是一种形式的平等："就它的内容来讲，它像一切权利一样，是一种不平等的权利。"② 只有按需分配才完全超出了资产阶级法权的狭隘眼界，因为按需分配所体现的平等，是满足平等，是需要满足的平等，亦即每个人的需要都得到平等的满足。这种平等是事实平等，是内容的、实际的、实质的、真正的平等："从形式上的平等转到事实上的平等，即实现'各尽所能，按需分配'的原则。"③ 然而，马列的这种观点能成立吗？

答案是否定的。诚然，按需分配的需要满足的平等是事实平等，需要满足的平等是事实平等，满足平等是事实平等。但是，按劳分配的等量劳动相交换的权利平等岂不也是事实平等吗？按劳分配的基本经济权利完全平等与非基本经济权利比例平等岂不也是事实平等吗？权利平等岂不也是事实平等吗？难道只有每个人的需要获得平等的满足是事实，而每个人拥有按劳分配的平等的权利就不是事实？无疑同样是事实，同样是事实平等：满足平等是每个人需要获得平等满足的事实平等；权利平等是每个人获得按劳分配平等权利的事实平等。

按劳分配的权利平等不但是事实平等，而且与按需分配的满足平等相比，是价值更大更优先的事实平等。因为按需分配是一种人道原则或仁爱原则；而按劳分配是一种公正原则：人道或仁爱原则固然高于公正原则，却没有公正原则根本和重要，因而当二者发生冲突时，应该牺牲人道原则而保全公正原则。让我们回顾一下前面的例子：

为什么按需分配只应该实行于以爱为基础的社会？只是因为在这种社会，贡献多而需要少者，是出于对贡献少而需要多者的爱，而自愿把自己按照按劳分配的公正原则所应多得的权利转让、馈赠给了贡献少而需要多者。所以，按需分配如果实行于以爱为基础的社会，虽然不是公正的，但

---

① 《马克思恩格斯选集》第三卷，人民出版社 1972 年版，第 11 页。
② 同上书，第 11 页。
③ 《列宁选集》第 3 卷，人民出版社 1972 年版，第 257 页。

也不是不公正的,而是一个高于公正、超越公正因而无所谓公正不公正的仁爱原则、人道原则。这就是按需分配的人道原则应该实行于以爱为基本联系的社会的依据:它并不违背任何公正原则。

然而,如果一个社会,比如某工厂,它的全体成员的基本联系是各自的利益,而不是相互间的爱,那么,该社会的成员便会计较利益得失。如果实行按需分配,便是对贡献多而需要少者的按照按劳分配原则所应多得的权利的强行剥夺,是不公正的。这样,按需分配的人道原则便与按劳分配的公正原则发生了冲突。在这种情况下应该怎么办?显然应该违背人道原则而放弃按需分配,从而遵循按劳分配的公正原则。这就是按需分配之人道原则不应该实行于以利益为基本联系的社会的依据:它违背了按劳分配的公正原则,是不公正的。

可见,实行按需分配人道原则是以不违背公正原则为条件的。按需分配只有当其不违背按劳分配的公正原则时,才应该实行;而当其违背按劳分配公正原则时,则应该遵循按劳分配的公正原则,而牺牲按需分配的人道原则:公正原则的价值大于、重于和优先于人道原则。斯密说得好:"社会存在的基础与其说是仁慈,毋宁说是公正。没有仁慈,社会固然处于一种令人不快的状态,却仍然能够存在;但是,不公正的盛行则必定使社会完全崩溃。……仁慈是美化建筑物的装饰品而不是支撑它的地基,因而只要劝告就已足够而没有强制的必要。反之,公正是支撑整个大厦的主要支柱。如果去掉了这根柱子,人类社会这个巨大而广阔的建筑物必定会在一瞬间分崩离析。"[①]

这样一来,按劳分配的权利平等便不但与按需分配的满足平等一样是事实平等,而且是价值更大更优先的事实平等。因此,绝不能说按需分配是内容平等、实质平等、真正平等,而按劳分配并非真正平等,并非实质的、实际的平等,而仅仅是形式平等。按劳分配与按需分配乃是公正与人道的关系,而并不存在形式和内容、现象与实质以及名义与实际的关系。按劳分配属于公正范畴;按需分配属于人道范畴:按需分配之人道或仁爱原则固然高于按劳分配的公正原则,却没有按劳分配的公正原则更根本、

---

① Adam Smith, *the Theory Of Moral Sentiments*, China Sciences Publishing House Chengcheng Books Ltd., Beijing, 1999, p. 86.

更重要、更优先。

由此观之，便不难破解列宁竟然断言按劳分配不公正之谜。列宁论及按劳分配时一再说："这里确实有'平等权利'，但这仍然是'资产阶级法权'，它同任何权利一样，是以不平等为前提的。任何权利都是把同一标准应用到不同的人身上，应用在事实上各不相同、各不同等的人身上，因而平等权利就是不平等，就是不公平。"①"这个社会最初只能消灭私人占有生产资料这一'不公平'现象，却不能立即消灭'按劳动'（不是按需要）分配消费品这一仍然存在的不公平现象。"②

显然，列宁断言按劳分配不公正的根据，一方面就在于以为按劳分配是形式平等，按需分配是事实平等。试想，如果按劳分配只是形式上的平等，而事实上不平等，那岂不就可以推断：按劳分配事实上是不公平的而只有按需分配才是事实上公平的？但是，列宁的这个根据是不能成立的。因为如上所述，按劳分配与按需分配并不是形式平等与事实平等的关系，而是公正与仁爱的关系。列宁断言按劳分配不公正的根据，另一方面则在于将按需分配的事实平等当作事实上的公正、实际上的公正。这样一来，按劳分配的事实不平等自然就是不公正了。列宁的这个根据也是不能成立的。因为如上所述，真理恰恰相反：按劳分配绝对是公正的；按需分配绝对不是公正的，而或者是不公正原则（如果实行于以利益为基础的社会），或者是超越公正的仁爱原则（如果实行于以爱为基础的社会）。

总而言之，马列认为按需分配的需要满足的平等是事实平等，是内容的、实际的、实质的、真正的平等，而按劳分配的权利平等只是形式的平等而非内容的平等和事实平等，是不能成立的。他们由此断言按劳分配的平等权利"仍然被限制在一个资产阶级的框框里"，具有资产阶级权利的特点，是资产阶级权利，而只有按需分配才完全超出了资产阶级法权的狭隘眼界，也是不能成立的。按劳分配超阶级超社会超历史，不但是一切国家最高级最美好的分配原则，而且是共产主义社会唯一道德的、善的、应该的分配原则，是共产主义社会最高级最美好的分配原

---

① 《列宁选集》第3卷，人民出版社1972年版，第250页。
② 同上书，第251页。

则。马列的错误,说到底,乃在于继承了那些主张按需分配是共产主义分配原则的空想社会主义思想家们的观点,误以为按劳分配的斤斤计较的公正原则是资产阶级观念。对于空想社会主义的这种观点,范伯格曾这样写道:

"各尽所能,按需分配"……这个著名的社会主义口号,无论如何,都不是用来表述一种分配正义的原则。它乃是旨在对抗当时囿于公正的各种思想的一种人人皆兄弟的伦理原则。因为早期社会主义者认为,从某种意义上讲,给予那些为我们的财富作出了巨大贡献的人以不成比例的较少产品份额是不公正的;但是,在新的社会主义社会中,仁爱、共有、不贪婪的精神会战胜这种斤斤计较公正的资产阶级观念,并将其置于适当的(从属的)位置。①

四 共产主义经济形态

1. 商品经济:共产主义经济形态

如果说共产主义经济制度的根本特征是公有制,高度发达的生产力是这种制度的唯一经济基础,实行按劳分配,那么,共产主义经济形态究竟如何?是自然经济还是商品经济、市场经济抑或计划经济?马克思恩格斯与莫尔、康帕内拉、摩莱里等众多空想社会主义者一样,认为共产主义社会已经不存在商品交换,因而也就不存在商品经济或市场经济了:"当全部资本、全部生产和全部交换都集中在人民手里的时候,私有制将自行消亡,金钱将变成无用之物。"②"一旦社会占有了生产资料,商品生产就将被消除。"③"货币资本已不复存在,社会将会分配劳动力与生产资料于不同的营业部门。生产者们比方说将会得到一种纸的凭证,凭此在社会的消费品储存中,取去一个与他们的劳动时间相符的数量。这种凭证,不是

---

① Joel Feinberg: *SOCIAL PHILOSOPHY*. 1973 by PRENTICE_ HALL , INC. Englewood Cliffs, New Jersey, p. 114.
② 《马克思恩格斯全集》第4卷,人民出版社1958年版,第368页。
③ 恩格斯:《反杜林论》,人民出版社1970年版,第279页。

货币。"①

那么,共产主义社会究竟是否存在商品、商品交换和商品经济?卓炯的回答是肯定的,他认为共产主义社会存在商品、商品交换和商品经济:"共产主义经济是商品经济。"② 但是,他得出这个结论的前提,却是他所谓商品的"宽"的定义,亦即马克思和恩格斯的关于商品的那两个著名命题:"能同别的生产品交换的一切产品都是商品。"③ "加入交换范围的生产品就是商品。"④ 从此出发,卓炯断言共产主义社会必定存在商品和商品交换。因为共产主义社会必定存在社会分工,而有社会分工必有产品交换,必有"能同别的生产品交换的产品",亦即必有商品。

卓炯的结论——共产主义经济是商品经济——固然不错,但他的推论不能成立。"能同别的生产品交换的一切产品都是商品"并非商品定义。因为商品交换与非商品的产品交换必定根本不同。这种根本不同究竟在于什么?在于是否计较利益或价值:商品交换必定要计较利益、价值,必定要以价值为基础,必定要求等价交换,必定要买卖;否则,如果一种产品交换不以价值为基础,不要求等价交换,不必买卖,那么,这种产品交换便不是商品交换。对于这个道理,于光远曾有十分透辟的论述:"什么是商品交换这种交换方式的特点呢?一句话说,就是双方处于平等地位、在交换中比较所交换的使用价值中结晶的社会必要劳动,实行等量劳动与等量劳动交换的等价交换原则。凡是用这样一种方式进行的交换,就是商品交换。凡是进入这种交换的生产物就是商品。"⑤

准此观之,能够交换或用来交换的产品显然未必是商品,只有以价值为基础进行交换的产品才是商品:商品是通过买卖进行交换的产品,是以买卖的形式进行交换的产品,是基于价值、交换价值进行交换的产品,是

---

① 马克思:《资本论》第三卷,人民出版社 1958 年版,第 436 页。
② 卓炯:《论社会主义商品经济》,广东经济出版社 1998 年版,第 61 页。
③ 马克思:《雇佣劳动与资本》,《马克思恩格斯文选》第 2 卷,人民出版社 1958 年版,第 68 页。
④ 恩格斯:"论卡尔·马克思著《政治经济学批判》一书",《马克思恩格斯文选》第 1 卷,第 352 页。
⑤ 张问敏等编:《建国以来社会主义商品生产和价值规律论文选》上卷,上海人民出版社 1979 年版,第 437 页。

要求等价交换的产品。因此,马克思一再说:"商品即交换价值量的总和"①"各种商品依照它们的价值来交换或售卖。"②"在一切社会状态下,劳动产品都是使用物品,但只是历史上一定的发展时代,也就是使生产一个使用价值所耗费的劳动表现为该物的'对象的'属性即它的价值的时代,才使劳动产品转化为商品。"③列宁也这样写道:"为了满足社会需要,就必须在市场上买卖产品(产品因此变成了商品)。"④

因此,以为马克思的名言"直接以交换为目的的生产,即商品生产"是商品生产的定义,是不确切的;由此将商品生产定义为"为了交换而进行的生产",是不确切的。商品生产乃是直接以交换价值为目的的生产,是为了交换价值而进行的生产,是为了得到交换价值而进行的生产。商品生产是为他人生产使用价值而为自己生产交换价值的生产:为他人生产使用价值是生产的手段;为自己生产交换价值是生产的目的。所以,邵祥能说:"商品生产只是社会生产中一种特殊方式,具有自身的特性。这个特性的根本特点就在于:生产者生产商品的目的不是为了自己消费使用该商品的使用价值,而是为了通过交换,将它出卖给社会上需要该商品的使用价值的人,以实现该商品的交换价值,并从社会上换回自己需要消费使用的其他商品。"⑤

这样一来,社会分工便只是商品经济的必要条件:没有社会分工,必无产品交换,必无以交换为目的的生产,因而也就没有以价值为基础的产品交换,也就没有以交换价值为目的的生产,亦即没有商品交换和商品生产;有社会分工,必有产品交换,必有以交换为目的的生产,却未必有以价值为基础的产品交换,未必有为了交换价值而进行的生产,亦即未必有商品交换和商品生产。所以,马克思说:"在古代印度公社中就有社会分工,但产品并不成为商品。或者拿一个较近的例子来说,每个工厂内部都有系统的分工,但是这种分工不是通过工人交换他们个人的产品来实现的。"⑥

---

① 马克思:《雇佣劳动与资本》,《马克思恩格斯文选》第2卷,人民出版社1958年版,第68页。
② 马克思:《资本论》第三卷,人民出版社1975年版,第215页。
③ 《马克思恩格斯全集》第23卷,人民出版社1972年版,第76页。
④ 《论市场问题》,《列宁全集》第一卷,人民出版社1953年版,第77页。
⑤ 邵祥能等主编:《商品经济新论》第一卷,中国财政经济出版社2008年版,第73页。
⑥ 《马克思恩格斯全集》第23卷,人民出版社1972年版,第55页。

因此，卓炯由共产主义必定存在社会分工便断言共产主义经济是商品经济，是不能成立的。共产主义经济是商品经济的论断之成立，除了社会分工这个必要条件，还需要两个必要条件，这两个必要条件也就是"不应实行按需分配而只应实行按劳分配"的两个条件：一个是产品没有丰富到完全满足每个人需要的程度；另一个是人们的基本联系是利益而不是爱。

如果产品极大丰富，以致谁需要什么，便可以得到什么，而绝不会因此影响别人需要的满足，那么，每个人的需要都可以得到充分的完全的满足。这样，即使人们计较利益价值，产品交换也不必以价值为基础，不必等价交换，不必买卖，因而也就不存在商品交换和商品经济了。试想今日社会，虽然以利益为基础，但倘若产品极大丰富，谁需要什么就可以得到什么，谁还会斤斤计较、等价交换？等价交换岂不毫无意义？

然而，共产主义的产品能够丰富到完全满足每个人的需要的程度吗？不可能！这样的共产主义社会纯属空想，是不可能存在的。不可能存在每个人的需要都得到充分、完全满足的社会。因为需要是生产的动因，是社会发展的动因。生产的发展永远落后于需要的增长，每个人的需要注定都永无充分、完全满足之时；否则，社会便不可能发展了。共产主义社会产品固然极大丰富，财富的一切源泉都充分涌流，但水涨船高，每个人的需要也极大提高，因而永远不可能得到完全满足。

但是，由共产主义社会必然存在社会分工和产品不可能丰富到完全满足每个人需要的程度，还不能得出共产主义经济是商品经济的结论。要得出这个结论，还需要一个必要条件：共产主义社会人们的基本联系是利益而不是爱。否则，如果共产主义社会成员相互间的基本的、主要的和起决定性作用的联系是爱而不是利益，那么，该社会的成员便都不会计较利益得失。这样，当这些恩恩爱爱的人们进行产品交换时，也就不会计较利益、价值，不必等价交换，不必买卖，因而也就不存在商品交换和商品经济了。就像今日社会家庭成员相互间的物品交换不必等价交换、不是商品交换一样。然而，这种情况也是不可能存在的。因为，如前所述，"爱有差等"之人性定律决定了：在共产主义社会，每个人都自爱必多于爱人、为己必多于为人，因而必定仍然是一种以利益为——而不是以爱——为基础的社会。

既然共产主义社会必定存在社会分工,每个人的需要又绝不可能完全满足,并且广大社会成员相互间的基本联系仍然是利益而不是爱,那么,产品交换显然必定要计较利益、价值,必定要以价值为基础,必定要求等价交换,必定要买卖,因而必定是商品交换和商品经济:共产主义经济形态是商品经济。因此,王珏说得不错:"科学共产主义生产关系将无需否定商品经济的存在和发展,共产主义社会仍将实行商品化生产方式!"①

可见,"社会分工"、"每个人的需要绝不可能完全满足"和"广大社会成员相互间的基本联系仍然是利益而不是爱"乃是商品经济的三个必要条件:三者分开来分别是商品经济的必要条件;合起来则是商品经济的充分且必要条件。"每个人的需要绝不可能完全满足"和"广大社会成员相互间的基本联系仍然是利益而不是爱"两个条件,如前所述,乃是共产主义社会不应该按需分配而只应该按劳分配的根本原因:根据这两个条件,如果实行按需分配便会侵犯和剥夺需要少而贡献多者按照公正原则所应得的较多的权利,因而便是不公正的。这样一来,商品经济充分且必要条件就可以归结为两个:社会分工与按劳分配。确实,如果不是按劳分配而是按需分配,那么,产品交换显然也就不会计较利益、价值,不会买卖,因而也就不会是商品交换和商品经济了。这就是为什么,主张按需分配的共产主义思想家都认为共产主义社会不存在商品经济的根本原因。因此,卓炯说"共产主义经济是商品经济"是正确的。但是,一方面,他将社会分工当作商品经济的充分条件,因而由共产主义必定存在社会分工便断言共产主义经济是商品经济,是片面的;另一方面,他断言"商品交换可以成为贯彻按需分配的手段",② 是不能成立的。

然而,商品经济可以分为两种:计划商品经济与自由商品经济。所谓计划商品经济,也就是计划决定和市场调节相结合的商品经济,是政府指挥和市场调节相结合的商品经济;而自由商品经济则是完全由市场调节的商品经济,是没有政府指挥的市场经济,是政府可以干预而不可以指挥的商品经济。共产主义经济形态是商品经济,无疑蕴涵着:共产主义经济既

---

① 王珏、张松坡:《现代公有制与现代按劳分配制度分析》,中共中央党校出版社2001年版,第88页。

② 卓炯:《论社会主义商品经济》,广东经济出版社1998年版,第11页。

可能是计划商品经济，也可能是自由商品经济。卓炯认为，共产主义经济应该是计划商品经济，而不应该是自由的商品经济；因为在他看来，二者分别为私有制与公有制所决定："私有制下的商品经济可以称为自发性的商品经济（或简称自由商品经济），公有制下的商品经济可以称为计划性的商品经济（或简称计划商品经济）。"① 卓炯此见能成立否？共产主义究竟应该实行计划商品经济，还是自由商品经济？究竟应该实行没有政府指挥的市场经济，还是政府指挥和市场调节相结合的商品经济？

2. 没有政府指挥的市场经济：唯一符合国家制度价值标准的经济形态

在马克思恩格斯看来，最理想的经济形态无疑是计划经济。因此，他们与莫尔、康帕内拉、摩莱里、巴贝夫、圣西门等众多空想社会主义者一样，认为共产主义是计划经济。马克思在回答那些质疑共产主义的先生们时，便这样写道："如果联合起来的合作社按照总的计划组织全国生产，从而控制全国生产，制止资本主义生产下不可避免的经常的无政府状态和周期的痉挛现象，那么，请问诸位先生，这不就是共产主义、'可能的'共产主义吗？"②

共产主义的经济形态究竟是不是计划经济，显然取决于计划经济究竟是不是理想的经济形态。因为共产主义乃是人类最美好最理想的社会，是完全符合国家制度价值标准——公正与平等以及人道与自由——的社会。因此，共产主义的经济形态，不论如何，必非强制的、不自由的经济类型；而无疑是自由的经济形态，在这种经济形态中，每个人都享有经济自由。准此观之，共产主义社会的经济形态绝非计划经济，绝非计划商品经济；而必定是市场经济，必定是自由的市场经济，必定是完全由市场调节的市场经济，是没有政府指挥的市场经济，是政府可以干预而不可以指挥的市场经济。

因为计划经济亦即统制经济、命令经济，是由政府依靠国家政权掌握资源，决定物价，通过强制命令，亦即指令性计划，来配置资源，解决经

---

① 卓炯：《论社会主义商品经济》，广东经济出版社1998年版，第61页。
② 《马克思恩格斯选集》第2卷，人民出版社1977年版，第87页。

济活动的三大问题：生产什么和生产多少、如何生产、为谁生产。相反地，市场经济则是非统制经济、非指令经济，它不是由政府的权力控制，而是通过以价格机制或价值法则为核心的市场机制，自发地调节经济资源在社会生产的各个部门之间的分配，解决经济活动的三大问题：生产什么和生产多少、如何生产、为谁生产。计划经济是统制经济、命令经济，显然意味着，在这种经济体制下，每个人不可能享有经济自由：他生产什么和生产多少、如何生产、为谁生产都不是由自己决定的。反之，市场经济是一种没有外在强制的自发的、自愿的经济，意味着，在这种经济体制下，每个人都享有经济自由：他生产什么和生产多少、如何生产、为谁生产都是由自己决定的。

但是，问题的关键在于，没有政府的指挥，市场经济仅仅依靠自身是否能够存在发展？如果能够，那么，在没有政府的指挥的市场经济体制下，每个人的经济活动便完全是按照自己的意志进行的，每个人便享有完全的经济自由：经济自由是没有政府指挥的市场经济的结果；如果不能够，市场经济就必须在政府的指挥下才能存在发展，那么，即使在市场经济体制下，每个人也不可能享有经济自由：经济自由注定是不可能的。那么，没有政府的指挥，市场经济仅仅依靠自身是否能够存在发展？

答案是肯定的。因为正如斯密所发现，市场经济就其本性来说，就是不必政府指挥而能够自发地存在发展的经济：市场经济的自由竞争机制是可以导致资源配置效率最佳状态的"看不见的手"。甚至反对自由放任而主张混合经济的萨缪尔森也这样写道："竞争的市场和价格制度——不论它在其他方面如何，不论它的作用是如何地不完善——不是一个混乱和无政府的制度。它有一定的秩序，是有条不紊的。它行得通。竞争制度是一架精巧的机构，通过一系列的价格和市场，发生无意识的协调作用。它也是一具传达讯息的机器，把千百万不同个人的知识和行动汇合在一起。虽然不具有统一的智力，它却解决着一种可以想象到的牵涉到数以千计未知数和关系的最复杂的问题。没有人去设计它，它自然而然地演化出来：象人类的本性一样，它总在变动。但是，它经受了任何社会组织的最基本的考验——它可以生存。"[①]

---

① 萨缪尔森：《经济学》上册，商务印书馆1990年版，第61页。

然而，没有政府的指挥，市场经济能够自发地存在发展，是否意味着：没有政府的任何干预，市场经济也能够自发地存在发展？否。因为任何社会，小到家庭，大到国家，如果没有道德和法律规范，都是不可能存在发展的。市场经济没有政府的指挥而能够自发地存在发展，无疑以其遵循自由、平等和公正等市场经济制度道德及其法律为前提：自由、平等和公正等市场经济制度道德及其法律乃是市场机制有效调节市场经济存在发展的必要条件。制定市场经济制度道德及其法律并保障其实行，无疑是政府职责之所在。因此，市场经济存在发展固然可以离开政府的指挥，却离不开政府的适当干预：制定和保障市场经济制度道德及其法律的实行。

因此，政府只应该适当干预而决不应该指挥：政府干预与政府指挥根本不同。所谓政府指挥，实乃计划经济之本质，乃是指政府下达命令和计划，强制市场经济行为者的经济活动，强制市场经济经营者生产什么和生产多少、如何生产、为谁生产。这就取代和违背了市场机制，特别是违背了极其重要的市场机制：主体自由决策机制。

相反地，所谓政府适当干预，则仅仅是确立和贯彻市场经济自由且公正的运行规范，从而建立完善的市场经济体制，最终保障市场机制有效调控市场经济的存在发展；而丝毫不计划经济，丝毫不取代和违背市场机制，丝毫不干预市场经济主体的经济活动，丝毫不干预经营者生产什么和生产多少、如何生产、为谁生产。政府适当干预的"适当"的界限就在于，每个人的经济活动，他生产什么和生产多少、如何生产、为谁生产，完全是他的自由，绝不可以干预，而只由市场机制自行解决。因此，政府干预丝毫不具有计划经济成分，完全属于市场经济范畴，而不属于计划经济范畴。

这样一来，"存在政府适当干预的市场经济"与"存在政府指挥的市场经济"便根本不同了。"存在政府适当干预的市场经济"，属于典型市场经济、纯粹市场经济或自由市场经济范畴，因为政府干预的界限和目的全在于完善市场机制，从而建立自由且公正的市场经济。相反地，"存在政府指挥的市场经济"则属于市场经济与计划经济的结合，可以称之为"混合经济"，如所谓"有计划商品经济"、"政府主导型市场经济"和"以市场为基础的政府导向型市场经济"等。

然而，如果真像主张计划调节与市场调节相结合的混合经济论者所认为的那样，有政府的指挥和指令性计划，市场经济就能够避免其内在缺陷，从而更好地存在发展，那么，是否应该有政府的指挥和计划呢？是否应该建立混合经济呢？是否应该建立有计划的商品经济呢？否。任何类型的混合经济都是不应该的，而唯有典型的、纯粹的、没有政府指挥的市场经济才是应该的。因为只有不存在政府指挥的市场经济，才是自由的市场经济，才符合经济自由等制度道德原则，才符合国家制度价值标准，每个人才真正享有经济自由；而存在政府指挥的市场经济或计划的市场经济，则不是自由的经济形态，违背经济自由等制度道德原则，违背国家制度价值标准，每个人不可能真正享有经济自由。

经济活动应该由市场机制自行调节，而不应由政府强制指挥，政府的干预应仅限于确立和保障经济规则；而在这些经济规则的范围内，每个人都应该享有完全按照自己的意志进行经济活动的自由，都享有完全按照自己的意志进行生产、分配、交换和消费等经济活动的自由。这就是经济制度的经济自由原则，亦即衡量一种经济形态、经济制度是否自由的国家制度价值标准。这一原则的发现者和确立者，如所周知，乃是亚当·斯密，他称之为"自然自由制度"：

> 一切特权的或限制的制度一旦完全被废除，简单而显著的自然自由制度就会自动建立起来。每一个人，只要不违反公正的法律，就应该容许他完全自由地用自己的方法追求自己的利益，以其勤勉和资本而与任何其他人或阶级相竞争。①

准此观之，人类社会显然只有一种经济形态，亦即没有政府指挥——但有政府适当干预——的市场经济，符合经济自由原则，是符合国家制度价值标准的经济形态；其他一切经济形态（计划经济和自然经济以及存在政府指挥的市场经济或混合经济）或多或少都不符合经济自由原则，都是违背国家制度价值标准的经济形态。一句话，没有政府指挥——但有政府适当干预——的市场经济乃是唯一符合国家制度价值标准的经济形

---

① Adam Smith: *An Inquiry into The Nature And Causes of The Wealth of Nations*, volume 2, Clarendon Press. Oxford, 1979, p. 687.

态，是人类社会唯一理想的经济形态。那么，是否可以说：没有政府指挥的市场经济就是共产主义经济形态？

3. 没有政府指挥的公有制市场经济：共产主义经济形态

唯一符合国家制度价值标准的理想的经济形态，只能是没有政府指挥的市场经济，似乎意味着：资本主义市场经济——只要没有政府指挥——就是符合国家制度价值标准的理想的经济形态。其实不然。唯一符合国家制度价值标准的理想的经济形态固然只能是没有政府指挥的市场经济，但没有政府指挥的市场经济却未必都是符合国家制度价值标准的理想的经济形态。人类社会以往的和今日的经济形态，真正讲来，都不是符合国家制度价值标准的理想的经济形态。

原始社会虽然是一种自由的自然经济，每个人都享有经济自由；但这并不是人类所当追求的经济自由。因为这种经济自由实在与动物社会的经济自由并无根本不同，不过是人类在生产力极端低下和分工极端不发达的历史阶段所不得不挣扎于其中的最为落后的经济形态罢了。这种经济自由必然且应该因社会分工的发展而丧失；取代它的则是奴隶社会以及封建社会的居于支配地位的不自由——人身占有与人身依附——的自然经济，以及处于从属地位的自由的商品经济。当封建社会被资本主义取代，从而市场经济居于支配地位，甚至出现了没有政府指挥的市场经济，符合国家制度价值标准的理想的经济形态似乎真的到来了。

然而，细究起来，远非如此。资本主义市场经济即使没有政府指挥，也绝不是符合国家制度价值标准的理想的经济形态。因为资本主义劳动市场，就其本性来说，不可能是完全自由竞争市场，而必然是买方垄断市场。任何垄断，不论是劳动市场的买方垄断，还是产品市场的卖方垄断，都同样意味着垄断者在一定程度上控制价格，因而势必导致价格与价值的背离，导致不等价交换。只不过，产品市场的卖方垄断因其是卖方垄断，所导致的价格与价值的背离，当然是价格高于价值或边际成本；反之，劳动市场的买方垄断因其是买方垄断，所导致的价格与价值的背离，则显然是价格低于价值，亦即劳动价格或工资低于劳动价值，低于劳动的边际产品。工资低于劳动价值或劳动的边际产品的差额，就是劳动者所创造的被资本家无偿占有的剩余价值，因而也就是资本家对劳动者的剥削，亦即所谓资本主义剥削。剥削、经济异化和经济不公必然造成贫富两极分化，最终导致周期性经济危机。

所以，资本主义并非市场经济的最佳选择，资本主义市场经济即使完全没有政府指挥，也不是真正自由和公正的市场经济，也仍然违背经济自由和经济公正等国家制度价值标准，因而仍然是不应该的、恶的和具有负价值的。只有废除私有制而代之以公有制，只有公有制的市场经济，才可能消除经济权力垄断，从而真正地完全地实现自由竞争，才可能彻底消除剥削、经济不公、经济异化和经济强制，才可能消除贫富两极分化和经济危机，最终才可能实现经济自由和经济公正。因此，唯独没有政府指挥的公有制市场经济，才是真正自由和公正的市场经济，才是真正符合经济自由和经济公正等国家制度价值标准的理想经济形态：没有政府指挥——但有政府适当干预——的公有制市场经济就是共产主义社会的经济形态。

这是——套用马克思《资本论》第一卷末尾的名言——一种否定之否定：阶级社会不自由不公正的经济形态是对于原始自由公正经济形态的否定；共产主义的市场经济则是对于阶级社会不自由不公正的经济形态的否定，因而也就是原始自由和公正的经济形态的否定之否定。但是，与原始自由且公正的自然经济形态根本不同：未来共产主义市场经济是建立在高度发达的生产力与分工基础上的自由且公正的交换经济形态，是人类所当追求的理想的自由且公正的经济形态。

五 共产主义国家

1. 共产主义社会不存在国家：共产主义国家消亡论

中国、苏联以及其他社会主义国家的社会意识形态和学术界的主流观点，都追随马克思主义经典作家——特别是恩格斯和列宁——的国家消亡论，认为到了共产主义社会，国家已经消亡，共产主义社会没有国家。那么，国家消亡论的根据究竟是什么？它的主要根据，我们在国家的定义和起源中已有详析，只是泛论国家而不曾涉及共产主义国家，现在不妨结合共产主义国家问题综述和重估如下：

国家的定义和起源的研究表明，国家是拥有最高权力及其管理组织的社会：最高权力及其管理组织乃是国家区别于其他社会的最根本特征。这种特征是如此根本，以致现代西方主流思想家竟然将国家与最高权力及其管理组织或政治组织、政治实体等同起来，从而认为国家就是最高权力及其管理机关，就是政权、政治组织或政治实体。马克思主义经典作家继承了这种国家主流定义。恩格斯一再说："随着法律的产生，就必然产生出以维护法律为职责的机关——公共权力，即国家。"①

从此出发，马克思主义经典作家与西方主流思想家一样，认为只有当政治组织从其他社会组织独立出来从而成为政治实体的时候，才产生了国家；只有当出现了同其他社会相脱离的正规的、正式的、专门的行政管理和政治机构或政府——包括官署、军队、警察和监狱等——的时候，才产生了国家：国家是正规、专门或独立的政治组织。列宁说："国家就是从人类社会中分化出来的管理机构。当专门从事管理并因此而需要一个强迫他人意志服从暴力的特殊强制机构（即监狱、特殊队伍及军队等）的特殊集团出现时，国家也就出现了。"②

那么，人类社会究竟从何时开始出现这种独立的政治组织或政治实体？原始社会固然有政治组织，但整体讲来，并不存在独立的政治组织或政治实体，不存在专业化的武装队伍——警察军队监狱——因而还不存在国家；只有到了阶级社会，政治组织才独立出来而成为一种政治实体，才存在专业化的武装队伍，因而才产生了国家：国家是阶级社会的产物，是剥削阶级镇压被剥削阶级的工具。这样一来，国家也就必将随着共产主义的到来而消亡。因为共产主义社会阶级消灭了，阶级镇压工具——国家——岂能不随之消亡？所以，恩格斯说：

> 国家并不是从来就有的。曾经有过不需要国家，而且根本不知国家和国家权力为何物的社会。在经济发展到一定阶段而必然使社会分裂为阶级时，国家就由于这种分裂而成为必要了。现在我们正在以迅速的步伐走向这样的生产发展阶段，在这个阶段上，这些阶级的存在不仅不再必要，而且成了生产的直接障碍。阶级不可避免地要消失，正如它们从前不可避免地产生一样。随着阶级的消失，国家也不可避

---

① 《马克思恩格斯选集》第二卷，人民出版社1972年版，第539页。
② 《列宁选集》第四卷，人民出版社1972年版，第45页。

免地要消失。以生产者自由平等的联合体为基础的、按新方式来组织生产的社会，将把全部国家机器放到它应该去的地方，即放到古物陈列馆去，同纺车和青铜斧陈列在一起。①

可见，马克思主义经典作家的共产主义国家消亡论，主要依据于西方学术界关于国家的现代主流定义："国家是最高权力及其管理机关，是正规、专门或独立的政治组织。"国家消亡论是根据这一定义从原始社会与阶级社会政治组织之实际状况推导出来的。这一推导过程可以归结为一个公式：

前提1　国家是正规的独立的政治组织或政治实体。
前提2　原始社会不存在正规或独立的政治组织；
　　　　正规或独立的政治组织出现于阶级社会。
―――――――――――――――――――――――
结论　　国家是阶级社会的产物，是剥削阶级镇压
　　　　被剥削阶级的工具，因而必将随着共产主义的到
　　　　来和阶级的消亡而消亡。

这一推论不能成立。诚然，前提2是正确的。但是，前提1却是错误的。因为将"国家"等同于"正规的、专门的、独立的政治组织或政治实体"犯了以偏赅全的错误：将国家与国家的一部分——国家的政治组织或政府——等同起来。试想，国家怎么可以等同于正规、专门或独立的政治组织呢？国家怎么能仅仅是正规、专门或独立的政治组织，而不包括其他组织和人员呢？难道报效国家仅仅是报效国家的正规、专门或独立的政治组织，而不包括国家的其他组织和人民？难道中国仅仅是中国的正规、专门或独立的政治组织，而不包括中国其他组织、13亿人民和960万平方公里的土地？难道热爱中国仅仅是热爱中国正规、专门或独立的政治组织，而不包括热爱中国其他组织、中国人民和中国山河？

显然，国家绝不仅仅是正规的、专门的、独立的政治组织或政治实体，而是一切组织的总和，是一切社会的总和：国家是拥有最高权力及其管理组织的社会，因而也就是最大且最高的社会。国家是拥有最高权力及

――――――――
①　《马克思恩格斯选集》第四卷，人民出版社1972年版，第170页。

其管理组织的社会，意味着：国家从来就有必将永远存在。因为正如恩格斯所指出，任何社会都存在权力："一方面是一定的权威，不管它是怎样造成的，另一方面要有一定的服从，这两者，不管社会组织怎样，在产品的生产和流通赖以进行的物质条件下，都是我们所必需的。"①

任何社会都存在权力，因而也就必定存在一种不可抗拒的统帅所有权力的最高权力及其管理组织或机关。只有这样，各个社会相互间才可能互相配合、统一和谐，从而得以存在发展；否则，如果没有最高权力及其管理组织或机关，那么，这些社会便势必各行其是、互相冲突、混乱无序、分崩离析，从而也就不可能存在发展了。

因此，原始社会、阶级社会和共产主义社会无论如何不同，却必定都存在最高权力及其管理组织，因而都存在国家：国家是拥有最高权力及其管理组织的社会。所以，马克思在《哥达纲领批判》中一再说"共产主义社会里国家制度"、"未来共产主义社会的国家制度"：这不明明说共产主义社会存在国家吗？因此，考茨基说："当人们考虑阶级消灭对于国家所产生的后果时，人们似乎应该不那么大谈国家的消亡，而毋宁应该谈国家的机能变换。"②

原始社会、阶级社会和共产主义社会都存在国家。只不过，原始国家没有合法的暴力镇压工具，如警察、监狱和军队等，也没有正式的、独立的、专门的、常设的政治组；国家的实然目的与应然目的完全一致：为全体国民谋利益。反之，阶级社会的国家则拥有正式的、独立的、专门的、常设的政治组织和合法的暴力镇压工具；这种政治组织和镇压工具最根本的目的，在非民主制前提下，无疑是维护剥削阶级对被剥削阶级的剥削：国家目的不可能是为全体国民谋利益。那么，未来共产主义国家究竟如何？这正是马克思当年所思考的问题："于是就产生了一个问题：在共产主义社会里国家制度会发生怎样的变化呢？换句话说，那时有哪些同现代国家职能相似的社会职能保留下来呢？"③

---

① 《马克思恩格斯选集》第 2 卷，人民出版社 1972 年版，第 553 页。
② 考茨基：《唯物主义历史观》第五分册，上海人民出版社 1964 年版，第 312 页。
③ 《马克思恩格斯选集》第 3 卷，人民出版社 1995 年版，第 342 页。

2. 全球国家和世界政府：共产主义国家的显著特征

共产主义国家与奴隶制、封建制以及资本主义国家一样，是以经济形态或经济制度为根据——而不是以执掌最高权力的公民人数为根据——的国家类型。奴隶制国家就是奴隶制居于支配地位的国家，就是一些人成为另一些人之财产的制度居于支配地位的国家；封建制国家就是封建制居于支配地位的国家，就是地主依靠土地而占有农民（或农奴）剩余劳动的经济制度居于支配地位的国家；资本主义国家就是资本主义经济制度居于支配地位的国家，就是资本通过雇佣劳动而增值的商品经济制度居于支配地位的国家。那么，共产主义国家就是共产主义经济制度居于支配地位的国家吗？是的。一个国家，只要共产主义经济制度居于支配地位，就是共产主义国家；甚至只要公有制居于支配地位，就是共产主义国家，因而原始共产主义国家和社会主义国家都属于共产主义国家范畴。

只不过，原始共产主义国家和社会主义国家乃是不完全不完善的共产主义国家；"完善"的"完全"的共产主义国家，亦即我们所谓的共产主义高级阶段，乃是人类的终极理想，因而是完全符合国家制度价值标准——公正与平等以及人道与自由——的理想国家。所以，"完善"的"完全"的共产主义国家绝不仅仅是共产主义经济制度居于支配地位——共产主义经济制度居于支配地位是不完全的共产主义国家的特征——而是完全实现了共产主义经济制度，是经济制度完全符合国家制度价值标准的理想国家，也就是实现了自由且公正的市场经济和按劳分配、生产力高度发达的公有制国家，说到底，也就是实现了没有政府指挥的公有制市场经济、按劳分配和生产力高度发达的国家。

不仅此也！完全的共产主义国家乃是完全符合国家制度价值标准的理想国家，因而绝不仅仅是经济制度完全符合国家制度价值标准；其他方面，如国体和政体，也必定完全符合国家制度价值标准。准此观之，共产主义国家与以往国家根本不同。它应该是一种完成了全球化的国家，亦即只拥有一个主权和一个世界政府的一个包容全人类的全球国家：这就是完全符合国家制度价值标准的理想国家的最显著的特征。因为，如前所述，人乃是社会动物，每个人的生存发展需要不但只有通过社会才能够获得满足，而且这些需要的满足程度，显然与社会规模的大小成正比：社会的规模越小，分工协作便越简单，每个人需要获得满足的程度便越低越少越差；社会的规模越大，分工协作便越复杂，每个人需要获得满足的程度便越多越高越好。这样一来，人类就其本性而言，便不仅需要和追求社会，而且需要和追求最大的社会，需要和追求最大的国家，需要和追求只有一个主权和一个世界政府的全球国家。因此，最大的国家或全球国家乃是人类社会的终极理想，是符合国家制度价值标准的理想国家的终极特征：它不但使每个人的需要获得最完备最充分最优良满足，而且无疑是唯一可以消灭战争和废除常备军的国家。试想，全球只有一个国家，全人类都在一个主权的治理之下，哪里还会发生战争？没有了战争，还要耗资巨大的常备军干什么？

然而，任何国家，不论大小，不论人数多少，它存在与发展的最根本的条件，无疑是统一，是"完整地结合为一个单位"。只有当国家如同一个人那样"构成一个整体"，亦即成为一个统一体、一个"公共的大我"、一个"公共人格"，它才能够存在发展；否则，四分五裂、各行其是，势必崩溃灭亡。国家的规模与统一显然具有反比例关系：国家越大，便越难以统一；国家越小，便越易于统一。这就是人类为什么追求国家最大化却又不断合而又分、分而又合的缘故：统一存则合，统一亡则分。有鉴于此，罗贯中的《三国演义》开篇第一句话就是："话说天下大势，分久必合，合久必分。"

但是，罗贯中未能看到：天下大势，终归于合。因为随着人类的进步，大国统一之困难必定会逐步被克服，从而必定不断实现国家最大化。事实正是如此。我们已经由公元前一千年多达一百万个国家，最大化为今日两百来个国家；最终岂不必定会最大化或全球化为只有一个主权和一个世界政府的共产主义全球国家？确实，人类学家恩伯就曾这样写道："据罗伯特·卡尼尔罗估算，公元前一千年，世界上可能有十万到一百万个独立的政治实体，而在今天却只有不到两百个了。在民族志资料中，过去一百五十年内所描述过的大约两千个社会有大约百分之五十只存在着地方政治实体。这就是说，在相当近代的社会中，约有一半的社会其最高层次的政治整合体就是社区。这样看来，独立政治实体在数量上的减少大多数都发生在近代。这种趋势对未来有些什么启示呢？一些研究人员提出，也许近在23世纪，最晚也不会晚于公元4850年，整个世界就会最终在政治上整合起来。"①

这种只有一个主权和一个世界政府的全球国家将诞生于 23 世纪抑或公元 4850 年之前，殊难预料。但是，共产主义国家是只有一个主权和一个世界政府的全球国家确凿无疑。因为共产主义国家是经济制度完全符合国家制度价值标准——亦即实现了自由且公正的市场经济、按劳分配和生产力高度发达——的理想国家，实已蕴涵：共产主义国家是只有一个主权和一个世界政府的全球国家。因为市场经济和高度发达的生产力的本性就是跨越国境，就是无国界，就是全球化，就是经济全球化和经济一体化。这个道理，斯密早有所见："在每一个私人家庭的行为中是精明的事情，在一个大国的行为中就很少是荒唐的了。如果外国能以比我们自己制造还便宜的商品供应我们，我们最好向他们购买这种产品，而用自己拥有某种优势的产业的部分产品来进行交换。"②

因此，经济全球化与市场经济如影随形，肇始于市场经济最早居于支配地位的国家，亦即资本主义国家："经济全球化的进程是随着世界资本主义的出现就开始了的。"③ 对此，马克思恩格斯早有所见："不断扩大产品销路的需要，驱使资产阶级奔走于全球各地。它必须到处落户，到处创业，到处建立联系。资产阶级，由于开拓了世界市场，使一切国家的生产和消费都成为世界性的了。不管反动派怎样惋惜，资产阶级还是挖掉了工业脚下的民族基础。古老的民族工业被消灭了，并且每天都还在被消灭。它们被新的工业排挤掉了，新的工业的建立已经成为一切文明民族的生命攸关的问题：这些工业所加工的，已经不是本地的原料，而是来自极其遥远的地区的原料；它们的产品不仅供本国消费，而且同时供世界各地消费。旧的、靠国产品来满足的需要，被新的、要靠极其遥远的国家和地带的产品来满足的需要所代替了。过去那种地方的和民族的自给自足和闭关自守状态，被各民族的各方面的相互往来和各方面的相互依赖所代替了。"④

---

① 恩伯：《文化的变异》，辽宁人民出版社 1988 年版，第 414 页。
② Adam Smith: *An Inquiry into The Nature And Causes of The Wealth of Nations*, Clarendon Press. Oxford, 1976, p. 457.
③ 星野昭吉：《全球政治学》，新华出版社 2000 年版，第 158 页。
④ 《马克思恩格斯选集》第一卷，人民出版社 1972 年版，第 254—255 页。

毋庸赘述，经济全球化必然导致政治、法律、文化、军事诸方面全球化：经济全球化的开端就是全球化的开端。如果说经济全球化肇始于资本主义市场经济，那么，当全世界主要的和众多的国家都实行市场经济体制时，经济全球化的时代就到来了，全球化的时代就到来了。因此，正如俞可平和杨雪冬等学者所言，我们的时代堪称全球化时代："全球化正成为我们这个时代的最主要特征，事实上许多人已经把我们这个时代称为'全球化时代'（Global Age）。"①

全球化时代的根本标志无疑是全球治理的兴起，是全球治理的高度制度化。这种制度化表现在两方面。一方面是所谓"全球规则（global regimes）"、"国际规制体制（iternational regimes）"体系——亦即全球化的权力规范体系——的确立。对此杨（Young）曾这样描述道："国际规制体制在其职能范围、地理范围和成员上都非常广泛……然而，最令人吃惊的，还是国家规制体制本身的绝对数目。它们绝不像某些人所认为的那样比较稀少，而是遍布于国际社会。"② 全球治理的高度制度化，另一方面则在于全球化治理的权力机构体系的形成。因为没有全球化的权力规范体系，全球化固然不可能存在发展；但没有全球治理权力机构体系，全球化的规范体系如同一纸空文。这种全球化治理的权力机构，既有政府间的国际组织，如联合国、世界贸易组织、世界银行、国际货币基金组织等，也有不胜枚举的非政府间的国际组织。这些国际组织纵横交错，形成了庞大的全球化治理的权力机构体系。戴维·赫尔德曾从国际组织和国际条约的激增，说明了当今全球治理的高度制度化的特点：

> 1909年，全世界大概有37个政府间国际组织和176非政府间国际组织；而到1996年，全世界已经有将近260个政府间国际组织和5472个非政府间国际组织。另外，还有一个有趣的变化需要指出，1946—1975年期间，政府间生效的国际条约的数目增加了两倍多，从6153个发展到14061个。而包含非政府间国际组织的这样的条约

---

① 俞可平：《全球化：全球治理》，社会科学文献出版社2003年版，第20页。
② 戴维·赫尔德等著：《全球大变革：全球化时代的政治、经济与文化》，社会科学文献出版社2001年版，第72页。

则从 623 个增加到 2303 个。①

全球治理的高度制度化具有极其巨大和深远的意义。姑且不说全球治理的高度制度化，只是全球治理便已经意味着：就全球治理的对象或事务（诸如全球安全、生态环境、国际经济、跨国犯罪和人权等）来说，一方面，全球化的权力规范，如 WTO 规则和《联合国宪章》等等，高于各成员国的权力规范，后者必须服从前者；另一方面，全球治理权力机构所拥有的权力高于各成员国的国家权力，后者必须服从前者。这就是说，仅就全球治理的对象或事务来看，全球治理权力机构所拥有的权力是最高权力，高于各个成员国的国家权力；各个成员国对于本国属于全球治理范围的事务，不拥有最高权力。这就是所谓主权转让、让渡和分享的问题：每个成员国都将本国属于全球治理的事务的最高权力或主权转让给全球化权力机构。这种最高权力或主权的转让和分享，正如戴维·赫尔德所言，乃是全球化的根本特征：

全球化关涉到权力组织和实施规模的不断扩大，即网络和权力循环空间范围的扩大。实际上，权力是全球化的根本特征。在一个相互联系不断扩大的全球体系中，一个大陆上的能动者采取的决定、行动或者不行动，都在行使着权力。这对于另一个大陆上的国家、共同体以及家庭可能有重要影响。权力关系深入体现在全球化的进程中。实际上，权力关系的扩展意味着权力地点和权力实施不断远离体验这种结果的对象和场所。从这个角度来说，全球化涉及相距遥远的权力关系的构建和再构建。②

随着全球化的深度和广度的不断拓展，全球治理的对象或事务势必不断增加，各成员国治理的对象或事务势必相应地不断减少。这意味着：全球化治理的权力机构的最高权力所统领的事务越来越多，各成员国最高权

---

① 戴维·赫尔德等:《全球大变革：全球化时代的政治、经济与文化》，社会科学文献出版社 2001 年版，第 74 页。
② 同上书，第 40 页。

力所统领的事务越来越少。这就是所谓民族国家主权的削弱、减少、衰落。人类最深刻的本性——追求国家最大化或全球化因而最终追求只有一个主权和一个世界政府的全球国家——注定了全球化最终结果必定是各成员国的全部事务均由全球治理的权力机构的最高权力所统领,从而各成员国转让和共享各自的全部主权,形成只有一个主权的全球国家:这就是全球化的完成。全球化的主体当然是世界各国:全球化就是各个国家的全球化,就是各个国家向全球化国家的转化,因而全球化的完成岂不就是全球国家?所以,全球化的实质就是最高权力或主权的转让和分享,就是主权全球化,就是各国主权转化为一个主权,从而使各民族国家转化为一个全球国家。因此,全球化就是去国界化,就是无国界化,就是国家最大化,就是国家全球化,就是众多国家向一个全球国家的转化,就是民族国家的终结和全球国家的形成。因此,戴维·赫尔德和乌·贝克以及赫尔伯特·迪特根等学者所言甚真:"最好把全球化理解为'无领土的'。"[1] "全球化意味着非民族国家化。"[2] "民族国家已经过时" "民主国家正在终结"。[3]

只有一个主权和一个世界政府的全球国家,不但是人类最深刻的追求,不但是完全符合国家制度价值标准的理想国家,而且已经是一种现实的可能性:它正在实现。因为当今全球治理的高度制度化已经意味着:全球国家和世界政府正在形成。试问,何谓政府?政府岂不就是执掌和行使最高权力的一切管理组织或机关。全球化治理的权力机构体系,如联合国、世界贸易组织、世界银行、国际货币基金组织等,就其治理的对象或事务来说,拥有最高权力,乃是拥有、执掌和行使最高权力的管理组织或机关,因而也就属于政府范畴,是一种世界政府。只不过,与各成员国的主权或最高权力相比,这种全球化治理的权力机构体系所拥有的最高权力还相当弱小,因而只是弱小的、生成和发展中的世界政府或世界政府的雏形罢了。

如果说联合国和世界贸易组织是世界政府的雏形,那么,迄今拥有

---

[1] 戴维·赫尔德等:《全球大变革:全球化时代的政治、经济与文化》,社会科学文献出版社2001年版,第38页。
[2] 乌·贝克:《全球化与政治》,中央编译出版社2000年版,第25页。
[3] 俞可平等:《全球化与国家主权》,社会科学文献出版社2004年版,第11页。

15个成员国和3.6亿人口的欧盟,堪称全球国家的雏形。因为欧盟不但与国家一样,拥有高于各成员国的立法机构、行政机构和法院,不但通过《单一欧洲法令》撤销了各成员国之间的内部边界,而且《欧洲联盟条约》将一体化范围从经济领域扩展到政治、外交、防务、司法与内务,实现了各成员国的主权向欧盟的大规模和深层次的转让。特别是,单一货币欧元完全取代了各成员国作为经济主权主要象征的国家货币,标志着各成员国的经济主权已经彻底转让给欧盟,而不复拥有经济主权了。欧盟已经拥有经济主权,并且必将逐渐拥有其他主权;欧盟是一个正在发展和形成中的国家,是一个国家的雏形。当它像拥有经济主权一样拥有其他主权时,它就是一个真正的、完全成熟的国家了:一个全球国家的雏形、一个国家全球化的典范。

星星之火可以燎原,因为这符合事物发展的客观本性。与世界政府和全球国家相距甚远的欧盟和联合国、世界贸易组织、世界银行以及国际货币基金组织等,终将演进为只有一个主权和一个世界政府的全球国家,因为这是最深刻的人性追求。彼得·辛格和格罗索普等思想家甚至认为世界政府和全球国家乃是21世纪亟待完成的历史使命:"21世纪面临的任务是发展一种适合这个独一无二的世界的政府形式。"[1] "亟须的是一个拥有立法权力的世界议会,加上一个世界法庭和指定的、拥有执法权的行政机关。"[2] 汤因比在展望21世纪时亦如是说:"必须剥夺地方国家的主权。一切都要服从于全球的世界政府的主权。这是我一贯的主张。当然即或成立了世界政府,现在的地方国家还是作为地方行政单位,继续担负着有益的、不可缺少的地方自治任务——正像联邦国家中各成员国所起的作用一样。我预料,随着人们活动规模的继续扩大,现在各个地方国家的行政权限要逐渐地转移到世界政府手中。"[3]

"只有一个主权和一个世界政府的全球国家"乃是一定能够实现并且正在实现的人类社会的终极理想,因而便与"没有政府指挥的公有制市场经济"、"按劳分配"、"高度发达的生产力"一起,构成了完全符合国

---

[1] 彼得·辛格:《一个世界:全球化伦理》,东方出版社2005年版,第205页。
[2] 俞可平主编:《全球化:全球治理》,社会科学文献出版社2003年版,第171页。
[3] 池田大作、汤因比:《展望21世纪》,国际文化出版公司1985年版,第211页。

家制度价值标准的理想国家——亦即共产主义国家——的四大特征：全球国家无疑是共产主义国家区别于以往国家的最显著的特征。那么，是否可以将共产主义国家特征归结为这样四大特征呢？否。因为这些特征均与政体无关；而政体无疑是共产主义国家的一个极其重要的方面。诚然，"只有一个主权和一个世界政府的全球国家"的特征，不但意味着共产主义国家消除了战争和常备军，而且意味着将消除专制和极权。这个道理，已蕴涵于乌·贝克的论述："全球化意味着非民族国家化……在漫长的19世纪和20世纪上半叶，有两种最大的灾难，即国家间的战争和极权国家对自由的非人道的限制，而今天在经合组织国家范围内，发生这两种灾难的可能性变得越来越小了，社会的非民族国家化可以说是这种变化的一个主要原因。"① 然而，问题是：全球国家是否足以杜绝专制和极权？共产主义国家的政体究竟如何？

3. 共产主义宪政民主：共产主义国家政体

确实，只有一个主权和一个世界政府的全球国家足以杜绝专制和极权。因为实在难以想象一个人独掌全球国家最高权力：全世界的人都屈从一个人的意志。更何况，当今之世界日益民主，民主化浪潮融汇全球化浪潮浩浩荡荡，顺之者存，逆之者亡。试问，全球国家实现之日，怎么能够不是民主的全球国家实现之时？然而，真正讲来，共产主义全球国家的政体必为民主，除了全球国家本性，还有更重要和更具必然性的原因。

原来，所谓政体，如前所述，也就是政治及其机关的具体分类、类型和形式，就是政治和政府的具体分类、类型或形式，因而分为四大类型：（1）专制、君主专制或无限君主制是一个公民独掌最高权力的政体；（2）有限君主制或分权君主制是一人为主而与其他公民共同执掌最高权力的政体，是一个公民受到其他公民及其组织限制地执掌最高权力的政体；（3）寡头、寡头共和或贵族共和是少数公民平等地共同执掌最高权力的政体；（4）民主或民主共和是所有公民平等地共同执掌最高权力的政体。

不难看出，唯有民主政体才符合政治平等和政治自由两大国家制度价

---

① 乌·贝克：《全球化与政治》，中央编译出版社2000年版，第25页。

值标准。因为按照政治平等标准，每个公民都应该完全平等地共同执掌国家最高权力；按照政治自由标准，一个国家的政治，应该按照每个公民自己的意志进行。显然，只有实行民主政体，每个公民才能平等地共同执掌最高权力，才能使国家的政治按照每个公民自己的意志进行，从而符合政治平等与政治自由标准，是应该的、善的、好的和具有正价值的。反之，如果实行寡头政体和君主政体等非民主政体，则只有少数公民乃至一个公民才能执掌最高权力，才能使国家的政治按照自己的意志进行，因而都违背政治平等与政治自由标准，都是不应该的、恶的、坏的和具有负价值的。

不但此也！唯有实行民主政体，每个人都完全平等地执掌国家最高权力，每个人都完全平等地拥有最高政治权力，从而才能消除政治权力垄断，才能消除政治权力垄断群体与没有政治权力群体，才能消除统治阶级与被统治阶级，才能消除阶级和剥削。反之，如果实行寡头政体和君主政体等非民主政体，则只有少数公民乃至一个公民才能执掌最高权力，因而必然导致政治权力垄断，必然出现政治权力垄断群体与没有政治权力群体，必然出现统治阶级与被统治阶级，必然出现阶级和剥削。

问题的关键在于，共产主义国家乃是符合国家制度价值标准的理想国家，因而也就只可能实行——亦即必然实行——民主政体。有民主，必有政治自由和政治平等，必无政治权力垄断，必无统治阶级与被统治阶级；无民主，必无政治自由和政治平等，必有政治权力垄断，必有统治阶级与被统治阶级。所以，民主是实现政治自由、政治平等和消除政治权力垄断的充分且必要条件，因而是符合政治自由和政治平等标准——以及消除政治权力垄断——的理想国家的充分且必要条件。

但是，民主只是符合国家制度价值标准——包括经济公正、经济自由和思想自由等国家制度价值标准——的理想国家之必要条件。因为，一方面，所谓民主，就其本质来说，固然是全体公民掌握最高权力；但是，就其实现来说，却只能是多数裁定。这样一来，便正如托克维尔所言，多数公民极可能滥用多数裁定，去反对他们的对手："如果多数不团结得像一个人似地行动，以在观点上和往往在利益上反对另一个也像一个人似地行动的所谓少数，那又叫什么多数呢？但是，如果你承认一个拥有无限权威的人可以滥用他的权力去反对他的对手，那你有什么理由不承认多数也可以这样做呢?"① 托克维尔将这种多数对于多数裁定的滥用,叫做"多数暴政"。多数暴政的民主国家显然不是符合国家制度价值标准的理想国家。

另一方面,即使民主不导致多数对于少数的暴政,却仍然可能导致暴政:一种侵犯每个人的个人自由和个人权利的暴政。因为最高权力就其本性来说即与无限权力相通,极易演进为无限权力;因而正如托克维尔所言,国家的最高权力无论掌握在君主手里,还是掌握在人民手里,都可能成为无限权力而沦为暴政:"当我看到任何一个权威被授以决定一切的权力和能力时,不管人们把这个权威称作人民还是国王,或者称作民主政府还是贵族政府,或者这个权威是在君主国行使还是在共和国行使,我都要说,这是给暴政播下了种子。"② 只不过,君主掌握无限权力的国家,既无政治自由,又无其他自由;而人民掌握无限权力的国家,则只有政治自由,却无其他自由罢了。

可见,权力就其本性来说——不论它掌握在谁的手里——便倾向于被滥用而趋于无限与绝对,最终侵犯个人自由与个人权利而沦为暴政。这就是为什么民主只是符合国家制度价值标准的理想国家的必要条件而不是充分条件的缘故:民主的政权可能是无限的(unlimited democracy),因而可能违背国家制度价值标准,导致民主的暴政。这意味着,如果民主的政权得到国家制度价值标准有效限制,从而遵循国家制度价值标准,那么,民主国家便是符合国家制度价值标准的理想国家了:符合国家制度价值标准的理想国家也就是最高权力受到国家制度价值标准有效限制的民主的国家。因此,最高权力受到国家制度价值标准有效限制从而遵循国家制度价值标准的民主,乃是实现符合国家制度价值标准的理想国家的充分且必要条件。这种最高权力受到国家制度价值标准有效限制的民主,不是别的,正是所谓"宪政民主(Constitutional democracy)"。因为,如前所述,所谓宪政民主,固然可以称之为受到宪法有效限制从而遵循宪法及其所衍生的法律的民主政体,但精确言之,却是受到公正与平等以及人道与自由等国家制度价值标准有效限制从而遵循国

---

① 托克维尔:《论美国的民主》上卷,商务印书馆1996年版,第288页。
② 同上书,第289页。

家制度价值标准的民主:宪政民主就是受到国家制度价值标准有效限制从而遵循国家制度价值标准的民主。

那么,宪政民主是符合国家制度价值标准的理想国家的充分且必要条件吗?肯定的回答粗略看来不错,但细究起来却不尽然。因为有些国家制度价值标准,如按劳分配和经济异化消除原则,是任何私有制国家的宪政民主都不可能遵循和实现的;否则就不是私有制国家了。因此,真正讲来,私有制国家的宪政民主只是完全符合国家制度价值标准的理想国家之必要条件。只有共产主义或公有制基础上的宪政民主,才可能遵循和实现按劳分配和经济异化消除原则,才可能遵循和实现全部国家制度价值标准,从而才可能是完全符合国家制度价值标准的理想国家的充分且必要条件。这就是为什么公有制宪政民主——而不仅仅是宪政民主——乃是共产主义国家根本特征的缘故。

综观共产主义国家,可以将其本性归结为六大特征:"高度发达的生产力"、"生产资料公有制"、"按劳分配"、"没有政府指挥的市场经济"、"只有一个主权和一个世界政府的全球国家"和"宪政民主"。六大特征结合起来便构成完善的共产主义国家,因而是完善的共产主义国家充分且必要条件;六大特征分离开来,则分别是共产主义国家必要条件。在这些条件中,最根本最重要最具决定意义的是高度发达的生产力,因为它乃是具备其他五大条件的最根本的必要条件:

首先,毋庸赘述,高度发达的生产力显然是实现"只有一个主权和一个世界政府的全球国家"的最根本的必要条件。其次,高度发达的生产力乃是废除私有制、建立公有制从而实现按劳分配的最根本的必要条件。因为在生产力还不够发达因而产品还不能满足全体社会成员物质需要的时候,国民品德不可能普遍提高,在这种情况下,如果废除私有制不但必定导致效率低下,而且统治者们势必将对社会的领导变成对群众的剥削。这样,被剥削者所付出的代价便更大。他们不但遭受效率低下之苦,而且遭受更可怕的剥削:官僚阶级的隐蔽的和变相的因而不受法律约束的剥削。剥削既然存在,谈何按劳分配?只有到生产高度发展、品德普遍提高的时候,废除私有制实行共产主义,才可能保障公有制经济高效率发展,才可能真正消除私有制的恶果——剥削和经济异化——从而真正实现按劳分配。最后,高度发达的生产力既然是实现公有制的最根本的必要条件，因而也就是实现公有制市场经济和公有制宪政民主的最根本的必要条件。

于是，共产主义国家特征最终可以归结为"高度发达的生产力"以及被它决定的"生产资料公有制"、"按劳分配"、"没有政府指挥的市场经济"、"只有一个主权和一个世界政府的全球国家"和"宪政民主"。"高度发达的生产力"和"没有政府指挥的市场经济"意味着共产主义国家物质财富极大丰富，每个人的物质需要都可以得到相当充分的满足，因而实现自己创造性潜能的劳动可能成为每个人的生活第一需要；"公有制"和"按劳分配"意味着共产主义国家消除了阶级与剥削，因而使国家的实然目的与应然目的完全一致：为每个人谋利益。"只有一个主权和一个世界政府的全球国家"意味着共产主义国家消除了战争和常备军，实现了世界大同；"宪政民主"意味着完全符合公正与人道以及平等和自由国家制度价值标准的理想国家之实现。这就是真正堪称科学的共产主义国家观，这就是符合人性与社会发展客观规律的理想国，这就是一定能够实现的人类社会的终极理想："这将是古代氏族的自由、平等和博爱的复活，但却是在更高级形式上的复活。"①

六 社会主义与社会主义国家

1. 社会主义：理想的社会制度

厘清了共产主义和共产主义国家，也就不难理解社会主义和社会主义国家了。诚然，社会主义属于最难定义的范畴之列，以致柯尔的巨著《社会主义思想史》开篇第一句话就说："人们往往强调，给社会主义下明确定义是不可能的，而且时常引以为憾。"② 其实，各门科学的基本范畴，如个人主义、自由主义和平等主义等，大都难以定义。对于这些范畴，只要从其词源含义出发，比较人类以往各种界说和用法及其来龙去脉，考察其所称谓的事物之根本特征，便可能捕捉到它的精确定义。更何况，共产主义的概念解析实已提供了界说社会主义的钥匙。

---

① 《马克思恩格斯选集》第四卷，人民出版社1972年版，第175页。
② 柯尔：《社会主义思想史》第一卷，商务印书馆1977年版，第7页。

据柯尔考证,社会主义一词初次出现于 1832 年的法文期刊《地球报》,用以表示圣西门学说的特征;而在 1827 年,欧文主义者的《合作杂志》则已经使用"社会主义者"一词来称呼欧文合作学说的信徒。那么,欧文和圣西门学说的根本特征是什么?无疑是改造社会的意见和计划。所以,柯尔认为社会主义和社会主义者的根本内涵就是改造社会的意见和计划:"用这两个词来称呼某些改组社会的意见和计划是相当方便,也是十分自然的;到了十九世纪三十年代,日常用语中已经需要一种大体上切合的词来称呼这类改组社会的意见和计划了。"[①]

确实,社会主义就是一种改造社会的意见和计划,就是一种理想的应该的良好的——亦即符合国家制度价值标准的——社会之意见和计划,就是理想的应该的良好的符合国家制度价值标准的社会制度,就是关于理想的应该的良好的符合国家制度价值标准的社会制度的学说。从词源上看也是如此。社会主义一词源于古拉丁文 socialis,本意为同伴的、社会的,引申为改造社会的、理想社会的:社会主义就是理想的社会制度,主要是理想社会的经济制度。因此,柯尔说:"在社会主义一词用开以前,人们已经谈到过'社会制度'这一含义大致相同的术语。'社会主义者'一词指的就是在许多种'社会制度'中拥护其中一种的人。这些'社会制度'在内容上虽然彼此有出入,但都一致反对经济学中流行的个人主义制度,一致反对当时一般人在人类关系和如何正确安排公众事务的看法和态度上把政治问题列在社会问题和经济问题前面的见解。"[②]

然而,究竟什么社会制度才是理想的、好的、应该的呢?答案自然是仁者见仁、智者见智、众说纷纭。这就是为什么社会主义流派之众多无与伦比的缘故,这就是为什么圣西门和傅立叶并不主张废除私有制却被仍然被冠以社会主义者的缘故。但是,随着社会主义和理想社会思想的发展,社会主义和理想社会便越来越以生产资料社会所有制或公有制为根本特征了:理想社会必定消除剥削因而必定废除私有制而代之以社会所有制或公有制。社会主义的根本特征是社会所有制或公有制,因而社会主义也就是共产主义而属于共产主义范畴。因为一个社会只要实行了生产资料公有

[①] 柯尔:《社会主义思想史》第一卷,商务印书馆 1977 年版,第 8 页。
[②] 同上书,第 14 页。

制，就堪称共产主义社会：共产主义社会就是实行生产资料公有制的社会。这就是为什么马克思主义经典作家会将社会主义看作共产主义同义语的缘故。

这样一来，正如柯尔所言，社会主义和共产主义的渊源便是历代相沿，一直可以追溯到古希腊柏拉图的理想国："这些原先用来称呼傅立叶派、圣西门派、欧文派、伊加利亚主义者（卡贝的信从者）和十九世纪初叶其他流派的名称，很快也被用来称呼某些早期思想家和理想社会的设计者。他们的思想和上述各类人物在某种程度上大致相似。到后来，对于以往各种各样的学说，只要所强调的是共同生活、集体所有制、以社会道德为中心内容的教育，或者主张对规范人类生活的习惯和制度等客观条件进行集体的社会计划和控制，一概都称之为'社会主义的'和'共产主义的'。"①

2. 社会主义：不完全而求完全的共产主义

社会主义就是共产主义。但是，正如列宁所言，社会主义是不完全、不完善的共产主义，是共产主义第一阶段或低级阶段；而不是完全的完善的共产主义，不是共产主义高级阶段："马克思把通常所说的社会主义称作共产主义社会的'第一'阶段或低级阶段。既然生产资料已成为公有财产，那么'共产主义'这个名词在这里也是可以用的，只要不忘记这还不是完全的共产主义。"② 于是，两个名词——社会主义与共产主义——最终便又区别开来："共产主义"一词用来称谓完全的完善的共产主义或共产主义高级阶段；"社会主义"一词则用来称谓共产主义第一阶段或低级阶段，亦即不完全而求完全、不完善求完善的共产主义。

那么，这种不完全不完善而求完全求完善的共产主义的根本特征是什么？这种共产主义第一阶段或低级阶段的根本特征是什么？说到底，社会主义的根本特征是什么？社会主义与共产主义的区别何在？马克思恩格斯答道：社会主义的根本特征是生产资料公有制、按劳分配和没有商品货币关系的计划经济。列宁的《国家与革命》亦持此说。然而，理论是暗淡的，而生活之树则是长青的。十月革命后，社会主义从抽象的理论变成了

---

① 柯尔：《社会主义思想史》第一卷，商务印书馆1977年版，第14页。
② 《列宁选集》第3卷，人民出版社1972年版，第255页。

现实。从现实来看，社会主义的根本特征是什么？列宁的回答令人震惊："我们还不能阐述社会主义的特征，社会主义将来是个什么样子，什么时候达到完备的形式——这些我们都不知道，也不能说。"[①] 如今，经过半个多世纪的世界社会主义实践，堪称主流的社会主义特征观似乎可以归结为：社会主义是全民和集体两种公有制、按劳分配和有计划的市场经济；而共产主义则是全民所有制、按需分配和产品计划经济。

这些观点是不能成立的。因为，如前所述，人类社会只有一种经济形态，亦即没有政府指挥——但有政府适当干预——的市场经济，符合经济自由原则，因而是自由的、人权的、人道的和高效率的经济形态，是符合国家制度价值标准的经济形态；其他一切经济形态（计划经济和自然经济以及存在政府指挥的市场经济或混合经济）都不符合经济自由原则，因而都是不自由、非人道、无人权和低效率的经济形态，都是违背国家制度价值标准的经济形态：没有政府指挥的公有制市场经济乃是唯一符合国家制度价值标准的经济形态，是人类社会唯一理想的经济形态。

另一方面，如前所述，不论任何社会，公正的分配制度只能是按劳分配；按需分配绝非公正的分配制度，而或者是不公正制度，或者是超越公正的人道或仁爱制度——如果实行于像家庭那样以爱为基础的社会，就是超越公正不公正的人道或仁爱的分配制度；如果实行于以利益为基础的社会，就是不公正的分配制度。共产主义社会广大社会成员相互间的基本联系必定仍然是利益而不是爱，因而实行按需分配便会剥夺需要少而贡献多者按照公正原则所应得的较多的权利，从而是不公正的：按需分配在共产主义社会是一种不公正不应该的恶的分配制度。因此，按劳分配不但是任何社会唯一公正的分配原则，而且是一切以利益为基础的社会唯一道德的、善的、应该的、理想的分配原则，因而也就是共产主义社会唯一善的、道德的、应该的、理想的分配原则。

总而言之，按需分配与产品计划经济违背公正与自由等国家制度价值标准，都是不应该的、恶的经济制度，因而绝不是共产主义制度；按劳分配与公有制市场经济是唯一符合公正与自由等国家制度价值标准的经济制度，因而不但应该实行于社会主义，而且应该实行于共产主义：按劳分配

[①] 《列宁全集》第27卷，人民出版社1958年版，第118页。

和市场经济绝不是社会主义区别于共产主义的特征。

这样一来，社会主义也就没有什么与共产主义不同的经济制度：社会主义与共产主义的区别仅仅在于完全与不完全。完善的、完全的共产主义，亦即共产主义高级阶段，也就是完全符合国家制度价值标准——公正与平等以及人道与自由——的理想社会制度；社会主义则是共产主义的低级阶段，是不完全而求完全的共产主义，也就是不完全符合而求完全符合国家制度价值标准——公正与平等以及人道与自由——的共产主义，也就是努力追求并且逐渐接近完全符合国家制度价值标准——公正与平等以及人道与自由——的共产主义，也就是以完全符合公正与平等以及人道与自由等原则为基本价值和终极目标的共产主义。

经过半个多世纪的社会主义实践，人们日益确认公正与平等以及人道与自由实乃社会主义的基本价值和终极目标；日益确认努力追求和逐渐接近完全符合公正与平等以及人道与自由等原则乃是社会主义的本质特征。戈尔巴乔夫在《未来的社会主义》杂志创刊号中写道："'社会主义'这一概念在几乎160年前就已经出现，但社会主义的思想则要早得多了。它反映着人类生活的这样一个方面，这个方面与人们的普遍利益而不是局部利益相联系，与人们多少世纪以来所追求的社会平等和正义的艰苦努力相联系。""社会主义吸取了自由主义中的具有持久性的内容，并把自由的观念同社会平等和正义的原则结合起来。"[①] 社会党国际和"二战"后各国社会党，则普遍在其政党纲领中将公正与平等以及人道与自由等叫做社会主义基本价值，奉为社会主义理想和政策的根据，成为社会主义努力实现的目标。举例说：

社会党国际的基本纲领《法兰克福声明》（1951年）写道："在资本主义制度下，剥削使人分裂成对立的阶级，社会党人的目的在于消灭这种剥削，以谋求自由与正义。"《利马委托书》进一步指出："在我们的各项原则中，自由这一原则是至关紧要的。"德国社会民主党《歌德斯堡纲领》（1959年）第一个标题就是"社会主义基本价值"，其中写道："自由、公正、相助和从共同的结合中产生出来的彼此间所承担的义务，即是社会主义意向的基本价值……社会主义是一项持久的任务，即争取、捍卫

---

① 戈尔巴乔夫等：《未来的社会主义》，中央编译出版社1994年版，第9—12页。

自由和公正，而且它本身在自由和公正中经受检验。"瑞典社会民主党纲领（1978年）在"总则"中写道："社会主义的社会观表现出实现自由、平等、民主和团结的意愿。"

但是，不完全而求完全符合公正与平等以及人道与自由等原则，只是社会主义制度努力实现的基本价值、终极目标和整体特征，而并不是社会主义制度具体特征。那么，在这样一种基本价值和终极目标支配下，社会主义制度具有哪些具体特征呢？完善的、完全的共产主义，如前所述，完全符合国家制度价值标准——公正与平等以及人道与自由——因而具有四大特征："高度发达的生产力"、"生产资料全民所有制"、"按劳分配"、"没有政府指挥的市场经济"。这就是共产主义——亦即完全的共产主义或共产主义高级阶段——的四大特征，这就是人类终极的理想社会经济制度的根本特征。因此，所谓完全的共产主义或共产主义高级阶段，说到底，也就是完全具有这四大特征的经济制度或经济形态；只要不具备其中一个特征，就是不完全不完善的共产主义，亦即社会主义：社会主义就是不完全的共产主义，就是不完全符合国家制度价值标准——公正与平等以及人道与自由——的共产主义，就是不完全具备共产主义四大特征（高度发达的生产力、全民所有制、按劳分配和没有政府指挥的市场经济）的共产主义。

这样一来，共产主义的根本特征便可以归结为完全具有这四大特征——高度发达的生产力、全民所有制、按劳分配和没有政府指挥的市场经济——社会主义的根本特征则可以归结为不完全具有这四大特征。更确切些说，社会主义至少必须具备其中一个特征：公有制。否则，就不是社会主义了：公有制是社会主义充分且必要条件。在公有制的基础上，具备其他特征（高度发达的生产力、按劳分配和没有政府指挥的市场经济）越少，就越不发达越不完善，就是相对不发达不完善的社会主义；具备其他特征越多，就越完善越发达，就是相对发达和完善的社会主义；完全具备这些特征，就超越社会主义而进入共产主义了。

3. 社会主义国家：公有制居于支配地位的国家

社会主义的概念解析，使社会主义国家概念迎刃而解。社会主义是一种经济形态、经济制度；社会主义国家就是社会主义经济制度居于支配地位的国家。公有制是社会主义充分且必要条件，因而公有制居于支配地位就是社会主义国家充分且必要条件：社会主义国家就是公有制居于支配地位的国家。社会主义是不完全不完善的共产主义，因而社会主义国家就是不完全不完善的共产主义国家。"完善"的"完全"的共产主义国家，如前所述，乃是完全符合国家制度价值标准——公正与平等以及人道与自由——的理想国家，因而具有六大特征："生产资料公有制"、"高度发达的生产力"、"按劳分配"、"没有政府指挥的市场经济"、"只有一个主权和一个世界政府的全球国家"和"宪政民主"。因此，不完全具备这些特征的共产主义国家，亦即不完全符合国家制度价值标准的共产主义国家，就是不完全不完善的共产主义国家，因而也就是社会主义国家。

于是，说到底，社会主义国家的根本特征便可以归结为公有制居于支配地位和不完全具备其他五大特征，亦即"高度发达的生产力"、"按劳分配"、"没有政府指挥的市场经济"、"只有一个主权和一个世界政府的全球国家"和"宪政民主"：具备这些特征越少，就越不完善越不发达，就是相对不完善不发达的社会主义；具备这些特征越多，就越完善越发达，就是相对完善发达的社会主义；完全具备这些特征，就超越社会主义国家而进入共产主义国家了。

这六大特征分别是完善的共产主义国家必要条件，结合起来则是完善的共产主义国家充分且必要条件。但是，这些特征，除了公有制，皆非社会主义国家必要条件和充分条件；唯有公有制——或公有制居于支配地位——是社会主义国家充分且必要条件。然而，公有制并非社会主义国家最根本最重要最具决定意义的特征；社会主义国家最根本最重要最具决定意义的特征是生产力高度发达。因为如前所述，高度发达的生产力乃是其他特征的最根本必要条件：不但是全球国家的最根本必要条件，而且是废除私有制、建立公有制和真正实现按劳分配的最根本的必要条件，从而也是公有制市场经济和公有制宪政民主的最根本的必要条件。

准此观之，苏联和东欧八国以及中国、朝鲜、越南、蒙古等13个国家的社会主义堪称真正的社会主义；这些国家确实是社会主义国家。因为公有制在这些国家无疑居于支配地位：公有制居于支配地位是社会主义国家充分且必要条件。但是，这些国家的社会主义显然属于极不完善的社会主义范畴：它们除了公有制居于支配地位，几乎不具备或不完全具备其他五个特征的任何一个:"高度发达的生产力"、"按劳分配"、"没有政府指挥的市场经济"、"只有一个主权和一个世界政府的全球国家"和"宪政民主"。不过,对于这些实行了社会主义制度的国家的具体分析,特别是对于苏联社会主义模式以及苏东社会主义的改革与剧变的分析,显然属于社会主义和共产主义的实现问题,因而是下卷《实现论》的研究对象。

4. 国家类型总结:两大系列之 21 种复合类型

综观国家类型可知,国家分类的科学依据主要有两个:政体与经济形态,说到底,亦即最高权力由谁掌握和生产资料归谁所有。以政体为根据,说到底,以最高权力由谁掌握为根据,国家分为四大类型:民主共和制国家、寡头共和制国家、有限君主制国家和专制君主制国家。以经济形态为根据,说到底,以生产资料归谁所有为根据,国家分为六大类型:原始国家(原始公有制国家)、奴隶制国家、封建制国家、资本主义国家、社会主义国家和共产主义国家。这两大类型系列结合起来,粗略看来,可以形成 24 种复合国家类型;但实际上只可能形成 21 种复合国家类型。因为共产主义是完全符合国家制度价值标准的理想国家,因而只可能与符合国家制度价值标准的类型——亦即民主共和一种类型——相结合;而不可能与违背国家制度价值标准的类型——亦即寡头共和、有限君主制和专制君主制三大类型——相结合。如图表:

政体 经济形态 类型	民主共和制	寡头共和制	有限君主制	专制君主制
原始共产主义	1 原始共产主义民主共和国	2 原始共产主义寡头共和国	3 原始共产主义有限君主国	4 原始共产主义专制君主国
奴隶制	5 奴隶制民主共和国	6 奴隶制寡头共和国	7 奴隶制有限君主国	8 奴隶制专制君主国
封建制	9 封建民主共和国	10 封建寡头共和国	11 封建有限君主国	12 封建专制君主国
资本主义	13 资本主义民主共和国	14 资本主义寡头共和国	15 资本主义有限君主国	16 资本主义专制君主国
社会主义	17 社会主义民主共和国	18 社会主义寡头共和国	19 社会主义有限君主国	20 社会主义专制君主国
共产主义	21 共产主义民主共和国			

不难看出，这 21 种国家的复合类型囊括了国家主要的科学分类。因为这些国家类型的划分依据是政体与经济形态之结合，是最高权力由谁掌握和生产资料归谁所有之结合，是国家分类的两大系列主要的科学依据之结合。但是，四大类型政体，如前所述，依内容与形式是否一致又可以分为 16 种具体政体类型，如"名义与实际一致的民主制"、"名义民主而实为专制"等。这样一来，16 种政体类型与原始共产主义、奴隶制、封建制、资本主义和社会主义 5 种经济形态结合起来，16×5，便形成 80 种具体的复合国家类型。共产主义因其是完全符合国家制度价值标准的理想国家，因而只可能有一种类型：名义与实际一致的共产主义民主共和国。于是，国家分类，说到底，便有 81 种复合国家类型；其中有一些极端重要，如"名义民主而实为专制的社会主义国家"：苏联社会主义模式无疑属于这一类型。不过，对于这些极为具体国家类型的分析，显然属于各种类型的国家的实际运作和实现问题，因而属于下卷《实现论》的研究对象。